Os 10 hábitos das pessoas altamente saudáveis

Editora Vida

Editora do grupo

Zondervan
HarperCollins

Editora filiada a

Câmara Brasileira do Livro

Associação Brasileira de Editores Cristãos

Associação Nacional de Livrarias

Associação Nacional de Livrarias Evangélicas

Direção executiva
Eude Martins

Supervisão de produção
Sandra Leite

Gerência financeira
Sérgio Lima

Gerência de comunicação e marketing
Sérgio Pavarini

Gerência editorial
Fabiani Medeiros

Editorias

Obras de interesse geral
Obras teológicas e de referência
Obras para igreja e família
Obras em língua portuguesa
Obras infantis e juvenis
Bíblias

Os 10 hábitos das pessoas altamente saudáveis

Walt Larimore

Traci Mullins

Tradução
Lenita Maria Rimoli Esteves

Vida

Título do original • *10 essentials of highly healthy people*,
edição publicada pela
ZONDERVAN PUBLISHING HOUSE
(Grand Rapids, Michigan, EUA)

■

EDITORA VIDA
Rua Júlio de Castilho, 280 • Belenzinho
CEP 03059-000 • São Paulo, SP
Telefax 0 xx 11 6618 7000
www.editoravida.com.br

■

Todas as citações bíblicas foram extraídas da *Nova Versão Internacional* (NVI), ©2001, publicada por Editora Vida, salvo indicação em contrário.

Dados Internacionais de Catalogação na Publicação (CIP)
(Câmara Brasileira do Livro, SP, Brasil)

Larimore, Walt –
Os 10 hábitos das pessoas altamente saudáveis / Walt Larimore com Traci Mullins ; tradução Lenita Maria Rimoli Esteves — São Paulo : Editora Vida, 2004.

Título original: 10 essentials of highly healthy people
Bibliografia
ISBN 85-7367-706-6

1. Hábitos de saúde 2. Saúde 3. Saúde - Aspectos religiosos - Cristianismo 4. Vida cristã I. Mullins, Traci. II. Título.

03-2716 CDD-261.8321

Índices para catálogo sistemático

1. Hábitos de saúde : Aspectos religiosos : Cristianismo 261.8321
2. Saúde : Hábitos : Aspectos religiosos : Cristianismo 261.8321

Para Maxine e Larry,
Pud e Stan —
com eterna gratidão
por proporcionarem a mim e a Barb
uma família e um lar altamente saudáveis.

Sumário

Agradecimentos

Muitas pessoas contribuíram para este livro, mas algumas merecem menção especial pela excelência e dedicação. Os funcionários da Zondervan foram maravilhosos. Cindy Hays tornou-se confidente, torcedora, incentivadora, instrumentadora e crítica. Sua atenção, seu acompanhamento técnico e sua orientação, além da amizade e do companheirismo em cada fase do projeto, foram de extrema importância. Devo-lhe a concepção e o nome deste livro. Cindy é mais que uma excelente editora, acabou transformando-se numa amiga muito especial.

Jane Haradine e Dirk Buursma organizaram o texto definitivo. Como leitor, você será o beneficiário do compromisso desses dois profissionais para com a escrita e a editoração de alta qualidade. Traci Mullins foi mais que uma autora e colaboradora — passou a ser uma amiga querida. Suas frustrações por ter de lidar com um escritor principiante foram muitas, mas sua paciência e sua gentileza foram infindáveis.

Nos meus quatro anos de prática da medicina em Bryson City, na Carolina do Norte, e em meus dezesseis anos em Kissimmee, na Flórida, meus colegas nunca deixaram de me ensinar o que significa ser um médico que inculca hábitos altamente saudáveis aos pacientes. O dr. Rick Pyeritz e o dr. John Hartman foram professores maravilhosos, parceiros esplêndidos, conselheiros confiáveis e brilhantes profissionais. Foram médicos da minha família. O amor e o carinho que dedicaram aos Larimore serão para sempre valorizados e jamais esquecidos. São dois dos meus amigos mais queridos, e qualquer um deles poderia ter escrito este livro. Muito do que o leitor vai acompanhar aqui foi cultivado na época em que eu trabalhava com eles.

Em mais de vinte anos de prática, tive o privilégio de tratar de milhares de pacientes. De muitas maneiras, eles foram meus mais bem qualificados professores, pois me ensinaram o que significa ser altamente saudável. Apesar de narrar algumas histórias suas, protegi-lhes a privacidade. Agradeço imensamente a cada um.

Vários colegas contribuíram para os conceitos aqui apresentados. Agradeço a dr. David Aiken, dr. Bruce Bagley, Dave Biebel, Scott Bolinder, dr. Max Crocker, Tommy Dietz, Lloyd Duplantis, Michael Freeny, dr. Len Fromer, dr. Ken Grauer, Susie Hilsman, dra. Sarah Jones, Gus Kinchen, dra. Diane Komp, dr. Dennis LaRavia, dr. Joe Lieberman, dr. Peter Nieman, dr. Dean Patton, dr. Robert Persons, Tim Trombitas, dra. Mari Sanches, dr. Rafael Sanchez, dr. Peter Saunders, dr. Victor Sierpina, dr. Curt Stine, Dick Tibbits e dr. Chip Watkins.

Devo agradecimentos especiais a vários colegas cujos ensinamentos e sabedoria estão refletidos em diversas seções deste livro. Registro meu respeito e minha admiração pelo dr. Nikita Zervanos, dr. Harvey Elder, Don Hawkins, David Benware, dr. Neil Brooks, dr. Paul Williams e Randy Alcorn.

Minha assistente-executiva, Donna Lewis, ajudou generosamente na revisão do original e nas pesquisas. Obrigado, Donna. Agradeço também a Mark Maddox e a John Perrodin a revisão do manuscrito e suas valiosas sugestões.

O dr. James Dobson e Tom Mason merecem minha sincera gratidão por terem me concedido, mesmo com todas as minhas responsabilidades no programa *Focus on the Family*, o tempo necessário para escrever. São amigos e chefes magníficos. O apoio e o carinho deles foram muito importantes. Obrigado, Jim e Tom.

Também agradeço imensamente a Randy Frazee sua ajuda na adaptação de seu "Perfil da Família Cristã" para ser utilizado como "Perfil de vida espiritual". Obrigado, Randy. Devo a George Barna um muito-obrigado, pois ele me permitiu utilizar seu instrumento de avaliação espiritual. Agradeço também ao dr. Redford Williams e a Reid Boates a ajuda em obter permissão para utilizar o "Questionário dos relacionamentos".

Devo agradecimentos também à Associação Médica Cristã pela iniciativa de publicar este livro. O dr. David Stevens e o dr. Gene Rudd, no papel de líderes dessa valiosa organização, enxergaram a necessidade entre os médicos cristãos e seus pacientes e engajaram-se ativamente na realização deste projeto.

Sou grato à Professional Review Committee [Comissão para Revisão Profissional] organizada pela Associação Médica Cristã — constituída por médicos que trabalham em pronto-atendimento, seja em consultório particular, seja em hospitais universitários — e que passou incontáveis horas revisando os originais. O dr. Rick Kivosky (medicina familiar, Indianápolis, Indiana, EUA), o dr. Grat Correll (medicina familiar, Bristol, Tennessee) e o dr. Gene Rudd (ginecologia e obstetrícia, Bristol, Tennessee) dedicaram voluntariamente porções generosas de seu tempo para analisar o livro em detalhes, avaliando e criticando o conteúdo médico. Suas inestimáveis sugestões melhoraram imensamente este trabalho.

Expresso a meu bom amigo dr. David Larson meu profundo reconhecimento profissional. Antes de sua prematura morte em 2001, David fundou e dirigiu o National Institute of Healthcare Research. Nós nos conhecemos durante minha residência na Duke, no final da década de 1970, e perdemos contato até o início da década de 1990, quando David tornou-se orientador de minha pesquisa, de minhas palestras e meus textos sobre o cuidado espiritual na prática clínica. Ele foi generoso na dedicação de seu tempo e em seus ensinamentos. Sua amizade foi um presente inestimável.

Também registro meu reconhecimento pelo amor, pelas orações, pelo apoio e pelo incentivo de minha melhor amiga, há mais de 45 anos, e mulher, há 29 anos, Barb. Tudo que ela fez e sacrificou para me possibilitar escrever não pode ser descrito em palavras. Barb, amo você.

Finalmente, agradeço a Deus a graça de servi-lhe por meio da escrita. Peço acima de tudo que este livro glorifique o nome de Deus e traga a você, leitor, a saúde que ele concede.

DR. WALT LARIMORE
Colorado Springs, Colorado, EUA

Carta ao leitor

Fazia tempo que precisávamos deste livro. As livrarias estão cheias de livros sobre saúde, mas este não é como os outros. Também há dezenas de páginas na Internet que se propõem responder a todas as perguntas concebíveis sobre saúde. Embora essas fontes forneçam muitas informações, poucas procuram dar a compreensão necessária para você ficar e manter-se perfeitamente saudável. Como médico que trabalha com milhares de médicos de todos os EUA, estou convencido de que pouquíssimos profissionais do setor de saúde conhecem ou aplicam as informações encontradas no livro do dr. Larimore.

Embora estejamos mais *conscientes* da própria saúde, parece que somos menos saudáveis que nossos pais e nossos avós. Claro, temos os medicamentos da moda para cada dilema relacionado à saúde. Os antibióticos conseguem curar a maioria das doenças infecciosas que mataram muita gente nas gerações anteriores. Os hospitais estão equipados com a mais moderna parafernália para diagnosticar e tratar nossas doenças. No entanto, a complexidade do atendimento na área da saúde às vezes é mais nociva que útil. Pode ser que agora vivamos mais que as gerações anteriores, mas não nos sentimos mais saudáveis nem mais bem atendidos. Saúde não é apenas ausência de doença nem aumento da longevidade. Como você vai ver, é muito mais que isso.

O dr. Larimore transmite a sabedoria que acumulou ao longo de décadas de experiência profissional. Você vai aprender mecanismos práticos para avaliar sua saúde no campo espiritual, relacional, emocional e físico. Mais importante ainda: vai conhecer estratégias práticas e eficazes para melhorar sua saúde e relacionar-se com seu médico. Se aplicar o que aprendeu aqui, vai transformar sua vida.

A Associação Médica Cristã dos EUA [Christian Medical Association], reunindo 16 mil associados, endossa inteiramente este livro. Nosso objetivo é mudar o atendimento de saúde mudando o coração dos médicos. Estamos tentando desenvolver o tipo de médico que você deseja — competente, movido pela compaixão e com o caráter de Cristo. O dr. Larimore é exatamente esse tipo de médico. É um médico de médicos — o tipo de profissional que os colegas querem para atender seus familiares. Você não poderia ter um guia melhor para aprender *os princípios de uma vida saudável.*

Pronto para começar a viagem? Arrume uma cadeira confortável, porque, quando começar a ler, não vai querer parar. Tenha à mão um marca-texto para assinalar as informações que achar mais relevantes. E não se esqueça de escrever seu nome na página de rosto. Com certeza você vai emprestar este livro a um amigo. Melhor ainda, você poderia presentear um amigo com ele. Trata-se de um dos presentes mais importantes que você pode dar a alguém que estima.

DR. DAVID STEVENS
Diretor-Executivo
Christian Medical Association

Prefácio

O dr. Walt Larimore é o mesmo médico generalista que nós, médicos e estudantes de medicina, passamos a conhecer e admirar alguns anos atrás, quando promoveu um treinamento chamado "Soro Fisiológico".[1] Walt levou esse seminário a todos os cantos dos EUA para ensinar médicos e estudantes de medicina a praticar uma medicina "com sal" — referindo-se ao mandamento de Jesus de os crentes "serem o sal da Terra" — e demonstrar que o exercício da profissão pode proporcionar aos médicos oportunidade de cuidar da mente e do espírito, além do corpo, de seus pacientes.

No início da carreira, Walt trabalhou como médico de família no interior, numa cidadezinha nas montanhas Smoky (leia seu livro *Bryson city tales*). Depois se mudou para Kissimmee, na Flórida. Em seus mais de vinte anos de experiência de médico de família, Walt ficava cada vez mais impressionado com a íntima relação existente entre a saúde física de seus pacientes e a condição mental, emocional e espiritual deles. Acabou percebendo que os pacientes precisam entender a *unidade* essencial da mente e do corpo deles.

Portanto, *este* livro é para pacientes. Os pacientes precisam aprender a tomar a iniciativa de conversar com seu médico sobre

[1]Solução salina de mesma concentração que os fluidos do organismo. (N. do E.)

seus medos e seus relacionamentos — até sobre a própria fé. Se o médico demonstrar falta de paciência, logo prescrevendo tratamentos com base apenas em sintomas físicos primários, talvez não seja o médico ideal!

Walt Larimore quer que você, paciente, tome as rédeas da própria saúde. No jogo crítico de sua vida, aprenda a ser o capitão de seu time! Este livro o ajuda a entender a si mesmo e ensina a descobrir as disciplinas que o vão tornar altamente saudável — entre elas, a escolha do médico certo para acompanhá-lo.

Se estiver com medo de que a tarefa possa ser muito difícil, comece a ler o livro. Em breve estará rindo e chorando com uma série de histórias. Aqui você não vai encontrar terminologia médica sofisticada; vai encontrar, sim, uma conversa com um médico confiável e ciente de que a maioria de seus leitores não tem formação médica. Entre tantas histórias, você vai perceber a amplitude e a profundidade da experiência de Walt e de sua bagagem de leitura, uma vez que ele fundamenta seus conselhos fazendo referência a uma ampla gama de excelentes pesquisas.

Aviso aos médicos: é claro que vocês não querem ser vistos lendo um livro para pacientes, mesmo assim sugiro que consigam um exemplar, levem-no discretamente para casa e leiam escondidos. Caso contrário, vão acabar percebendo que seus pacientes têm o livro e estão prontos para lhes dizer como podem ser altamente saudáveis — coisas que *vocês* deviam estar preparados para dizer a *eles!*

Dr. Paul Brand

Conheça o dr. Larimore

Nunca quis ser médico. Na verdade, jamais pensara nisso — pelo menos até alguém que eu conhecia há bastante tempo pôr-me a idéia na cabeça. O dr. Stan Shaw foi toda a sua vida um educador, assim como sua mulher, Inez (os amigos a chamam de Pud). Stan e Pud davam aula em Baton Rouge, Louisiana. Adoravam lecionar, adoravam crianças e tinham uma percepção aguçada do que despertava o interesse dos alunos.

Conheci a filha mais velha de Stan e Pud, Bárbara, quando estávamos na pré-escola. (Por falar nisso, essa mesma Barb hoje é minha esposa.)

No meu primeiro ano do curso superior, Stan viu em mim algo que eu mesmo nunca tinha visto — algo que eu poderia ter continuado a ignorar não fossem o interesse e o incentivo dele. Um dia em uma de suas palestras, ele me fez uma pergunta daquelas que mudam o rumo da vida: "Você já pensou em estudar direito ou medicina?".

Ainda me lembro de que fiquei totalmente perplexo. Eu nunca pensara seriamente em nenhuma dessas carreiras. Nunca me havia considerado capaz de seguir nenhuma dessas duas profissões. "Acho que você seria muito bom em qualquer dos dois campos", disse Stan. "Acho que essas profissões combinam muito com o tipo de pessoa que você é."

Foi tudo o que ele disse. Mas foi suficiente para trazer de volta algumas lembranças preciosas e significativas. Na minha infância, minha mãe era enfermeira num hospital da cidade, na ala da maternidade. Nos finais de semana, ela trabalhava no plantão das 15h às 23h. Quando chegava em casa, eu e meu irmão mais novo, Billy, quase sempre já estávamos dormindo profundamente. Mas muitas noites depois do trabalho ela se sentava em minha cama para me contar dos "seus" partos. Contava as bênçãos e as tragédias do plantão daquele dia. Sentia-se com vocação para o que fazia. Adorava ser enfermeira e amava suas pacientes. Admirava muitos médicos com quem trabalhava. Eu ouvia histórias de como eles eram solidários e do excelente atendimento que proporcionavam — mas também ficava sabendo dos que eram [...] bem, talvez eu deva dizer, menos que "excelentes".

Juntar o exemplo de minha mãe ao incentivo de Stan foi toda a motivação que eu precisava naquele momento de minha vida. No semestre seguinte, troquei meu curso de biologia marinha pelo preparatório de medicina. E foi no meu último ano que Stan e Pud me concederam o privilégio de poder casar-me com a filha mais velha deles.

Em agosto de 1974, entrei na faculdade de medicina da Louisiana State University, em New Orleans. Barb me apoiou na época da faculdade trabalhando como professora. Ao curso de medicina seguiu-se um período em que atuei como professor convidado no Queen's Medical Center, em Nottingham, Inglaterra, depois fiz uma viagem pela Europa continental. Em seguida, fui fazer minha residência em medicina generalista no Duke University Medical Center em Durham, Carolina do Norte. A vida corria às mil maravilhas — pelo menos era o que pensávamos.

UM CAMINHO PEDREGOSO ATÉ A PLENITUDE

Foi em Durham, no meu primeiro ano de residência na Duke, que as dificuldades começaram a invadir nossa vida. Tive repetidos colapsos no pulmão esquerdo, o que acabou levando a uma cirurgia de grande porte para remover parte dele, seguida de um período na UTI. Durante minha lenta e dolorosa recuperação, Barb estava grávida de nossa primeira filha. Quando Kate nasceu, seu cérebro era apenas 30% normal. Recebemos a avassaladora notícia de que, por causa da paralisia cerebral e de uma apoplexia, ela jamais conseguiria andar nem falar.

Criar uma criança com deficiência grave foi um enorme fardo em nossa vida, e nosso casamento foi tremendamente abalado. Fizemos um investimento insensato que resultou numa dívida maior que o salário de um ano inteiro, custando quase cinco anos de trabalho e dificuldade para saldar. Depois, eu e Barb enfrentamos o impensável horror de perder quatro filhos por abortos espontâneos. Três ocorreram com a gravidez adiantada, quando Barb já alimentava a expectativa de uma nova vida e sentia, em cada gravidez, a criaturinha mexer-se e chutar dentro da barriga.

Estávamos aprendendo pela primeira vez o que era sofrimento e tristeza, desapontamento e desespero. A idéia do divórcio e uma quase falência nos perturbaram a cabeça. Orávamos pela cura completa de nossa filha, mas nossas preces eram respondidas com um suave, mas firme "não".

Embora partes de nossa vida a dois estivessem revelando-se fontes de sofrimento e perplexidade, houve uma âncora que nos segurou todo o tempo. Essa âncora — nosso relacionamento pessoal com o Criador e nossa fé em sua bondade — está mais profunda hoje do que nunca, pois continua oferecendo consolo, qualquer que seja nossa situação. Não só fomos capazes de carregar nossos fardos, mas também temos certeza de que ficamos mais maduros e saudáveis do que jamais poderíamos ter ficado se a estrada da vida fosse plana e tranqüila. Estamos convencidos de que temos mais saúde agora, com cinqüenta e poucos anos, do que em qualquer época anterior de nossa vida.

Levar essas experiências de vida para o consultório ou para a sala de parto, o centro cirúrgico ou o pronto-socorro resultou, acredito, no médico que sou, um médico diferente do que teria sido sem elas. Minha formação em medicina foi maravilhosa. Fui preparado intelectualmente por excelentes professores, mestres e monitores para ser um médico competente. No entanto, lutar com a vida e com o Autor dela foi o que fez de mim um médico que teve o privilégio de ajudar pacientes a se tornarem pessoas altamente saudáveis — não apenas física, mas emocional, relacional e espiritualmente.

Em incontáveis horas de prática profissional, como médico que acompanhou o parto de mais de 1 500 crianças, tive a incomparável graça de pôr essas preciosas dádivas nos braços de suas mães. Acompanhei muitos pacientes nos rigores de doenças crônicas e agudas. Recuperei ossos fraturados, suturei ferimentos, operei pacientes com apendicite aguda e cálculo de vesícula. Em muitas ocasiões, tive de contar a alguém que ele estava com câncer ou outra doença incurável. Aconselhei casais quando tentavam juntar os cacos de seus sonhos despedaçados. Tive de entrar na sala de espera do pronto-socorro para informar a uma família que seu tão amado filho não tinha sobrevivido. Precisei anunciar que pacientes haviam morrido, consolar a família deles e ainda comparecer ao funeral. Também tive o extremo privilégio de orar com muitos desses pacientes e a família deles. Vi vários iniciarem um relacionamento pessoal com Deus. Presenciei alguns aprendendo o que significa ser não apenas saudável, mas altamente saudável. Nem todos quiseram aprender ou estavam dispostos a fazer o esforço, mas os que aceitaram o desafio foram transformados profundamente.

Todas essas experiências serviram para formar e moldar minha opinião sobre saúde e atendimento médico; sobre a vida e o viver. Minha pesquisa, meus ensinamentos e escritos, meu trabalho nos meios de comunicação e minhas viagens proporcionaram-me uma concepção singular da vida altamente saudável — concepção apoiada em evidências médicas e na comprovada sabedoria das Escrituras. Essa visão reconhece que nosso corpo, nossa mente, nossas emoções, nosso espírito, nossa família, nossos amigos e nossa comunidade religiosa, os profissionais que cuidam de nós e nosso Criador são essenciais no processo de alcançar o máximo de saúde possível. Espero que você considere útil essa visão particular de saúde, à medida que busca seu próprio caminho no objetivo de tornar-se uma pessoa altamente saudável.

Primeiro vamos conversar um pouco sobre você, enquanto procuro ajudá-lo a avaliar sua saúde atualmente. Vou fazer a revisão de algumas pesquisas médicas surpreendentes e também dar uma espiada nas idéias antigas mais importantes sobre saúde e cura. Página por página, vou desdobrar a resposta multifacetada para a pergunta básica: "O que é saúde?". Você vai aprender o que pode fazer não apenas para ficar saudável (ou mais saudável), mas também *altamente saudável*. Vai aprender o que vai tornar sua jornada da vida não somente melhor, mas também mais satisfatória — mais rica, valiosa e relevante.

Quando tiver considerado os dez hábitos das pessoas altamente saudáveis e começar a aplicar as "prescrições" destas páginas, vai perceber uma diferença significativa em sua vida. Seu entendimento do que contribui *verdadeiramente* para você ser altamente saudável vai passar por uma mudança marcante. Você está prestes a descobrir que existem algumas escolhas surpreendentes que pode fazer para tornar-se uma pessoa altamente saudável.

DR. WALT LARIMORE
Colorado Springs, Colorado

Como tirar o máximo proveito deste livro

O MELHOR MODO DE USAR O LIVRO

Em primeiro lugar, você precisa entender que o caminho para passar a ser altamente saudável não é fácil. Também *não* é o mais trilhado. Vai exigir trabalho. Investimento. Mas as recompensas serão magníficas. Então, quer ganhar o prêmio?

Há pelo menos duas opções a considerar para extrair o máximo deste livro. A primeira é lê-lo rapidamente até o fim para ter um panorama geral. Não faça nenhuma anotação enquanto lê. Não o estude. Não aplique nenhuma das informações. Não acesse nenhum *site* da Internet. Apenas leia e aprecie o livro.

Você vai escolher a primeira opção se gostar de uma visão geral — antes de decidir se vai voltar e investir o tempo e a energia necessários para tornar-se altamente saudável. Se, após uma olhada rápida no livro, você decidir estudar e aplicar as informações, poderá comprar um diário e começar a trilhar os passos, um de cada vez, na direção do objetivo de tornar-se altamente saudável.

A segunda opção — mais útil se você estiver pronto *neste exato momento* a tornar-se altamente saudável — é comprar o diário e começar a ler e estudar as informações devagar. Prepare-se para fazer pausas e para incorporar cada prescrição a sua vida. Prepare-se para ficar na Internet estudando e aprendendo. Mas conceda-se um tempo. Quando tiver terminado, o livro deverá estar cheio de orelhas e bem usado — e terá valido a pena!

COMO FAZER ANOTAÇÕES NO DIÁRIO ENQUANTO LÊ O LIVRO

Compre um caderno. Na primeira folha, escreva seu nome e a data em que começou sua viagem para tornar-se muito saudável.

Guarde o diário e este livro juntos e registre notas para você mesmo durante a leitura. Esse diário é confidencial — só você o pode ler. Manter um diário enquanto estuda o livro pode fazer a diferença entre ter boas intenções e realmente atingir os resultados desejados.

Fazendo o diário, você vai poder priorizar o que deseja e precisa atingir. Isso vai ajudá-lo a tornar suas metas e planos mais específicos. Por quê? Porque, quanto mais específico você for em relação a seu destino, mais certeza terá de chegar. À medida que faz anotações no diário, você pode rever cada avaliação que fez e cada prescrição que está aplicando, bem como cada meta que está estabelecendo. Enquanto pensa cuidadosamente no que já realizou e no que ainda precisa ser melhorado, não se esqueça de fixar uma data em que quer ver cada meta alcançada. Seja generoso e estabeleça tempo suficiente para atingir cada uma. Progredir na direção de seus objetivos — mesmo que lentamente — é muito mais importante que fixar objetivos que não pode atingir.

Lembre-se de que você é uma obra ainda em construção. Relaxe. Utilize seus objetivos e planos para encontrar e reforçar o que é importante para ter uma vida altamente saudável.

UTILIZANDO AS RECOMENDAÇÕES RELATIVAS À INTERNET

Recomendo aqui avaliações e tarefas que podem ser facilmente realizadas com ferramentas da Internet. No capítulo 4, você vai ter mais informações de como se tornar usuário da Internet, caso ainda não seja. No entanto, não dei os endereços dos *sites* que eu gostaria que você visitasse — por dois motivos: 1) os endereços da *web* tendem a mudar com o tempo e 2) podemos encontrar *sites* bem melhores no futuro.

Portanto, criei um *site* na Internet (www.10essentials.net) que você vai poder acessar gratuitamente. Nele você vai encontrar um índice e uma lista contendo cada um dos cerca de vinte *sites* que recomendei. Clicando duas vezes nessas listas, você acessa o *site* mais atualizado que contém a informação ou a ferramenta de que precisa. A página será atualizada quantas vezes forem necessárias e não vai hospedar apenas o *10 essentials of highly healthy people* e o *10 essentials of highly healthy children* (com início em janeiro de 2004, específico para crianças), mas também quaisquer outros livros, ferramentas ou informativos que venham a ser desenvolvidos em relação aos dez princípios.

PARTE UM

Avalie sua saúde

UM

O que é uma pessoa altamente saudável?

Assim que pus o fone no gancho, resmunguei.

— Doutor Larimore — dissera ela com uma voz meiga —, aqui quem fala é a srta. Bingingham, professora da segunda série da Escola Primária de Bryson City, que fica aqui na Colina da Escola.

(Eu estava começando a aprender que o nome de toda colina de Bryson City, na Carolina do Norte, seguia a mesma regra. Meu consultório ficava no pé da Colina do Hospital. Não é difícil adivinhar o que havia no topo.)

Era novembro de 1981. Eu e minha mulher, Barb (sete meses de gravidez), juntamente com Kate, nossa filha de três anos, tínhamos acabado de nos mudar para aquela cidadezinha de cerca de mil habitantes no acesso sul para o Parque Nacional Great Smoky Mountains, dando início à carreira que eu escolhera: médico generalista.

A srta. Bingingham me disse:

— Toda terça-feira tentamos trazer aqui na escola alguém que faça uma pequena palestra para nossa classe. Será que o senhor poderia vir falar aos alunos sobre saúde? O senhor sabe, ensinar às crianças o que é saúde e o que elas podem fazer para se manter saudáveis.

Ela me pegara desprevenido. Imaginei imediatamente mil desculpas. Antes de eu conseguir verbalizar alguma, ela continuou, quase num sussurro:

— Doutor [as pessoas em Bryson City gostavam de chamar os profissionais de saúde de "doutor" — até o farmacêutico-chefe da drogaria de Swain County era o "doutor John"], alguns alunos meus não são muito brilhantes, mas acho que eles gostariam muito de conhecê-lo e sei que aprenderiam muito com o senhor. O senhor pode vir?

Fui completamente vencido. Que desculpa seria convincente?

— Claro — respondi, embromando com as palavras. — Será um prazer.

Minha cabeça começou a girar. Como ia explicar a um bando de alunos da segunda série do ensino fundamental o que é saúde, sendo que eu mesmo não tinha certeza? Na escola de medicina, eu aprendera a reconhecer e tratar doenças. Tivera muito pouco treinamento em manter as pessoas saudáveis, e menos ainda me ensinaram a motivar pessoas a serem saudáveis.

Nunca esqueci aquele dia, embora não tenha a mínima lembrança do que disse em minha singela palestra. Lembro, sim, que as crianças ouviram com educação. Chegaram até a aplaudir. Fizeram muitas perguntas. Acho que eu sabia as respostas. Mas até agora, mais de vinte anos depois, pergunto-me o que elas ouviram. Será que estão mais saudáveis por causa daquele breve encontro comigo? Duvido. Mas eu estou. Naquele dia comecei a pensar mais em meios de promover a saúde, e não apenas de tratar doenças. Percebi que precisava aprender mais, para poder ajudar as pessoas a ter saúde e satisfação na vida.

SAÚDE E PLENITUDE

Muitas pessoas que se consultavam comigo tinham muito pouca saúde. Um dos meus exemplos favoritos de "pouca saúde" vem do filme *Amigos, sempre amigos,* na cena em que Mitch Robbins (interpretado por Billy Crystal) precisa fazer uma palestra acerca de sua profissão para a classe de seu filho. Em vez disso, ele faz uma breve preleção dizendo como vê a vida (e a própria saúde):

> Valorizem esta época da vida de vocês, crianças, porque é o tempo em que ainda têm escolhas, e ele passa muito rápido. Quando

> a gente é adolescente, acha que pode fazer qualquer coisa, e pode mesmo. Os vinte anos são um turbilhão. Trinta? A gente forma uma família, ganha um pouco de dinheiro e se pergunta: "Que aconteceu com meus vinte anos?". Quarenta? Cria uma barriguinha, fica com o queixo duplo; a música começa a ficar alta demais, uma namoradinha do tempo de colégio vira avó. Cinqüenta? A gente faz uma pequena cirurgia, que chama de procedimento, mas é uma cirurgia. Sessenta? Uma cirurgia de grande porte. A música continua alta demais, mas não importa porque a gente já não consegue ouvir. Setenta? Você e sua esposa se refugiam em Fort Lauderdale, começam a jantar às duas da tarde, almoçar por volta das dez da manhã e tomar o café da manhã na noite anterior. Passa-se a maior parte do tempo passeando pelas ruas de comércio procurando o iogurte mais moderno para beber, e resmungam: "Que absurdo as crianças não telefonarem! Que absurdo não ligarem!". Oitenta? Um derrame cerebral e termina-se babando palavras desconexas para uma enfermeira jamaicana, que a mulher da gente detesta, mas que a gente chama de mamãe. Alguma dúvida?[1]

Dá para imaginar uma visão assim tão cética da vida, da saúde? No entanto, ao longo das duas últimas décadas, encontrei muitos pacientes que pensam exatamente desse jeito, ao que parece. Em contrapartida, os pacientes que expandiram minha compreensão da saúde são aqueles entusiasmados e cheios de vida — e os que *querem* ser ou manter-se altamente saudáveis. Parece que vivem a vida com propósito, motivo, significado, independentemente das circunstâncias.

Uma paciente desse tipo era Teresa,[2] bibliotecária de uma escola primária. Fui seu médico por quase dezesseis anos — desde sua

[1]Título original: *City slickers*, Columbia Pictures, 1991. Roteiro de Lowell Ganz e Babaloo Mandel.

[2]"Teresa" não é o nome verdadeiro. Ao longo deste livro, o nome, a idade e, às vezes, até o sexo de meus pacientes foram alterados para lhes proteger a privacidade. Na verdade, quando eu exercia a medicina, não revelava a ninguém fora da profissão que era médico dessa ou daquela pessoa. Prezo a relação médico—paciente e jamais abusaria dela — principalmente para os propósitos de um documento tão público quanto este livro!

meia-idade, passando pela menopausa, até a aposentadoria. Nesse tempo, ela começou a apresentar sintomas de diabetes e doença cardíaca. A artrite reumatóide deixou mais lentos seus movimentos. Mesmo assim, parecia que ela sempre tinha o controle do jogo. Tinha enorme alegria de viver. Se alguém prestasse atenção apenas na lista de seus problemas físicos, diria que ela perdera a saúde. No entanto, pude perceber que Teresa era uma de minhas pacientes mais saudáveis. Embora seu corpo já não funcionasse tão bem quanto na juventude, ela aprendeu a lidar com as doenças e até a melhorar sua saúde geral. Foi uma das primeiras pessoas a me ensinar o que significa ser altamente saudável — não apenas estar livre de doenças e sintomas, mas ser *pleno* em várias áreas importantes.

Será que a saúde consiste apenas na saúde física? Se alguém está em ótima forma física, isso significa que é altamente saudável? Acho que não. Quando você terminar de ler este livro, acredito que também vai concordar comigo.

COMO DEFINIR *SAÚDE*?

Se você fosse convidado para falar à classe da srta. Bingingham sobre saúde, o que diria? Como explicaria o que é *saúde*? As pessoas são saudáveis quando não ficam doentes? Quanto de saúde *você* tem?

Eis o relato de uma senhora cujo marido "se sentia bem" e parecia estar em ótima saúde emocional, espiritual e relacional. Mas, após um *checkup*, ele recebeu más notícias do médico. Veja o que a mulher escreveu:

> Meu marido tem-se sentido ótimo há anos — e não vai ao médico há quase uma década. Com meu habitual jeitinho cuidadoso, no verão passado, eu lhe disse: "Querido, alguém vai ter de assinar seu atestado de óbito algum dia, e nós temos de ter seu nome em algum lugar. Você vai fazer setenta anos, por isso vamos nós dois fazer alguns exames para ter uma 'informação geral' de nossa saúde".

> O que aconteceu foi que, apesar de eu estar bem, o médico descobriu que meu marido tem pressão alta, colesterol alto, alta taxa de glicose no sangue e sintomas de possíveis problemas de cólon. Em meados de julho ele precisou de dois aparelhos para surdez. Em agosto foi operado de um câncer de cólon em estágio III e ultimamente tem feito quimioterapia. Há apenas dez dias (depois de mais exames) ficou sabendo que tem diabete do tipo II e precisou começar a tomar medicação via oral para esse problema. Também toma remédios para controlar a pressão alta e o colesterol. Pobrezinho — para ele, é como se estivesse desmoronando, embora se sinta bem fisicamente (para nosso espanto!). Emocionalmente, temos passado maus bocados!

Três meses depois, o homem morreu — em conseqüência de doenças que poderiam ter sido evitadas e controladas se ele tivesse se engajado, quando mais jovem, em um programa para se tornar altamente saudável.

Temos também a história de Cameron. Ele se dedicava a ter boa saúde. Na verdade, completou recentemente o triatlo Ironman, um feito atlético admirável. Cameron está no máximo de sua condição física, sem nenhuma doença do corpo, mas lutando contra uma profunda depressão. Ele se concentrou tanto na boa forma física que praticamente não tinha mais amigos nem vida social. A mulher e os filhos o deixaram, e seus negócios foram por água abaixo. Será que para ele foi saudável chegar ao máximo da condição física e, apesar disso, não ter capacidade nenhuma para lidar com seu lado emocional?

Durante algum tempo prestei atendimento médico aos detentos da cadeia municipal. Muitos tinham o corpo saudável, mas alguns relatavam o prazer doentio que tinham sentido ao estuprar, assassinar ou roubar alguém. Alguns não demonstravam sequer o menor arrependimento, e eu me convenci de que, se eles saíssem dali, voltariam a cometer crimes. Não tinham nenhuma doença no corpo, mas será que eram saudáveis?

Minha formação em medicina convencional levou-me a princípio a dar mais importância ao aspecto físico da saúde, particularmente o tratamento de traumatismos e doenças. Eu considerava os pacientes saudáveis se não tivessem doenças nem ferimentos. Porém, quanto mais experiência eu adquiria, mais percebia que ter um corpo com as funções físicas em ordem não é a única coisa que importa. Isso não é nem mesmo o fator preponderante no que diz respeito a ser altamente saudável. Qual seria, então, a relação entre o bem-estar físico e a saúde plena?

QUEM É CONFIÁVEL PARA DEFINIR *SAÚDE*?

O que o motivou a comprar este livro? Que resultados você espera? Claro, você quer ser altamente saudável. Antes de dar alguns passos para atingir essa meta, você precisa ter certeza de que a *definiu*. Quem você julga confiável para definir *saúde*?

Vamos conferir três fontes e comparar suas opiniões. Em primeiro lugar, as conclusões de profissionais de saúde atuais de todo o mundo; em segundo, algumas definições ao longo da história; em terceiro lugar, a definição da Organização Mundial da Saúde (OMS), órgão que tem influenciado o atendimento na área em todo o mundo desde 1948.

Profissionais de saúde da atualidade

Quando me preparava para escrever esta obra, entrevistei informalmente mais de mil médicos e especialistas em saúde de vários países. Fiz-lhes duas perguntas: "O que é saúde?" e "Quais são os elementos essenciais da saúde?".

Depois de catalogar as surpreendentes respostas, comecei a pesquisar a literatura médica do mundo inteiro. Examinei dezenas de pesquisas e estudos médicos (muitos dos quais mencionarei nas próximas páginas). Examinei principalmente estudos que focalizavam o bem-estar e a longevidade. Analisei a história de homens e mulheres que tinham vivido muito tempo ou que viveram bem, a fim de descobrir o que os mantinha tão saudáveis. A história dessas pessoas e os dados que cataloguei giravam todos em torno dos mesmos temas. Todas as evidências dão a entender que viver bem e viver muito tempo implicam uma forte ligação entre o corpo e o bem-estar emocional, mental, relacional e espiritual.

Definições históricas de saúde

Nas bibliotecas médicas há uma enorme quantidade de informações de como médicos, filósofos e clérigos antigos definiam saúde. Observei certas tendências nos escritos que datam de muitos séculos atrás.

A palavra *saúde* deriva do termo latino *salute*, associado a "salvar a vida", o que pretende incluir os aspectos que "tornam o indivíduo completo". Com certeza, significa muito mais do que apenas o bem-estar físico.

Alguns escritores antigos ensinavam que o trabalho árduo — tanto físico quanto mental — resultaria em saúde. Uma escola de pensamento enfatizava que o trabalho contribui para a melhora da saúde desde que seja *egossintônico*. Em outras palavras, para ser saudável, o trabalho deve estar aliado ao "entusiasmo". Por dedução, o trabalho que não era feito com entusiasmo — ou seja, o trabalho deprimente — na verdade roubava a saúde da pessoa.

Autores do século XVIII defendiam a idéia de que o temperamento calmo ou o espírito tranqüilo era a chave da verdadeira saúde. Muitos associavam a saúde com um apurado senso de humor e com a capacidade de rir de si próprio. Na tentativa de definir saúde, alguns filósofos e médicos referiam-se à palavra grega *praus* ("gentil, humilde") — qualidade que eles promoviam como virtude elevada. De acordo com Aristóteles, *praus* relacionava-se à capacidade de moderar o sentimento de ira, ou o que ele chamava de *thymos*. Os gregos antigos empregavam o termo *thymos* para definir uma força que fervia ou se expandia e "extravasava em fumaça". Desse modo, para os gregos, a qualidade denominada *praus* era a capacidade de adquirir um temperamento equilibrado. *Praus*, alegavam os gregos, criava muita saúde boa e poucos efeitos nocivos nos outros e no próprio indivíduo. Muitos escritores e médicos atuais discutiram o significado de saúde e o modo de obtê-la. Como os antigos, praticamente nenhum considera a saúde apenas saúde física. Ao longo da história, o conceito tem significado muito mais.

A definição da Organização Mundial da Saúde

Em 1948, uma definição moderna de saúde foi incluída na constituição da então nascente Organização Mundial da Saúde:

> Saúde é o estado de completo bem-estar físico, mental e social, e não apenas a ausência de doença ou enfermidade. Desfrutar o mais alto padrão de saúde atingível é um dos direitos fundamentais de todo ser humano, sem distinção de raça, religião, crença política, condição social ou econômica.

Em 1984, a OMS acrescentou a *espiritualidade* a sua lista de fatores necessários à saúde ideal.

A definição da OMS foi criada, pelo menos em parte, em reação a certas definições modernas de saúde que negligenciavam os fatores emocionais, sociais e espirituais ligados ao bem-estar humano. Achei que a definição proposta pela OMS chegava perto do que eu buscava, mas no fundo não tinha certeza de que era satisfatória.

Uma médica que clinica numa cidade do interior aqui perto expressa meu ponto de vista quando diz: "[Diferentemente da definição de saúde da OMS] Acredito que a saúde verdadeira abrange todo o nosso ser. Para sermos verdadeiramente saudáveis, os elementos físicos, mentais e espirituais devem estar todos funcionando como Deus determinou que funcionassem. Os fatores físicos podem realmente ser os menos importantes dos três, porque tendo saúde mental e espiritual ainda conseguimos ficar satisfeitos, mesmo que nosso corpo não tenha saúde.[3]

Como se vê, várias fontes "respeitáveis" desde a Antigüidade até a época contemporânea indicam com freqüência que a saúde é

[3]Relatório da dra. D. Dean Patton em comunicação pessoal, em 10 de jan. de 2001.

definida em termos de bem-estar físico, emocional, mental, relacional e espiritual.

"Espiritual?", você pode perguntar. "Você quer dizer que não podemos apenas focalizar a saúde física? Por que só ela não basta?" Nestas páginas você vai descobrir que a espiritualidade é a chave para nos tornarmos pessoas altamente saudáveis e que ela tem efeito profundo em nossa saúde física.

Portanto, tenho uma sugestão bastante ousada. Recomendo que, além de levar em consideração milhares de estudos e conselhos médicos atuais e a sabedoria tradicional na área, também consideremos um livro de comprovados princípios atemporais aplicáveis a qualquer cultura em qualquer tempo, um livro capaz de ensinar aos pacientes os elementos essenciais que eles precisam conhecer a fim de se tornarem altamente saudáveis. Milhões de pessoas em todo o mundo referem-se a esse livro como "Escrituras Sagradas". Trata-se da Bíblia.

"Você está brincando!", você pensa. "Como um livro que tem milhares de anos pode ser útil nesta época de ciência e medicina moderna?"

Para ser altamente saudável você precisa pensar muito além do corpo. Examinando o que as Escrituras Sagradas têm a dizer sobre saúde, podemos ter algumas pistas do que promove o elevado grau de saúde geral.

Reconheço que não sou especializado em teologia. Mas, como estudante da Bíblia há mais de trinta anos, estou familiarizado com muitos de seus preceitos e princípios. Acabei convencendo-me de que esse livro antigo de sabedoria contém princípios eternos de saúde *comprovados pelas pesquisas científicas.* Vejamos.

O QUE A BÍBLIA DIZ SOBRE SAÚDE E CURA

Na Bíblia, a saúde é considerada completitude e plenitude. Em *The Bible and healing* [*A Bíblia e a cura*], John Wilkinson, médico inglês, missionário e autoridade em estudos bíblicos, diz que, embora pareça que a Bíblia fale pouco de saúde em termos estritamente físicos e mentais, "a plenitude ou saúde do ser humano é o principal assunto da Bíblia [...] Somente quando a pessoa é íntegra e seus relacionamentos são corretos é que ela pode ser definida como verdadeiramente saudável".[4]

Na Bíblia, saúde é um conceito multifacetado. A palavra hebraica *shalom*, embora muitas vezes tenha a conotação de "paz", não significa apenas ausência de conflito, assim como também saúde não é só a ausência de doença. O significado primitivo de *shalom* é de completitude, plenitude e bem-estar geral, não apenas bem-estar físico, emocional e espiritual. A palavra também traz uma forte ênfase no bem-estar relacional, principalmente no que tange a nossa relação com Deus. Na verdade, a Bíblia ensina que a *shalom* verdadeira provém apenas de Deus. "O Senhor dá força ao seu povo; o Senhor dá a seu povo a bênção da paz."[5] Pelo que se nota, a Bíblia indica que não se pode ser altamente saudável física, emocional e relacionalmente se também não houver crescimento espiritual.

Também nas Escrituras Sagradas se encontra a raiz da palavra *rapha*, que, mais que qualquer outra, designa o processo de cura. Os vários substantivos e verbos derivados desse radical hebraico ocorrem pelo menos 86 vezes no Antigo Testamento. A variedade dos empregos de *rapha* nos informa que a atividade de Deus como curador não se limita ao aspecto físico. Ele é retratado como alguém que deseja restaurar cada aspecto da vida das pessoas — físico, mental, social e espiritual.

A Bíblia utiliza vários termos para definir saúde em sentido amplo e abrangente. O rei Salomão liga as emoções à saúde física: "O coração bem disposto é remédio eficiente, mas o espírito oprimido resseca os ossos".[6] O rei Davi narra de forma pungente como a culpa em uma ação maléfica afeta a saúde física, espiritual e emocional. Depois de cometer adultério e assassinato, Davi escreveu: "Enquanto eu mantinha escondidos os meus pecados, o meu corpo definhava de tanto gemer. Pois dia e noite a tua mão pesava sobre

[4]Grand Rapids: Eerdmans, 2002, p. 7.
[5]Sl 29.11.
[6]Pv 17.22.

mim; minhas forças foram-se esgotando como em tempo de seca".[7] O apóstolo João relaciona o bem-estar geral com a vitalidade espiritual: "Amado, oro para que você tenha boa saúde e tudo lhe corra bem, assim como vai bem a sua alma".[8]

Saúde é assunto importante na Bíblia e encarado principalmente como a restauração e o fortalecimento da relação pessoal de um indivíduo com Deus. Também é vista como um estilo de vida saudável (física e emocionalmente), centrado na busca de relacionamentos saudáveis com os familiares e outras pessoas.

PERSPECTIVA ETERNA DA VERDADEIRA SAÚDE

A concepção bíblica de saúde pode resumir-se na expressão *bem-aventurado*. Bem-aventurança é um conceito do Antigo Testamento, sendo mais bem explicado no Novo Testamento por Jesus no Sermão do Monte.[9] A Bíblia afirma com ousadia que as pessoas que não são social, financeira, física nem mentalmente dotadas podem ser abençoadas por Deus, e não rejeitadas por ele; e podem, por conseguinte, ter a saúde geral melhorada.

Nossa saúde geral depende não só de nossa saúde física, por mais que esta seja importante, depende também de nossa vida interior. É essa vida interna emocional e espiritual que Deus mais quer nutrir e promover, pois ele sabe que sem o bem-estar espiritual e emocional somos menos saudáveis do que ele projetou quando nos criou.

Por que estou enfatizando o ponto de vista eterno da Bíblia? Será que essa perspectiva tem importância no século XXI? Acredito que sim. Tive muitos pacientes fisicamente saudáveis, no entanto, um desastre no aspecto social, emocional e espiritual, incapazes de entender o que significa ser altamente saudável. Tive pacientes cujas doenças e traumatismos os deixaram incapacitados ou com dores ou fadiga crônica, pessoas essas que sofriam diariamente —

[7] Sl 32.3,4.
[8] 3Jo 2.
[9] Mt 5.3-12; v. tb. Lc 6.20-26.

de tal forma que a maioria de nós não pode nem imaginar —, e mesmo assim foram capazes de desenvolver estratégias para ser altamente saudáveis. Também tive pacientes (e uma filha) que convivem com alguma deficiência permanente devida a malformação ou doença congênita e cujas orações por cura foram respondidas de formas jamais imaginadas por eles.

Por tudo isso, acredito que ser saudável — verdadeiramente saudável — *não* depende apenas do bem-estar físico. Ser altamente saudável significa ser saudável em cada área da vida em cada estágio da vida. Significa manter o equilíbrio entre estas áreas: corpo, mente, espírito e comunidade — o que chamo de as quatro rodas da saúde —, que você vai testar no próximo capítulo. Equilibrando esses aspectos da saúde, você pode ser bem-aventurado e, assim, altamente saudável.

SEJAMOS PRÁTICOS

Você está pronto para algumas surpresas? Nestas páginas vai encontrar algumas escolhas práticas e sensatas que poderá fazer e que ajudarão a melhorar sua saúde.

Este livro baseia-se nas mais recentes pesquisas médicas, bem como em histórias e experiências de médicos e pacientes de todo o mundo. Utiliza, sem nenhum constrangimento, os princípios relativos à boa saúde encontrados nas Escrituras Sagradas como um de seus fundamentos. Nessas fontes e na minha experiência e prática médica, encontrei dez hábitos que acredito serem essenciais para alguém tornar-se altamente saudável. De imediato, você poderá pensar que esses dez hábitos não têm muito impacto em sua saúde física. Mas logo vai descobrir o contrário.

1. O hábito do equilíbrio
2. O hábito do cuidado com você mesmo
3. O hábito do perdão
4. O hábito da redução da infelicidade (ansiedade, depressão, estresse)
5. O hábito dos relacionamentos

6. O hábito do bem-estar espiritual
7. O hábito da auto-imagem positiva
8. O hábito de descobrir o próprio futuro
9. O hábito da responsabilidade e capacitação pessoal
10. O hábito do trabalho em equipe

Esses princípios foram criados e programados tendo em vista a própria essência de nosso ser. Se você os compreender e souber aplicá-los a sua vida, dará os primeiros passos para tornar-se altamente saudável. Colocar em prática os hábitos explicados neste livro será... bem... praticamente um hábito.

DOIS

Teste das quatro rodas da saúde

Leona estava morrendo de câncer. Tratei de um bom número de pacientes em estado terminal ao longo dos anos, mas Leona sobressaiu entre eles. Ela enfrentou a morte de cabeça erguida — com coragem e até com alegria. Mesmo morrendo, era fonte de força para sua família. Em minhas duas décadas de prática médica, ela se destacou dentre os mais altamente saudáveis.

Em contrapartida, um dos pacientes com menos saúde de que tratei foi um grande atleta cuja família estava em cacos e cujos negócios tinham ido à ruína.

Se perguntássemos à maioria das pessoas qual dos dois tinha mais saúde, a resposta seria errada.

Muitos dos médicos que responderam a essa pesquisa informal falaram de pacientes que tinham saúde física ou mental precária e mesmo assim eram pessoas muito saudáveis. Um colega me contou de um paciente que, na melhor fase da idade adulta, ficou paralisado do pescoço para baixo por causa de um acidente, mas transpira esperança e entusiasmo e mantém ótimos relacionamentos familiares e sociais. Como escreveu esse médico:

> A essência da verdadeira saúde é o bem-estar físico, emocional, social e espiritual. Quando esses quatro aspectos estão em harmonia, o indivíduo tem saúde. Isso não significa que não haja espaço para um tom dissonante, mas que conserva a música da

vida agradável aos ouvidos. Parece que meu paciente tetraplégico é muito saudável, apesar de sua grave deficiência física.[1]

Também conversei com várias pessoas que tinham deficiências ou moléstias graves e parecem mais saudáveis que eu. O que elas têm em comum é o esforço consciente e contínuo de buscar o maior grau possível de saúde em quatro aspectos distintos da vida.

O que me faz lembrar Haroldo. Engraçado, eu não me lembrava dele havia mais de vinte anos, mas, quando estava pensando em como definir pessoas altamente saudáveis, Haroldo me veio à mente. Pelas montanhas próximas a Bryson City, na Carolina do Norte, corre o rio Nantahala. Várias pessoas singulares e até excêntricas moram nas reentrâncias que ficam acima das hordas de turistas que descem pelas águas límpidas fazendo canoagem. Haroldo era um desses modernos homens das montanhas. Morava sozinho numa pequena cabana construída numa colina acima do rio.

Haroldo fora advogado, mas abandonou a carreira na década de 1960, quando ficou desiludido com a prática do direito. Organizou sua nova vida nas montanhas. Ganhava dinheiro trabalhando como guia no rio, contratado por uma das empresas turísticas locais. Mas sua verdadeira paixão era reformar antigos automóveis Ford modelo T — o que significava desempenhar tarefas que exigiam horas e horas de intenso esforço. Ele consertava a carcaça e restaurava os assentos dos carros. Sua especialidade, entretanto, era consertar as rodas desses modelos antigos. Para mim, elas não pareciam grande coisa, mas para Haroldo eram obras de arte.

Quando demonstrei interesse em aprender mais sobre o Ford T, Haroldo me convidou para ir a sua oficina. Em geral trabalhava num carro por vez, mas fazia várias rodas simultaneamente. Mostrou-me como a fragilidade em apenas um dos raios podia estragar a roda — e provavelmente causar um acidente. Explicou-me como as rodas precisam estar no maior grau possível de balanceamento, se o motorista quiser pelo menos ter uma viagem longa

[1]Michael FREENEY, comunicação pessoal, em 6 de jan. de 2001.

e sem solavancos. Demonstrou como somente uma única roda fora de alinhamento pode forçar o motor, o chassi e as outras rodas. Em resumo, uma roda não balanceada pode prejudicar todo o carro.

Essa imagem exemplar ficou comigo, e comecei a pensar nos vários componentes da saúde do jeito que Haroldo me ensinou a pensar nos componentes de uma roda resistente: quatro rodas para um carro potente (quatro "rodas" da saúde para uma pessoa altamente saudável), raios fortes para cada roda, todas as rodas balanceadas.

O interessante é que em geral constam exatamente quatro componentes nas definições de saúde propostas por vários estudos antigos, pela OMS e pelos especialistas contemporâneos que consultei. Esses quatro componentes também estão presentes nas mais recentes pesquisas científicas e na Bíblia. Acredito que as quatro "rodas" das pessoas altamente saudáveis são:

- *saúde física* — o bem-estar do corpo;
- *saúde emocional* — o bem-estar das faculdades mentais e suas conexões com as várias emoções;
- *saúde relacional* — o bem-estar das associações de uma pessoa com sua família, com os colegas e amigos no contexto de uma comunidade saudável e
- *saúde espiritual* — o bem-estar do relacionamento da pessoa com Deus.

A RODA FÍSICA

O que é saúde física? Dizendo de maneira simples, o máximo da saúde física ocorre quando o corpo — com todas as suas substâncias químicas, partes e sistemas — está funcionando o mais próximo possível do modo que Deus o criou para funcionar. Para um indivíduo estar fisicamente saudável, as doenças devem ser evitadas sempre que possível e tratadas de acordo com a necessidade. Quando a doença ou o distúrbio é incurável, a saúde física significa aprender a lidar com a doença física e adaptar-se a ela. Você entende então, leitor, por que a roda física pode na verdade ser a menos importante das quatro? Com uma boa saúde emocional, relacional e espiritual, uma pessoa ainda consegue ser altamente saudável, mesmo que seu corpo não esteja "inteiro".

Minha filha, Kate, nasceu com paralisia cerebral. Uma parte significativa de seu cérebro já tinha morrido e se dissolvido quando ela ainda estava no útero, deixando-lhe o lado esquerdo do corpo enfraquecido e espasmódico. O problema no cérebro reduziu a velocidade de seu desenvolvimento físico, o que exigiu que ela fosse submetida a muitas cirurgias para endireitar os membros e os olhos. Embora Kate, agora com 24 anos, não seja "normal" fisicamente, e sua doença seja incurável, ela aprendeu a lidar com isso e adaptar-se fisicamente. Considero sua roda física saudável — bem balanceada. Mesmo assim, a saúde física de Kate depende muito de seu trabalho constante para manter suas rodas emocional, relacional e espiritual balanceadas.

A RODA EMOCIONAL

Saúde emocional é o estado de máximo bem-estar emocional e mental. Não a defino, entretanto, como a mera ausência de tensão emocional — inevitável para qualquer ser humano imperfeito (ou seja, todos nós!). Para ser emocionalmente saudável, é preciso aprender a lidar com o amplo espectro de emoções que cada um de nós enfrenta todos os dias da vida e saber acolhê-las.

Minha amiga Susana representa bem o que é ser emocionalmente saudável. Por muitos anos, tenho-a visto encarar qualquer situação que a vida lhe impõe. Agora na casa dos cinqüenta, Susana é uma das pessoas mais autênticas que já conheci. Esteja ela experimentando o golpe repentino de uma perda, a doce alegria dos sonhos realizados ou os altos e baixos tão comuns da vida diária, Susana *sente* sinceramente as variadas emoções geradas em cada uma dessas situações. Ela não finge que as coisas estão melhores do que realmente estão, nem acha que as inevitáveis decepções da vida sejam "catástrofes". Tem uma relação saudável com a própria vida emocional, vivendo altibaixos que lhe sobrevêm na jornada, sem fugir nem correr atrás deles. Sua disposição para debruçar-se e vivenciar a ampla gama das emoções humanas inspira-me a imitá-la, mesmo quando isso traz desconforto.

Para ter boa saúde mental é preciso ter uma função cerebral saudável. Carlos, um ex-paciente, convive com uma depressão química grave, herança genética. Essa disfunção cerebral, quando não tratada, perturba todas as outras funções — desequilibra as rodas física, emocional, relacional e espiritual. Quando está em seu pior estado, Carlos perde o apetite, a motivação e a concentração. Fica com as funções completamente alteradas, tanto no campo pessoal quanto no profissional. Porém, tomando a medicação antidepressiva, cuidando do físico com alimentação correta e exercícios e esforçando-se para equilibrar as rodas física, relacional e espiritual, Carlos consegue anular sua disfunção química, que em outras circunstâncias lhe prejudicaria profundamente a saúde mental.

A RODA RELACIONAL

Saúde social ou relacional é o estado de máximo bem-estar em todos os relacionamentos sociais — entre eles, as relações com os familiares, amigos, vizinhos, colegas, companheiros de trabalho e a sociedade em geral. Será que isso significa viver sem nenhum conflito? Não. A tensão relacional e os desentendimentos são inevitáveis quando interagimos com outros seres humanos. Entretanto, é crucial para nosso bem-estar geral que façamos o possível para impedir e "tratar" relacionamentos perturbados.

Parecia que a roda espiritual de Judy estava intacta, mas ela própria era o caos emocional e físico. Atuando como seu médico, passei meses tentando balancear suas rodas física e emocional. Era uma luta constante. Não importava o que eu fizesse por ela em termos médicos (e eu tentei todas as combinações de tratamentos concebíveis), sempre voltava ao consultório desequilibrada.

Finalmente percebi que sua principal doença, a raiz de todas as outras, nascia não de sua doença física ou emocional, mas de uma série de relacionamentos gravemente perturbados e disfuncionais.

Só depois que ela concordou em trabalhar para refazer seus relacionamentos, com a ajuda de um psicólogo e um grupo de apoio, é que as outras partes da vida dela se equilibraram. Quando a roda relacional de Judy se equilibrou, ela começou a viver uma "viagem" física e emocional menos turbulenta.

A RODA ESPIRITUAL

Defino saúde espiritual como o estado de máximo bem-estar no relacionamento pessoal com nosso Criador. Para sermos espiritualmente saudáveis, qualquer separação ou desarmonia em nosso relacionamento com Deus deve ser evitada ou tratada. A roda espiritual é, de muitas formas, a mais importante, já que a saúde física, emocional e relacional não possibilita, por si só, que sejamos pessoas altamente saudáveis. As pessoas muito saudáveis fazem de seu bem-estar espiritual prioridade constante. O que isso significa? Significa que essas pessoas buscam ativamente entender o plano e os desígnios de Deus para elas quanto à condição física, emocional, relacional e espiritual. Elas procuram e aceitam a instrução e a orientação pessoal do Criador para a vida delas.

Quer dizer que as saúdes física, emocional e relacional não são importantes? Claro que não. Elas podem e devem ser valorizadas. No entanto, deve-se ter em mente que, se dermos à roda espiritual menos atenção do que damos às outras três, não conseguiremos ser altamente saudáveis.

Então, como é ter a roda espiritual saudável? Analise a história de Mara. Durante muito tempo Mara foi neurótica, para resumir! E não só isso. Vinha a meu consultório quase toda semana. Sua lista de queixas, tanto imaginárias quanto reais, era longa. Esse tipo de paciente pode ser um desafio para qualquer médico simplesmente porque essas pessoas decidem, consciente ou inconscientemente, jamais ficar boas. Parece que sabem disso, e o médico sabe.

Fiz uma entrevista espiritual numa das primeiras consultas de Mara. Usei o que chamo de questionário Deus, constituído de três perguntas simples que me permitem ter uma idéia da importância que o relacionamento com Deus e a comunidade religiosa tem para o paciente.

Fiz-lhe a primeira pergunta, a questão D: — Diga qual é a importância de **D**eus, da espiritualidade e da fé para você, Mara.

— Nenhuma — foi a breve resposta.

Continuei com a questão E: — Você tem **E**ncontros com outras pessoas de uma comunidade religiosa?

— De jeeeeito nenhuuum! — foi a resposta estridente.

Sinceramente, fiquei com medo de fazer a pergunta U, mas para ter a entrevista completa, continuei, quase sussurrando: — Mara, posso ser de alguma **U**tilidade ou ajudá-la em sua jornada de fé?

— Está louco!?! — foi tudo o que ela conseguiu emitir por entre os lábios apertados.

Estava feito o "diagnóstico".

Apesar da dificuldade de tratar de Mara, eu me vi orando por ela. Nas consultas, de vez em quando sugeria coisas que eu acreditava pudessem mudar o curso de sua saúde. Por exemplo, um dia eu lhe disse:

— Sei que você não pensa muito em oração, mas eu acredito realmente que ela é eficaz. Estive orando para encontrarmos um tratamento que a ajude a sentir-se melhor.

Ela respondeu com um "Hummhumm!"

Um dia, quando me levantei para ir até a sala de exames, ela deu um salto da cadeira e com um riso contagiante me deu um abraço. (Ela nunca fizera *isso* antes!)

— Mara! — exclamei. — Por que você está tão feliz? Parece que está quase histérica.

— Doutor, o senhor nem vai acreditar, mas suas preces foram atendidas!

— De que você está falando?

Voltou para a cadeira praticamente dançando.

— Comecei a ir à igreja. Não porque eu queira, veja bem, mas porque meu vizinho não parava de me convidar! Só fui para ser boa vizinha. Bem, o senhor sabe de uma coisa? Aprendi algumas coisas sobre mim. Não estou dizendo que gostava do jeito que eu era, mas eu não conhecia outro. Vou lhe dizer uma coisa, não sei o que aconteceu, mas aconteceu algo, e eu sou outra mulher! — Olhou-me direto nos olhos. — Doutor, obrigada por orar por mim e por me tratar, mas, acima de tudo, obrigada por *se preocupar* comigo.

Não vi Mara muitas vezes depois desse dia. Minha vida profissional ficou um pouco mais fácil, mas passou a ter bem menos sal!

O caso de Mara foi espetacular. Alguns talvez digam que ela está curada. Na verdade, acho que ficou — se não completamente curada do físico, pelo menos transformada espiritual, relacional e emocionalmente. A experiência de Mara demonstra que as quatro rodas estão ligadas. Devo reconhecer que o caso dela é apenas uma história curiosa (um relato não resultante de pesquisa científica), mas ilustra as evidências científicas que vou apresentar em todo o restante do livro. Como Mara, se você quiser ser altamente saudável, terá de prestar atenção, certificando-se de que as quatro rodas estejam calibradas na pressão correta e cada uma esteja bem equilibrada e com o rolamento seguro.

Entretanto, embora se acredite que o equilíbrio das quatro rodas da saúde seja essencial para alguém ser altamente saudável, a mais importante delas é a espiritual. Conta-se que Marco Aurélio, imperador romano do século II, disse: "O homem é um templo cujo pilar e cuja abóbada devem ser construídos de dentro, caso contrário desmoronará". Você consegue enxergar o valor de aprender a pôr sua saúde física, emocional e relacional como elementos secundários de sua saúde espiritual? Ainda que não assegure uma vida perfeitamente saudável no aspecto físico, a Bíblia promete vida abundante aos que têm um relacionamento vital com Deus, uma vida plena de significado, imbuída de propósito, contentamento e alegria.[2] Como muitos estudos recentes e revolucionários mostram que a saúde espiritual é tão importante, vou falar muito mais sobre esse assunto ao longo do livro — principalmente no capítulo 8.

[2]V. Jo 10.10.

CALIBRE SEU PNEU

— Walt — perguntou Barb —, você notou o prego no pneu do carro?

Eu não tinha percebido nada e, então, fui verificar. Tudo o que vi foi a cabeça de um prego. Parecia que estava todo enterrado no pneu. O ar não estava escapando, e nós não tínhamos tempo de consertar o pneu.

— Querida, acho que não vai haver problema se continuarmos.

Parece que Barb não acreditou muito, mas fez que sim. E prosseguimos. Cerca de trinta quilômetros à frente, o pneu estourou. Pior ainda, o estepe estava murcho! Como desejei ter ouvido o conselho e feito o que precisava para evitar esse problema. Minha decisão não foi nem sensata, nem prática.

As quatro rodas da sua saúde têm muitos quilômetros a viajar. Meu enfoque nestas páginas será a *promoção* da saúde e a *prevenção* da doença em cada uma das quatro rodas da saúde. A simples leitura dessas páginas, entretanto, não vai produzir resultados. Para tornar-se uma pessoa altamente saudável, você precisa entender as quatro rodas e em seguida assumir a responsabilidade por sua saúde. Você deve ser pró-ativo em relação a *sua* saúde (ser *pró-ativo* significa prever as necessidades e tomar providências em vez de apenas tentar consertar as coisas depois que algo deu errado). Sua saúde é responsabilidade *sua*, não de seu médico nem dos profissionais de saúde que o atendem. Tampouco é responsabilidade de seu pastor, padre ou líder espiritual, nem de nenhum conselheiro, psicólogo ou terapeuta. *Você* é o responsável.

Você precisa estudar e aprender. Precisa ler e avaliar. Precisa de um médico e de profissionais de saúde em quem confie e que o ouçam e aconselhem. Mas, no final, você vai tomar as decisões e providências que podem aumentar a probabilidade de você vir a ser uma pessoa altamente saudável. Nos próximos capítulos, vou dar-lhe muitos conselhos de *como* fazer isso — a responsabilidade, porém, continua em suas mãos.

Devo avisá-lo: você vai sentir-se tentado a não fazer o necessário para ser altamente saudável. É um trabalho muito difícil.

Demanda tempo. Você pode ser seduzido por algum profissional de saúde que prometerá a cura simples e rápida, com determinada terapia, de todos os males que o afligem.

Esteja atento. Faz tão pouco sentido imaginar que uma única "terapia" vai restaurar sua saúde quanto pensar que uma única intervenção mecânica vai manter seu automóvel andando sem problemas. Pense em quanto um carro é complexo. Exige revisões regulares e manutenção preventiva a fim de evitar problemas. Quando não funciona bem, essa máquina quase sempre requer o serviço de um profissional — do especialista que troca os amortecedores, passando pelo mecânico do sistema de ar condicionado, até o técnico em conserto da transmissão. O corpo humano é centenas de vezes mais complexo — surpreendentemente mais complexo — que qualquer veículo mecânico e, portanto, exige ainda muito mais cuidado e tratamento especial.

Preparado? Então vamos à anamnese.

SUA VIAGEM É TRANQÜILA E SEM TREPIDAÇÃO?

Cada uma das quatro rodas tem eixo e raios. O eixo — centro de toda roda e ponto em torno do qual ela gira — consiste na confiança ou fé. Não estou falando apenas em termos religiosos aqui, mas, sim, da fé, crença, confiança, certeza, convicção que você tem de que, se der a seu corpo aquilo de que ele precisa para ser saudável, o mais provável é que ele reaja tornando-se mais saudável com o passar do tempo.

Cada roda da saúde tem pelo menos dois conjuntos de raios — os verticais e os horizontais — eles são essenciais para que o carro ande sem trepidação. Entender essas rodas é bem simples, e usá-las para você se auto-avaliar é em grande medida intuitivo. O exercício a seguir vai ajudá-lo a começar a controlar rápida e facilmente o equilíbrio de sua saúde. Numa folha de papel avulsa — de acesso exclusivo seu — reproduza ou copie esta ilustração simples:

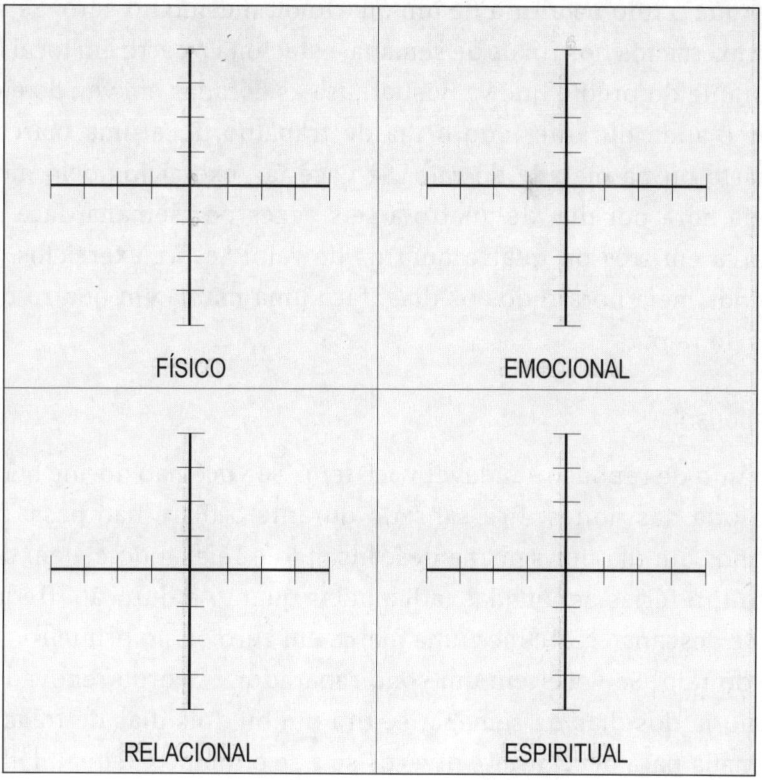

À medida que for lendo cada descrição abaixo, faça uma marca em cada raio para representar a própria avaliação de seus raios individuais. Como ocorrerá com cada instrumento de avaliação pessoal neste livro, só *você* terá acesso a essa avaliação. Quanto mais honesto for com você mesmo, mais precisos serão os instrumentos de avaliação.

Roda Física

Eixo: confiança no próprio corpo
Raios verticais: atividade e repouso
Raios horizontais: ingestão e eliminação

Atividade

Esse raio representa a mensuração de sua atividade física: seus exercícios, quanto você se movimenta. Se você tem vida sedentária, marque o raio na altura de um quarto ou mesmo no zero. Se você faz exercícios nos finais de semana, estaciona o carro em local bem distante do prédio que vai visitar, usa as escadas em vez do elevador e anda durante todo o dia de trabalho, faça uma marca no quarto ou na metade do raio. Se você faz exercícios pelo menos meia hora por dia, de quatro a seis vezes por semana, faça uma marca em três ou quatro quartos do raio. Se faz exercícios pelo menos meia hora todos os dias, faça uma marca em quatro quartos do raio.

Repouso

Quanto de repouso saudável você tem? Se você não dorme bem na maioria das noites, fica cansado durante o dia e não passa pelo menos um dia por semana descansando e relaxando e além disso não tira férias adequadas (adequadas quanto a duração, freqüência e descanso real), faça uma marca em zero ou no primeiro quarto do raio. Se você tem um sono reparador e acorda renovado na maioria dos dias da semana, se tira um ou dois dias de folga por semana para descansar e divertir-se e se o tempo e a qualidade de suas férias são adequados, faça uma marca no último quarto do raio. (Se você está desenvolvendo alguma dessas atividades saudáveis — mas não todas —, faça sua marca num ponto do raio que represente precisamente onde você acredita estar no presente.)

Vamos agora deixar os raios verticais e voltar nossa atenção para os raios horizontais da roda da saúde física.

Ingestão

Esse raio representa o que você põe para dentro de seu organismo: água, comida e toxinas. Se você bebe bastante água todos os dias; come mais de quatro ou cinco porções de frutas e legumes (em especial os orgânicos); faz pelo menos três refeições nutritivas por dia; ingere o mínimo de cafeína, refrigerantes, gorduras saturadas, comidas muito processadas, lanches do tipo *fast-food* e doces; não usa nenhum produto do tabaco nem drogas ilícitas, e sua ingestão de bebidas alcoólicas é em média menor que uma dose por dia, então faça sua marca perto da extremidade do raio. Caso contrário, faça a marca cada vez mais perto do centro, de acordo com as suas características pessoais. Por exemplo, se raramente ingere frutas e legumes, come guloseimas de confeitaria e café em vez de um desjejum balanceado, pega seu almoço no *drive-thru* de um restaurante de comida rápida e no jantar come comida pronta congelada acompanhada de refrigerante, então faça sua marca no zero!

Eliminação

As pessoas que têm ingestão adequada de frutas, legumes, fibras e líquidos apresentam produção bem mais alta de urina e fezes que a média. Urinam várias vezes ao dia. Também têm uma ou mais evacuações intestinais de consistência pastosa e quantidade considerável. As fezes normais são pastosas — *não sólidas* — e não exigem nenhum esforço para a excreção. Um adulto "normal" pode ter uma evacuação dessas aproximadamente dia sim, dia não — outros têm várias num mesmo dia. Mas, no caso dos norte-americanos, a maioria sofre de prisão de ventre. Na verdade, esse problema é tão comum que muita gente não lhe dá a devida consideração nem se preocupa com os riscos sérios à saúde que ele pode causar. A prisão de ventre crônica pode causar muito mais que hemorróidas doloridas e desagradáveis, pode também gerar problemas graves de saúde, como a infecção bacteriana chamada diverticulite.

Roda Emocional

Eixo: confiança na própria mente e nas próprias emoções
Raios verticais: estimulação e repouso
Raios horizontais: aprendizado e trabalho

Estimulação

Quase todos nós sabemos instintivamente se nossa vida está muito atribulada — se tem estímulos demais ou não tem estímulos suficientes. Os problemas mentais muitas vezes seguem esse mesmo padrão: vão desde a ansiedade e a mania, num extremo, até a depressão do tipo "não consigo levantar da cama", no outro. Tente fazer uma estimativa do seu nível de estimulação. Se ele está — como Cachinhos Dourados disse uma vez sobre o mingau — "muito quente", "muito frio" ou "exatamente no ponto". Se em geral você se sente muito ou pouco estimulado, se está atarefado ou excepcionalmente enfadado, diminua seu raio. Se sua estimulação mental e emocional está "exatamente no ponto", então escolha um raio inteiro — pelo menos por enquanto.

Repouso

Esse raio é medido da mesma maneira que a do raio da estimulação. A maioria de nós não tem quase nenhum repouso. Os que têm uma vida "muito parada" são muito mais raros que as pessoas do outro extremo. Se sua vida lhe parece muito quieta ou muito barulhenta, diminua seu raio na mesma proporção.

Outro aspecto é o repouso — paz ou tranqüilidade — da alma. Em seu livro *Happiness is a choice* [*A felicidade é uma opção*], os psiquiatras Frank Minirth e Paul Meier[3] descreveram as três principais causas de sofrimento emocional:

1. incapacidade de dar valor a si próprio;
2. falta de intimidade com outras pessoas (solidão, associada a rancores acumulados em relação a outras pessoas ou a si próprio);
3. falta de intimidade com Deus.

Qualquer uma dessas carências pode levar à ira amarga contra os outros, contra si mesmo e contra Deus. Se reconhecer qualquer uma dessas três causas de desequilíbrio emocional em você mesmo, diminua seu raio de forma correspondente.

[3]Grand Rapids: Baker, 1994.

Aprendizado

O aprendizado contínuo, pela vida toda, é importante para nossa saúde. Assim como os exercícios físicos ajudam o coração, os músculos e os ossos a se manterem saudáveis, o cérebro se beneficia da atividade mental. Continuar estudando e permanecer mentalmente ativo são meios de proteger-se contra a demência e o mal de Alzheimer. A atividade mental, na forma de períodos regulares de leitura, participação num programa de educação continuada e numa tarefa desafiadora, está relacionada a uma mente mais acurada em fases mais avançadas da vida. Pesquisadores[4] demonstraram que o cérebro, como os músculos, precisa ser exercitado a fim de permanecer altamente saudável. As pessoas que usam seu tempo para ensinar aos outros o que sabem não apenas demonstram ter saúde melhor — principalmente saúde mental e emocional —, mas também têm mais probabilidade de continuar, elas próprias, aprendendo coisas novas.[5]

Portanto, se você está ativamente engajado em algum aprendizado — independentemente de isso implicar apenas uma ou algumas aulas por ano (freqüentar aula de educação para adultos na igreja, ser ouvinte numa faculdade da comunidade e outras experiências desse tipo) ou reservar um tempo para a leitura diária, ou mesmo para fazer palavras cruzadas — e está empenhado em transmitir a outros o que aprendeu e viveu, então dê-se um raio inteiro. Se não, diminua seu raio como julgar adequado.

Trabalho

Aqui você vai medir sua satisfação no trabalho e a quantidade adequada de sua ocupação. Se você ama o que faz profissionalmente,

[4]Publicado na Internet em www.sfn.org/content/Publications/BrainBriefings/exercise.html

[5]L. F. ZHANG, Approaches and thinking styles in teaching, *Journal of Psychology* 135(5): 547-61, Sept. 2001; J. MERRELL, You don't do it for nothing: women's experiences of volunteering in two community well woman clinics, *Journal of Health and Social Care in the Community,* 8(1): 31-9, Jan. 2000; J. HAINSWORTH & J. BARLOW, Volunteer's experiences of becoming arthritis self-management lay leaders: 'It's almost as if I've stopped aging and started to get younger!', *Arthritis and Rheumatism,* 45(4): 378-83, Aug. 2001.

se sua atividade combina com seus talentos e paixões, se seu trabalho lhe dá muita satisfação e se você não trabalha demais, seu raio pode ser inteiro.

No entanto, se você passa muito tempo trabalhando — mesmo que seja um trabalho que você ama —, diminua seu raio. A maioria dos especialistas diz que uma carga demasiada de trabalho pode resultar em redução da saúde física e mental. Como médico, acho que mais de cinqüenta horas de trabalho semanais em qualquer emprego é o ponto em que muitos começam a ver, embora lentamente, a saúde piorar — ao longo de vários anos.

E se você já se aposentou? A aposentadoria pode ter efeito negativo ou positivo em sua saúde, dependendo de como você escolhe passar o tempo. Os que se aposentam e param de trabalhar, deixando de participar de atividades sociais, religiosas, esportivas ou de voluntariado, podem ter mais problemas de saúde do que pessoas da mesma idade que continuam realizando um trabalho importante, seja no emprego, por *hobby*, seja uma atividade voluntária. Isso é ainda mais facilmente observável se a pessoa se aposenta mais cedo.[6] Portanto, se você já se aposentou, meça seu raio pelo trabalho significativo que faz ou pelas atividades sociais de que participa — seja como voluntário de uma organização, seja um *hobby* novo e interessante. Sem trabalho, sem raio!

Roda Relacional

Eixo: confiança nas pessoas e nos relacionamentos
Raios verticais: pais, filhos e cônjuge
Raios horizontais: parentes, amigos, grupos de apoio

Pais e filhos

O relacionamento que você tem (ou teve) com seus pais é crucial no entendimento de quem você é e na determinação de sua capacidade de ter boas relações com os outros. Se seus pais equilibraram

[6] E. B. PALMORE, G. G. FILLENBAUM & L. K. GEORGE, Consequences of retirement, *Journal of Gerontology*, 39(1): 109-16, Jan. 1984.

amor e disciplina, liberdade e limites, e cuidado com a formação, e se seu relacionamento com eles quando você ficou adulto era saudável, prazeroso e afetuoso, atribua-se de três quartos a um raio inteiro. Aplique essa mesma medida para pais de criação, pais adotivos e avós — caso tenha sido criado por um deles. Dê-se um raio inteiro, se pai ou mãe sozinho atingiu esse padrão e forneceu modelos do sexo oposto.

Os filhos trazem dois benefícios óbvios para a saúde de seus pais: primeiro, o senso de dever, que é importante, ou seja, a responsabilidade de criar outro ser humano. Segundo, a companhia e a alegria que os jovens podem trazer para a vida de alguém. Como disse uma senhora depois de passar um final de semana com sua neta de três anos: "Risinhos e a maravilha da descoberta, bracinhos em volta de meu pescoço, ler histórias e ir ao parque — tudo isso é remédio para a alma".

Os filhos dão muito trabalho, preocupação, sacrifício e estresse, mas juntamente com isso vem um saudável senso de propósito, de significado, de pertencer a alguém: a satisfação de fazer algo importante. Isso pode ter impacto profundo nos pais (e avós).

Quem nunca teve filhos ainda pode obter o efeito de saúde. O relacionamento com as crianças que *estão* na sua vida pode vir a ser uma parte importante de seu propósito de tornar-se uma pessoa altamente saudável. Esses filhos "substitutos" podem estar numa equipe esportiva que você treina, em um grupo de jovens da igreja com quem você trabalha, podem ser os escoteiros que você coordena ou as crianças de parentes ou amigos que você orienta e com quem se preocupa. Se existem crianças em sua vida, estenda seu raio de forma correspondente.

Cônjuge

Se você é casado(a), pergunte a seu companheiro: "Numa escala de 1 a 4 [4 = excepcional], em que nível você classificaria nosso casamento neste preciso momento?". Surpreso? Ou você concorda? Um casamento saudável é uma ferramenta muitíssimo poderosa para medir altos níveis de saúde.

Se você não é casado, faça um raio menor. Mas há uma exceção importante: os que acreditam ter sido chamados por Deus para viver a vida de solteiro. Nesse caso, o próprio Deus pode preencher esse raio. Se você acha que foi chamado para a vida celibatária, utilize esse raio para medir seu relacionamento pessoal com Deus.

Se você nunca foi casado ou é viúvo, divorciado ou separado, a extensão de seu raio depende da força de suas amizades com uma ou mais pessoas importantes. Quanto mais forte sua amizade, mais longo deverá ser seu raio. Se você é uma pessoa solitária e não tem amigos nem uma rede social que lhe dê apoio e acolhimento, você não tem raio, ou então tem um muito curtinho.

Viver maritalmente não pode ser considerado substituto para o casamento. Na verdade, o raio mais longo que você poderia conceder-se nesse caso é um quarto ou metade do total. As pesquisas mostram que os benefícios que um bom casamento traz à saúde não foram encontrados entre os que decidem apenas viver juntos.

Parentes

Nossos parentes — irmãos e irmãs, tios e tias, primos e primas — podem ter profundo impacto em nossa saúde mental, física e espiritual. Classifique esse raio de acordo com a força de seus relacionamentos passados e presentes com seus parentes. Embora seu relacionamento com eles provavelmente não seja um indicador tão preciso do nível de saúde como é o relacionamento com seu cônjuge, seus pais e seus amigos, mesmo assim essa é uma parte importante de sua personalidade e da saúde pessoal. Utilize metade do raio para medir seu relacionamento com seus irmãos, e a outra metade, para refletir suas relações com outros parentes. Se não tiver irmãos, utilize todo o raio para medir seu relacionamento com parentes próximos que não fazem parte de seu núcleo familiar mais íntimo: primos, primas, tios, tias e principalmente os avós.

Amigos

Excetuando a constituição genética, um dos fatores predominantes no prognóstico de morte ou doença prematura é a falta de um apoio social saudável. Os indivíduos que acreditam que ninguém se importa com eles, que não se sentem próximos de ninguém, ou que acham que não têm ninguém em quem confiar ou que possa ajudá-los numa situação difícil, esses homens e mulheres, têm de *três a cinco vezes* mais probabilidade de ter doença ou morte prematura. Alguns pesquisadores acreditam que o risco é ainda mais alto que isso. Da mesma forma, ter amigos nocivos e negativos é tão insalubre quanto não ter amigos.

No entanto, ter amigos que nos amam, se importam conosco e nos dão a segurança de poder contar com seu apoio incondicional proporciona benefícios incrivelmente positivos à saúde. Marque seu raio de acordo com a intensidade do apoio que você tem dos amigos. Se você conta com alguns amigos íntimos que lhe dão amor e apoio incondicionais, marque um raio inteiro.

Se você tende a ter uma vida solitária, com pouco apoio ou intimidade nos relacionamentos, diminua seu raio de forma correspondente. Além disso, se você tem muitos amigos, mas o amor e o apoio deles são condicionais — se for "eu gosto de você porque..." ou "vou gostar de você se..." —, então seu raio deve ser bem pequeno.

Roda Espiritual

Eixo: confiança em Deus

Raios verticais: oração e meditação

Raios horizontais: comunhão com os membros da comunidade de fé e falar da fé

Oração

A oração é, em sua forma mais simples, uma conversa com Deus. Pode ocorrer em qualquer lugar e a qualquer momento. Não é necessário estar numa igreja ou numa sinagoga, nem lugar ou posição especial. Trata-se apenas de um colóquio íntimo com Alguém que ama você mais do que você jamais imaginaria.

Algumas pessoas acham que o que mais funciona para elas é reservar um tempo diário, mesmo que sejam apenas cinco minutos. Para muitos, a manhã é o melhor horário. Para mim, não. Sou uma pessoa noturna, e levantar cedo nunca foi muito bom para mim. Até reservar um tempo determinado para as orações tem sido difícil — não impossível, mas também não natural. Portanto, para mim, a melhor estratégia tem sido conversar com Deus durante o dia todo. Essa prática me fez aprender a considerar todo acontecimento de cada dia um encontro divino. Oro antes de atender cada paciente, no início de cada encontro e antes de cada telefonema. Peço a orientação e a sabedoria divinas. Agradeço a Deus as dádivas de cada dia e tudo de bom que acontece. Quando ocorrem fatos que me desapontam, enfurecem ou irritam, em vez de perguntar a Deus: "Por que estás fazendo isso comigo?", procuro lembrar-me de orar: "Senhor, o que podes ensinar-me nesta situação?".

Avalie sua experiência de oração. Se você ora todos os dias, assinale um raio inteiro. Se só alguns dias por semana, reduza o raio a três quartos. Se você ora apenas algumas vezes por mês, talvez seja melhor marcar meio raio. Se ora apenas em ocasiões especiais e antes das refeições familiares, sua marca deve cair para um quarto. Nunca orar, ou só fazê-lo em momentos de crise... bem, nesse caso a marca é zero.

Meditação

A meditação, para nossos propósitos, tem tudo a ver com ouvir a Deus. Se você lê a Bíblia diariamente, costuma ter um tempo silencioso de reflexão e mantém um diário, além de memorizar constantemente trechos das Escrituras (guardando-os no coração), então deve marcar um raio completo. Se sua situação não é essa, diminua seu raio de forma correspondente.

Nos últimos anos, aprendi a combinar oração e leitura da Bíblia com a meditação. Considero que ler a Bíblia é ouvir Deus falar. Sempre tenho pensamentos relacionados com algo sobre o que estou conversando com Deus e que, na realidade, não está no texto bíblico. Alguns teólogos chamam esses pensamentos de "vozinha silenciosa" ou "sussurro suave" do Espírito de Deus. Às vezes, quando leio e "escuto" o sussurro de Deus, respondo a ele em oração. Esse processo de ouvir a Deus e em seguida responder tem me dado enorme conforto. Às vezes, eu e ele ficamos quietos — eu apenas medito no que ele disse. Outras vezes, registro nossa conversa na forma de diário. Para marcar esse raio, utilize a mesma fórmula que usou para o raio da oração.

Comunhão com os membros da comunidade de fé

O conselho das pessoas que o conhecem é muito valioso. Ter um mentor ou parceiro espiritual e estar integrado a um pequeno grupo de pessoas que compartilham suas opiniões de fé e que o amam incondicionalmente são aspectos indispensáveis para manter sua roda espiritual balanceada. Um erro comum é procurar vida espiritual solitária. Quando nos transformamos em nosso amigo e conselheiro número 1, em geral temos problemas! Deus nos criou para agir melhor em comunidade. O bispo Edmond Lee Browning escreveu certa vez: "Sozinho, não aprendo o que significa ser filho de Deus. Essa não é uma atividade solitária. Aprendo na filiação à família de Deus".[7]

Quando amamos e incentivamos, ensinamos e orientamos, corrigimos e exortamos uns aos outros, passamos a ser mais rápida e facilmente o tipo de pessoas que Deus planejou na criação. Um amigo conselheiro, um mentor espiritual e um pequeno grupo de companheiros de viagem não apenas são inestimáveis, mas também têm papel fundamental em nosso processo de aperfeiçoar a saúde espiritual. Essas pessoas podem estar do nosso lado quando tomamos decisões tolas, como *todos* fazemos de vez em quando. Podem nos avisar quando estabelecemos metas muito altas ou pouco ambiciosas. Podem ajudar-nos a perceber quando exigimos demais de nós mesmos.

A comunidade religiosa também tem potencial para ser nociva. Pode transformar-se no que já se chamou de "panelinha santa" —

[7]*A year of days with the book of common prayer*, New York: Ballantine, 1997, 22 de janeiro.

fechada e impenetrável —, em que os de dentro não têm nenhum relacionamento importante com ninguém de fora. Algumas vezes essas "panelinhas santas" podem realmente reduzir a saúde dos que as freqüentam. Elas podem ficar infestadas com o que chamo de porcos-espinhos espirituais.

Se você está engajado ativamente em um grupo positivo de companheiros peregrinos espirituais, e está sob a orientação e a responsabilidade de um grupo ou de um mentor espiritual que o apóia, então marque um raio inteiro. Se não, diminua seu raio de forma adequada.

Falar da fé

Para as pessoas de fé, um fator crítico no balanceamento de sua roda espiritual é formar e alimentar relacionamentos fora de sua comunidade religiosa. Isso permite que elas exercitem sua fé e falem dela a outros — fator que o pesquisador George Barna classifica de "fundamental para a saúde espiritual". Se você fala sempre de sua fé aos outros e se compromete com relacionamentos fora de sua comunidade religiosa — alcançando outras pessoas e lhes doando seu tempo, talento e recursos —, então classifique seu raio como completo. Caso contrário, você deve diminuí-lo.

DESENHE SUAS RODAS

Agora que você já fez um cálculo do comprimento de cada um dos quatro raios de cada roda da saúde, o passo seguinte é desenhar suas rodas. É só ligar a extremidade de cada raio com as dos raios vizinhos.

Depois, examine com calma a aparência das quatro rodas. Elas são redondas ou têm partes achatadas? As quatro têm o mesmo tamanho ou existe alguma muito menor? Se os pneus de seu carro tivessem a aparência dessas rodas, você se preocuparia? Ou será que suas rodas são bem redondas e têm o mesmo tamanho, mas com raios muito curtos? Se for esse o caso, elas vão girar muito mais rápido do que deveriam, e você correrá risco muito maior de ter estafa.

O mais provável é que uma ou mais rodas (talvez todas) tenham tamanhos diferentes — e não sejam nem um pouco redondas. Olhando essas rodas, você consegue imaginar como um veículo andaria se tivesse rodas assim? Provavelmente, não muito bem — e, certamente, não pelo tempo que deveria ou poderia rodar. Além de tudo isso, a viagem seria bem turbulenta.

A ilustração abaixo mostra a avaliação de um grande amigo meu que ficou muito surpreso com as condições de suas rodas. "Walt", disse, "eu diria 'vamos dar uma volta', mas eu não vou conseguir. Então vamos ao trabalho!"

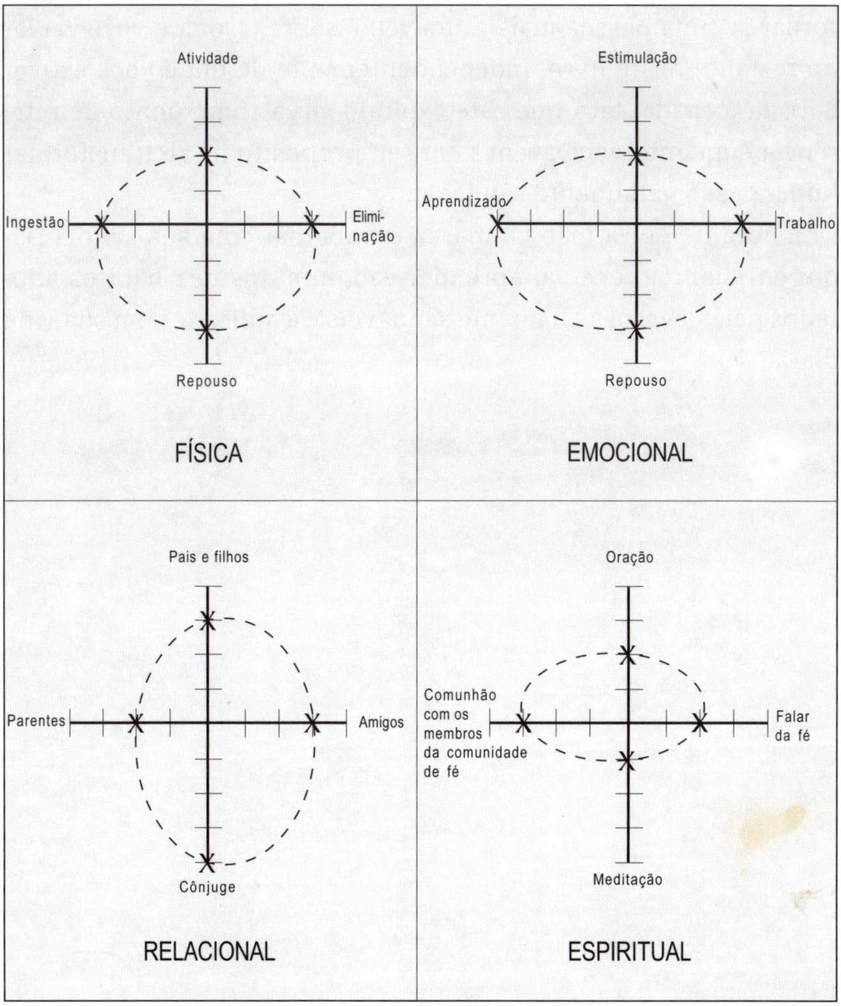

O objetivo desse exercício é dar-lhe, de modo aproximado (como aconteceu com meu amigo), uma representação visual de sua saúde geral, a fim de que você inicie o processo de alongamento dos vários raios e de melhoria do bem-estar. Pode ser que você não tenha encontrado grandes surpresas; é provável que tenha reconhecido e rotulado muito do que já suspeitava ser verdadeiro a seu respeito. Ou talvez tenha tido algumas surpresas — e até alguns choques.

Se repetir esse exercício uma ou duas vezes por ano, você vai perceber mudanças no comprimento de diferentes raios com o passar do tempo, à medida que você toma decisões pequeninas de tornar-se uma pessoa mais saudável. É sobre isso que você vai ler no restante deste livro. Independentemente de onde você estiver em sua jornada, faça que este capítulo sirva como ponto de referência enquanto você avança em seu propósito de se transformar numa pessoa altamente saudável.

É hora de pôr a mão na massa e trabalhar com sua saúde. Daqui em diante, você vai aprender cada um dos dez hábitos adotados pelas pessoas altamente saudáveis e a aplicá-los em sua vida diária.

PARTE DOIS

Os dez hábitos

TRÊS

Encontre um equilíbrio sensato em sua vida

O HÁBITO DO EQUILÍBRIO

Ainda me lembro de meu primeiro carro. Parece que os jovens têm tendência a se lembrar do primeiro carro — e eu não sou exceção. O meu era um Buick 1958 de duas cores que comprei por cem dólares depois de terminar o ensino secundário. Pertencera aos avós de um amigo próximo.

Lembro-me de quanto cuidava daquele carro: lavava-o, trocava o óleo, mantinha-o limpo e lubrificado. E, como acontece com qualquer pessoa que está aprendendo os cuidados básicos com o carro, tive de aprender os rudimentos da manutenção dos pneus. Uma vez que os quatro pneus estivessem balanceados e calibrados corretamente, o carro andaria sem trepidações. Se, porém, algum pneu não estivesse balanceado nem calibrado, isso afetaria todo o carro. Como me ensinou meu amigo Haroldo, a regra vale principalmente para os carros mais simples, que têm as rodas antigas com raios — como o Ford T. Para uma roda ser saudável, ela deve ter o eixo saudável e um conjunto de raios saudáveis. O mesmo se aplica ao pneu.

O "carro da sua saúde", com as quatro "rodas da saúde", simplesmente não pode rodar macio se todas as rodas não deslizarem bem — *em equilíbrio*. Um carro com rodas não balanceadas pode até andar devagar e em estradas planas, mas quando a velocidade aumenta e o terreno fica cheio de irregularidades, uma roda não balanceada pode fazer o carro derrapar e sair da estrada. Quando não se cuida de uma roda da saúde, o resultado é desequilíbrio e problemas de saúde. Do mesmo modo que uma roda com raios desiguais, pode ocorrer e fatalmente ocorrerá um desgaste desigual e prematuro.

Se, lendo o capítulo anterior, você constatou que suas rodas estão desbalanceadas (o que deve com certeza estar acontecendo, a não ser que você seja alguma espécie de super-herói), seja bem-vindo à raça humana! Não se recrimine nem se desanime. Você simplesmente não conseguirá atingir um equilíbrio em sua vida — e não poderá ser uma pessoa altamente saudável — sem primeiro fazer um *diagnóstico* das áreas que, especificamente em você, estão doentes ou em desequilíbrio. Portanto, levante a cabeça e olhe adiante. Logo você encontrará incentivo e conselhos. O fato de ter chegado até aqui me diz que você quer mesmo se transformar numa pessoa altamente saudável — e isso significa que há grande esperança! Como diz o velho ditado: "Uma viagem de mil quilômetros começa com o primeiro passo". Você começou sua jornada!

As histórias a seguir, de pessoas que já consertaram suas rodas da saúde (ou estão a caminho disso), vão lhe mostrar como o processo funciona.

EQUILÍBRIO FÍSICO

Conheci Hal quando ele estava iniciando o tratamento de uma úlcera varicosa na perna. Embora ainda estivesse na casa dos vinte anos, já havia sofrido muitos anos com isso, resultando em várias hospitalizações e cirurgias. Hal tinha apenas 1,60 m de altura, mas pesava mais de 110 quilos. Seus hábitos alimentares eram péssimos. Trabalhava longas horas numa atividade sedentária e sofria grande estresse no trabalho. Nunca fazia exercícios físicos. O mais perto que ele chegava de uma atividade física era clicar o controle remoto da TV, assistindo a outros competirem no futebol ou no basquete. Dormia muito mal — poucas horas por noite —, o que o fazia sentir-se constantemente cansado e acabava tendo efeito negativo em seu desempenho profissional.

Hal sofria de prisão de ventre crônica e ingeria muito pouco líquido ("a não ser algumas latas de refrigerante dietético enquanto estou trabalhando"). Odiava a própria aparência e se sentia muito mal. Mesmo assim, ao que parece, ele nunca encontrara nenhum médico que lhe oferecesse alguma ajuda para tornar-se mais saudável.

Minha primeira tarefa como médico de Hal foi curar-lhe a infecção da ferida da perna. Entretanto, eu considerava que meu trabalho apenas começara.

— Hal — chamei-o no final do que ele julgava ser a última visita ao meu consultório —, sei que a úlcera está bem curada para você não precisar mais voltar aqui. Mas estou preocupado com sua saúde. Acho que você também está.

Ele concordou.

— Vamos fazer uma coisa.

Dei-lhe uma breve explicação a respeito da roda física da saúde. Peguei um pedaço de papel e desenhei uma roda com eixo, aro e quatro raios. Cada raio tinha marcações de um quarto, metade e três quartos. Depois lhe dei papel e caneta. Ele logo começou a trabalhar. Nós dois sabíamos a maioria das respostas, mas desenhar o quadro todo significou uma ilustração poderosa para ambos. Ele se concedeu meio raio para o repouso, um quarto de raio para ingestão e eliminação, e raio nulo para atividades físicas.

Embora eu não concordasse completamente com a avaliação dele (acho que eu teria dado um oitavo de raio para cada um dos quatro elementos), era importante que Hal comandasse o processo e fizesse a própria avaliação. Caso contrário, muito provavelmente ele não se sentiria motivado a fazer as mudanças necessárias para alongar seus raios e melhorar sua saúde.

— Com base nesse desenho — eu disse —, qual é a aparência da sua roda da saúde física?

Ele não olhava para mim. Estava com os olhos fixos no papel. Então riu e disse:

— Uau, está achatada! — Parou um momento. O sorriso abandonou-lhe o rosto. Quase sussurrou. — Totalmente achatada.

— Você gostaria de alongar seus raios?

Os olhos dele começaram a se encher de lágrimas quando fez um sinal de consentimento.

— Vamos ter outra consulta. Na sua volta, começamos a trabalhar.

Dei-lhe um material para estudar e na consulta seguinte começamos a trabalhar com sua roda física. Que alegria para mim, na condição de médico dele, ver sua roda se arredondando com o passar do tempo. O processo foi longo, lento e tedioso. Mas ele conseguiu. Trabalhou *de fato* para isso! E não é só isso: com o tempo ele começou também a trabalhar nas outras três rodas.

Escolha um raio – qualquer um – para alongar

Reserve alguns minutos para detectar uma coisa positiva que você pode fazer para começar a alongar cada raio da sua roda física. Por exemplo, você tiraria um dia de folga esta semana para descansar e rejuvenescer? Tomaria oito copos de água hoje? Comece com uma coisa que você consiga fazer para melhorar cada raio. E veja sua roda começar a arredondar-se.

EQUILÍBRIO EMOCIONAL

Adoro contar a história de Judite. Ao longo dos anos, ela acabou transformando-se numa paciente importante, além de uma amiga preciosa. Mulher de negócios bem-sucedida e mãe espetacular de duas lindas filhas, Judite, no entanto, sofria de vários tipos daquilo que nós médicos chamamos de queixas "inespecíficas". Sentia-se fatigada, dormia mal e sua motivação para o trabalho diminuíra. Estava mais ansiosa e pouco tempo antes tivera dois ataques de pânico. Seu casamento de nove anos estava deteriorando-se rapidamente, e seu apetite sexual minguava.

No aspecto físico, à exceção de estar um pouquinho acima do peso, ela conservava ótima forma. Sua roda física estava bem balanceada. Mentalmente, sua ansiedade e a distimia familiar (depressão leve e crônica que acometia Judite e vários parentes seus) eram facilmente controláveis com a medicação adequada. Mesmo assim, ela dizia:

— Sinto-me exausta e desmotivada.

Ainda me lembro do dia em que eu e ela nos sentamos para conversar sobre isso — numa época em que eu estava apenas começando a entender as quatro rodas da saúde. À medida que eu explicava as partes emocionais da roda da saúde, percebia que o conceito fazia sentido para ela. Quando lhe entreguei o pedaço de papel com a ilustração da roda, ela logo começou a trabalhar. Deu-se meio raio para a estimulação e um quarto de raio para o trabalho. Aprendizado e repouso ficaram no nível zero.

Enquanto desenhava os raios, ia abrindo um sorriso cada vez mais largo. Depois de completar o desenho, entregou-me e exclamou: "Bingo!". Foi um dos exemplos mais marcantes na minha experiência médica daquilo que os teólogos chamam de epifania. Judite percebeu imediatamente não só qual era o problema, mas também o que precisava fazer para solucioná-lo.

Nos meses seguintes, eu a encontrei muitas vezes para consultas de acompanhamento. Sua lenta, porém constante, transformação era notável. Após uma das consultas, minha enfermeira perguntou: — O que o senhor está receitando para ela?

Eu sorri.

Judite usou sua roda murcha e desbalanceada como ponto de partida em direção a um grau mais alto de saúde. Teve várias conversas longas com o marido, com seu pastor e com seu chefe. Assumiu outro cargo no trabalho. Seu salário diminuiu um pouco, mas sua satisfação e seu desempenho profissional aumentaram muito. Aprendendo novas habilidades que mais se harmonizavam com seus interesses e seu temperamento, ela se sentiu mais estimulada e gratificada intelectualmente.

Judite também começou a reservar algum tempo para cuidar de si mesma e rejuvenescer. "Programava" longos banhos quentes duas ou três vezes por semana. Começou a levantar-se mais cedo para escrever um diário e ficar algum tempo tranqüila sozinha. Na maioria dos dias ela fazia uma pequena caminhada de manhã — "para exercitar meu corpo *e* minha mente", dizia.

Cerca de um ano depois, no *check-up* anual, pedi a Judite que desenhasse de novo sua roda emocional. Os raios não saíram no tamanho máximo, mas estavam perto disso. O desenho de sua roda refletia uma mulher mais funcional e adaptada — alguém que estava sem dúvida tornando-se mais saudável.

Judite não é a única a sofrer estresse no trabalho. De acordo com o Bureau of Labor Statistics, mais de 25 milhões de norte-americanos trabalham mais de 49 horas por semana. Desses, 11 milhões passam 60 horas ou mais no trabalho. Com base no alto número de horas trabalhadas pelos americanos, um jornal do país lhes concede a duvidosa distinção de serem a "nação com maior excesso de trabalho no mundo industrializado".[1]

Os pesquisadores que estudam ambientes de trabalho culpam as longas horas de trabalho pelo enfraquecimento dos laços com a família e os amigos (a roda relacional); por aumentar o risco de acidentes de trabalho (a roda física); bem como por concorrer para o aparecimento de estresse crônico, estafa, ódio e ressentimento (a roda emocional). Até a Associação Médica Americana reconhece atualmente que horas excessivas de trabalho podem comprometer a segurança de médicos novos e seus pacientes.[2] Alguns pesquisadores advertem que pessoas que trabalham muitas horas e depois não conseguem ter um sono reparador quando chegam em casa podem pôr a própria vida em risco. Um estudo realizado na Austrália e divulgado pela BBC indica que os efeitos da falta de sono podem ser semelhantes (ou até piores) aos que são provocados

[1]Silja J. A. Talvi, Lights out for long hours?, *The Christian Science Monitor*, 17 Dec. 2001; na Internet em www.csmonitor.com/2001/1217/p15s1-wmwo.html

[2]V. artigo na Internet em www.ama-assn.org/ama/pub/article/1616-5665.html

pela ingestão de álcool em demasia.[3] Outro estudo descobriu que homens japoneses que haviam trabalhado 61 horas ou mais em média por semana no ano anterior tinham duas vezes mais probabilidade de sofrer ataque cardíaco do que os homens que haviam trabalhado quarenta horas ou menos por semana. Além disso, os homens que tinham dormido cinco horas ou menos em média a cada dia de trabalho no ano anterior tinham duas ou três vezes mais risco de sofrer ataque cardíaco do que os homens que haviam tido mais de cinco horas de sono.[4]

Relata-se até morte por horas excessivas de trabalho. Na verdade, *karoshi* é uma palavra japonesa que significa "morte por excesso de trabalho". O fenômeno foi primeiramente identificado no Japão,[5] e a palavra está sendo adotada internacionalmente. As evidências de que o excesso de trabalho causa morte súbita ainda não são completas, mas as evidências de que o trabalho em excesso pode prejudicar a saúde são praticamente incontestáveis.

Exercitar a mente com aprendizado contínuo ajuda a manter a pessoa lúcida à medida que envelhece. Rudolph Tanzi, Ph.D., professor de neurologia da Harvard Medical School, discute algumas fascinantes evidências médicas em *Decoding darkness: the search for the genetic causes of Alzheimer's disease* [*Descodificando o escuro: a busca das causas genéticas do mal de Alzheimer*].[6] As evidências indicam que a demência resulta provavelmente da perda excessiva de sinapses, que são parte do intrincado sistema utilizado pelas células do cérebro para transmitir informações para outras partes do corpo. Tanzi conclui que, quanto mais sinapses o indivíduo desenvolve participando de atividades intelectualmente estimulantes, maior o número delas que ele "poderá" perder sem que a demência sobrevenha. De acordo com o dr. Tanzi, jogar

[3] V. relato na Internet em http://news.bbc.co.uk/hi/english/health/newsid_930000/930615.stm

[4] V. Y. Liu & H. Tanaka, Overtime work, insufficient sleep, and risk of non-fatal acute myocardial infarction in Japanese men, *Occupational and Environmental Medicine*, 59: 447-51, 2002.

[5] V. relato na *web* em www.ilocis.org/sample1.html

[6] Rudolph E. Tanzi & Ann B. Parson, Cambridge: Perseus, 2000.

jogos inteligentes, fazer palavras cruzadas, jogar bridge ou xadrez e ter conversas estimulantes são todos meios de alimentar um aprendizado contínuo.

Pesquisas mais recentes confirmam que, assim como os músculos, o cérebro precisa ser exercitado.[7] De acordo com a Alzheimer Foundation, as pessoas mais velhas com boa saúde física, com mais anos de estudo, maior renda e que estão empregadas têm desempenho de memória melhor que outras pessoas idosas. Um estudo realizado em 2002 com 801 freiras, padres e frades idosos que não tinham demência no início da pesquisa — recrutados de quarenta grupos em todos os Estados Unidos — concluiu que a participação freqüente em atividades cognitivamente estimulantes estava associada à redução significativa do risco de ter o mal de Alzheimer.[8]

A estimulação mental ativa — exercitar a mente — pode proporcionar uma reserva mental. Entretanto, assistir à televisão e surfar pelos canais provavelmente não ajuda em nada a aumentar as sinapses que você tem em seu "banco".

Verifique sua pressão emocional

É fácil ficar tão ocupado a ponto de esquecer de se perguntar — como perguntaríamos a alguém que amamos: — Como você está, de verdade? Está feliz? Está sobrecarregado, enfastiado, satisfeito ou frustrado?

Por isso, conceda-se um "tempo de folga" — de pelo menos vinte minutos de duração. Verifique a "pressão" de sua roda emocional examinando cuidadosamente cada um dos seus raios. Qual deles é o mais curto? Escreva em um diário (ou faça anotações rápidas para você mesmo) sobre o que parece estar causando mais pressão ou

[7] R. P. FRIEDLAND et al., Patients with Alzheimer's disease have reduced activities in midlife compared with healthy control-group members, *Proceedings of the National Academy of Sciences of the United States of America*, 98:3440-45, 2001.

[8] R. S. WILSON et al., Participation in cognitively stimulating activities and risk of incident Alzheimer disease, *Journal of the American Medical Association*, 287(6): 742-48, 2002.

insatisfação. Depois marque uma hora — esta semana mesmo! — com seu cônjuge ou um amigo de confiança para conversar a respeito do que você anotou sobre sua roda emocional. Peça a essa pessoa que analise os quatro raios com você e o ajude a encontrar pelo menos uma coisa que pode fazer para aumentar um pouco seu raio mais curto.

Acima de tudo, seja gentil com você mesmo. Quem é altamente saudável não se maltrata só porque não é perfeito! Você nunca vai atingir a perfeição, mas pode ficar mais saudável.

Suspeito que as coisas estejam ficando claras para você: o comprimento de seus raios e o balanceamento de suas rodas da saúde podem mudar constantemente. Em um ano sua roda pode ficar bem balanceada, mas, depois, aparentemente num piscar de olhos, ela pode achatar. O modo pelo qual você reage a seu "pneu murcho" pode definir sua saúde ao longo da estrada.

EQUILÍBRIO RELACIONAL

Leo era mais que um paciente — tornou-se um grande amigo, em quem eu podia confiar. Quando o conheci, porém, sua vida era o caos.

A mulher dele, de quase cinqüenta anos, tinha morrido de repente. Ela não fora apenas sua melhor amiga, fora a única amiga. Eles tinham se mudado para a Flórida para fugir dos invernos rigorosos de sua cidade natal. Embora tivessem encontrado um ambiente mais ameno (quente, para dizer a verdade), ficaram sem a família e os amigos.

A vida de Leo logo passou a girar em torno dos cuidados de sua frágil mulher. Eles não tinham amigos e nunca participavam de encontros sociais. À medida que a doença dela piorava, o mesmo acontecia com a dele. Eu os visitava freqüentemente em consultas domésticas e, com meus botões, indagava qual deles morreria primeiro. Se ela fosse na frente, eu tinha certeza de que ele morreria de melancolia logo depois. Ele não estava aberto às minhas sugestões de fazer coisas fora de casa e cuidar de si próprio além de cuidar da mulher.

Ela *foi* a primeira a partir. No funeral, fui testemunha da dilaceração de um homem. A tristeza dele era palpável. Continuei visitando-o de vez em quando e percebia que ele piorava depressa. Era tremendamente solitário.

As relações de Leo com os pais, a mulher, os filhos e os parentes tinham sido espetaculares. Embora ele nunca tivesse feito os desenhos das rodas (eu o conheci antes de criar esses desenhos), estou certo de que ele desenharia os raios inteiros. Mas Leo vivera mais que todos os outros. Ali estava ele, sozinho e morrendo — não só de doença, mas de uma roda relacional totalmente murcha.

Então aconteceu algo para lhe recarregar as pilhas, rejuvenescer sua saúde e a vontade de viver, transformá-lo física e emocionalmente. Eu havia quase desistido. A casa dele era tão melancólica, tão escura... eu tinha começado a cultivar orquídeas e havia uma que estava florescendo lindamente. Decidi dá-la a Leo — tentando trazer um pouco de "cor" para sua vida.

No dia em que fui a nossa estufa para pegar a orquídea, encontrei uma gatinha do lado de fora. Não tinha idéia de como ela chegara ali. Peguei a gatinha e a orquídea, coloquei-as em minha caminhonete e fui até uma loja no centro de Kissimmee para comprar suprimentos para a gatinha e também para a orquídea. Depois, segui para a casa de Leo.

Quando ele viu meus presentes, abriu um enorme sorriso — o primeiro de orelha a orelha que eu vi nele há muito tempo —, mas não o último.

A gatinha fez de Leo o sucesso da vizinhança. Parece que o bichinho se transformou no que ele chamaria mais tarde de "ímã-bebê" (referindo-se às viúvas que viviam "dando uma passadinha" para ver como ia a gatinha).

Ao que parece, a orquídea lhe acendeu o interesse e a criatividade. Ele começou a visitar as pessoas da cidade que cultivavam orquídeas e assim passou a ter aulas sobre o cultivo dessas flores. Seu círculo de amigos cresceu — assim como sua confiança, sua alegria e sua saúde. Era como se ele florescesse com cada orquídea.

Adorava trazer orquídeas ao consultório para se exibir para mim e meus funcionários.

Leo viveu ainda mais dez anos. E nesse período ele viveu *realmente*. Para mim, ele foi a prova viva do valor dos relacionamentos, dos interesses e *hobbies* e dos animaizinhos de estimação, não apenas no que se refere a nutrir boa saúde, mas também restaurar uma saúde em declínio. Sem esses elementos, com certeza eu teria ido ao funeral de Leo muitos anos antes — e com muito menos alegria do que senti quando ele partiu para viver com o Senhor aos quase 85 anos de idade.

Desenferruje sua confiança

Numa escala de 1 a 7 (1 = nenhuma confiança; 4 = um pouco de confiança; 7 = confiança extrema), quanta confiança você acha que deposita em outros seres humanos? (Lembre-se: seja sincero!) Pense com cuidado em por que deu essa resposta. Se quer que sua roda relacional fique cheia e balanceada, você precisa entender muito bem por que talvez ela não esteja. Agora faça uma lista dos cinco relacionamentos mais "confiáveis" de sua vida. Depois faça uma lista dos cinco relacionamentos que mais lhe causam tensão de qualquer espécie. Com essas listas a sua frente, converse sobre elas com o Criador, que ama você. Abra seu coração e derrame sua gratidão, sua tristeza, sua alegria, seu medo. Fique em silêncio por um tempo, inclinando o ouvido interior na direção da voz da sabedoria divina. Considere a possibilidade de ler um pouco da melhor prosa sobre o amor jamais escrita: 1Coríntios 13. Depois anote pelo menos um pensamento de como você pode lidar de forma mais eficaz com um relacionamento que lhe esteja causando estresse e desequilíbrio. Por fim, se alguém que você ama e em quem confia estiver por perto, dê-lhe um abraço!

EQUILÍBRIO ESPIRITUAL

Jaime era totalmente voltado para si mesmo — e se sentia péssimo, embora fosse difícil perceber isso apenas pelas aparências. Ele era milionário, tinha mulher e filhos maravilhosos, possuía os melhores carros e morava numa linda casa à beira do lago. Física, emocional e relacionalmente ele parecia equilibrado e saudável, mas sua roda espiritual estava no chão.

Jaime ficou sem reconhecer esse fato por um tempo considerável. Estava convencido de que não precisava de Deus — de que tudo ia bem, obrigado. Então, tudo começou. Aquelas dúvidas que nos acometem na meia-idade. Certa manhã, quando fazíamos ginástica, ele se perguntou em voz alta: "Qual é o verdadeiro sentido da vida?". Na conversa seguinte, disse que tinha dúvidas de que a vida tivesse algum propósito. Não sabia se existe algo após a vida nesta terra. No final das contas, percebi que Jaime estava iniciando uma das buscas mais importantes de sua vida, a busca de significado espiritual.

— Jaime — perguntei —, será que você gostaria de se reunir uma vez por semana comigo para dar uma olhada no que a Bíblia tem a dizer sobre essas questões?

Para minha surpresa, ele aceitou o convite com entusiasmo.

— Nunca li a Bíblia. Pensava que era apenas um livro velho e empoeirado. Mas meu avô seguia fielmente os ensinamentos contidos nela. Eu sempre quis dar uma examinada nesse livro.

Embora não seja especialista em teologia, eu passara algum tempo estudando o que a Bíblia diz das coisas sobre as quais Jaime se interrogava: vida em família, negócios, dinheiro, sucesso e o sentido da vida. Jaime era um aprendiz voraz, e nossas discussões eram divertidas e cobriam uma gama variada de assuntos.

Com base nas leituras e nos estudos bíblicos, Jaime decidiu que queria iniciar um relacionamento pessoal com Deus. Recordo-me perfeitamente do momento em que ele abaixou a cabeça em oração para confessar perante Deus todas as suas más ações e fraquezas e pedir singelamente a Deus que entrasse em sua vida e fizesse dele o tipo de pessoa que seu Criador queria que fosse.

Os raios da roda espiritual de Jaime tiveram um aumento notável em pouco tempo. Todos os dias ele reservava um tempo para o estudo da Bíblia e para suas orações. Continuamos nos encontrando semanalmente para aprender mais e mais sobre nosso Deus e suas palavras na Bíblia. Jaime e a família encontraram uma igreja e integraram-se ativamente nela. Assistir a seu crescimento espiritual foi como observar uma criança numa confeitaria.

Depois aconteceu algo fabuloso. Jaime começou a falar de sua jornada espiritual a seus amigos e colegas que tinham rodas espirituais "murchas" como ele próprio tivera. Ele não lhes impunha sua fé, apenas fazia perguntas e encontrava outros que, como ele mesmo, estavam ávidos por aprender mais sobre Deus e seus princípios, no intuito de serem altamente saudáveis em todas as quatro rodas. Com o tempo, à medida que a roda espiritual de Jaime se enchia, suas outras rodas da saúde começaram a ficar mais balanceadas. Que transformação — não só para Jaime, mas também para sua família e, por fim, para vários amigos seus!

Avalie os raios de sua roda espiritual

Observe com cuidado os raios de sua roda espiritual, notando quais precisam ser "alongados". Observe como você se sente em relação a cada um desses raios. Será que fazer uma análise de um deles (ou de todos) lhe traz algum desconforto, ansiedade, agitação ou motivação? Pergunte-se por quê. Depois escreva uma resposta a esta simples pergunta: "Qual é seu conceito de Deus neste exato momento?". Você pode encontrar uma resposta rápida e fácil, ou então ficar sem saber o que dizer. Mas não se esqueça de anotar sua resposta e datá-la. Não escreva o que você acha que deveria sentir nem em que deveria crer; seja absolutamente autêntico a respeito do que é verdadeiro para você neste exato momento. Depois, à medida que avançar na leitura do livro — principalmente quando estiver no capítulo 8 —, releia sua resposta e veja se ela está mudando com o tempo. O crescimento espiritual é uma aventura estimulante. Marque seu ponto de partida e veja o que Deus faz enquanto você avança na estrada para tornar-se altamente saudável.

MANTENHA O EQUILÍBRIO

Quantas pessoas conheci que tinham as quatro rodas perfeitamente balanceadas? *Nenhuma.* Nenhuma mesmo.

O importante é lembrar que fomos todos criados de forma diferente. Temos em comum a necessidade de equilibrar as diferentes partes de nossa vida; muitas de nossas necessidades são, na verdade, as mesmas. Mas fomos todos concebidos por nosso Criador para ter nossas necessidades satisfeitas de forma singular e diversa.

Manter o equilíbrio saudável é tarefa constante para melhorar a qualidade de vida, pois dura enquanto a vida durar.

QUATRO

Seja pró-ativo na prevenção de doenças

O HÁBITO DO CUIDADO COM VOCÊ MESMO

Pode parecer óbvio, mas o segredo de tornar-se e permanecer altamente saudável é evitar a doença no corpo, na mente, no espírito e nos relacionamentos — tanto quanto possível. Como médico de família, raramente vi algum paciente com um problema médico evitável que não desejasse ter feito mais — dedicado mais tempo e empenho — para evitar o mal que agora o perturbava.

Passei meus primeiros dias de prática médica nas Smoky Mountains, no interior, no oeste da Carolina do Norte, EUA. Ali tive o privilégio de tratar de muitos pacientes na casa dos noventa anos — e vários que tinham mais de cem. Cuidar desses homens e mulheres me ensinou muito do que significa ser altamente saudável.

Margarete tinha acabado de fazer noventa anos quando nos conhecemos.

— Estou cansada de viajar até Sylva para me consultar com o clínico geral — disse-me na primeira consulta. — Além disso — acrescentou —, meu médico lá é tão velho! Receio que não dure muito!

— Que idade ele tem?

Ela riu, escondendo a boca com a mão, e ficou corada. — Ah, meu querido, ele não passa muito dos sessenta anos. Apenas não sabe viver muito bem. E acho que ele está indo para o túmulo precocemente. Se ele me desse ouvidos...

Sorri comigo mesmo. Ali estava uma mulher trinta anos mais velha que seu médico, prevendo a morte dele. Menos de um mês depois, o nome do médico estava numa nota de falecimento no jornal.

Tratei de Margarete e, nos quatro anos seguintes, eu ouvia e ela ensinava. Raramente havia uma consulta em que ela não transmitisse sua sabedoria. A seguir apresento alguns ensinamentos que meus funcionários do consultório chamavam de "margaretismos".

- Quando lhe perguntavam por que ela sempre estava "pra cima", nunca melancólica nem deprimida, mesmo quando alguma doença se manifestava, ela exclamava: — Sou por demais abençoada para ficar deprimida ou estressada!
- Comentando a respeito de um político local que fora acusado de imprudência ética, ela retrucou de repente: — Fruto proibido só faz meleca!
- Ela me disse que fazia duas vezes mais exercícios que a maioria das pessoas. — Todos os dias caminho uma hora ao longo de Deep Creek e ando 24 horas acompanhada do Senhor.

Certa manhã vi minha enfermeira, Bete, contorcendo-se de rir quando Margarete saía do consultório. Eu lhe prescrevera uma medicação leve para ajudá-la na insônia eventual. Ela também tomava esporadicamente um laxante para alguns episódios de prisão de ventre. Tinha acabado de comentar com Bete:

— Querida, não importa o que mais você faça, mas nunca, nunca, em circunstância alguma, recomende para um paciente uma pílula para dormir e um laxante na mesma noite! — depois saiu pela porta e tomou seu rumo.

Margarete tinha vários probleminhas físicos e mentais, mas problemas "mecânicos" mínimos não são muito importantes num "veículo mais velho" bem-cuidado que, tirando esses detalhes, está rodando bem. E Margarete estava rodando bem.

Tinha várias semelhanças com seus amigos idosos e também com outras pessoas de idade de outras culturas que, em virtude da longevidade, foram estudadas.

Leonard W. Poon, pesquisador-chefe de um dos maiores estudos já realizados com centenários, relatou que essas pessoas encontram significado nos desafios da vida e reagem aos problemas com eficiência. Não ficam paradas e lamentando-se.[1] Margarete não era um peso-morto!

Segundo se afirma, alguns grupos de pessoas com maior longevidade no mundo estão entre os habitantes da Geórgia, nas montanhas do Cáucaso, ao sul da Rússia; os índios Vilcabamba, da região equatorial andina; as pessoas do vale do Hunza, na Caxemira; e os habitantes da ilha de Okinawa, no Japão. Eles não só têm notável longevidade, vários ultrapassam os cem anos de idade, mas também estudos médicos destacam a alta qualidade de vida da maior parte dos centenários dessas culturas. Os cientistas que procuraram identificar elementos em comum relataram as seguintes carac-terísticas desses centenários:

- *Exercitam-se regular e constantemente.* A caminhada e outras formas de exercício ativo são parte de sua vida cotidiana.
- *Evitam alimentos muito processados.* Na verdade, praticamente nenhum de seus alimentos é muito processado, ao contrário de grande parte das comidas rápidas e "porcarias" dos Estados Unidos e do mundo ocidental em geral.
- *Têm uma dieta rica em nutrientes.* Não comem demais, mas sua dieta é rica em fibras, grãos integrais, castanhas e gorduras "boas" (em algumas culturas, iogurte e soja), e mínima em calorias, sal, gorduras saturadas e açúcares refinados. Peixes que fazem bem à saúde também são alimento básico importante em algumas dessas culturas.

[1]V. artigo na *web* em www.savannahnow.com/features/aging/part2/livingto100.shtml

- *Bebem muita água.* Na maioria dessas culturas, a água em geral vem de fontes ou minas das montanhas, por isso é rica em minerais.
- *Consomem grande quantidade de frutas e verduras frescas.*
- *Evitam a solidão.* Os relacionamentos dentro de suas comunidades, com vizinhos, familiares e amigos são vitais.
- *Praticam e valorizam o sexo regular.* Em geral com o próprio cônjuge, que é o parceiro de muito tempo, num relacionamento monogâmico recíproco, mesmo depois dos cem anos de idade.
- *Convivem com a família e os parentes e deles dependem.* Esses familiares oferecem apoio e segurança por toda a vida. A idéia de asilo não somente é estranha para eles, mas também, na verdade, não seria tolerada.
- *Raramente consomem bebidas alcoólicas e derivados do tabaco.*
- *Respeitam profundamente os mais velhos.* E quando ficam idosos recebem a admiração, honra, estima e afeição da família e da sociedade.
- *Levam uma vida ativa e produtiva mesmo depois de completarem cem anos.* Não existe aposentadoria. Eles podem diminuir um pouco a velocidade, mas nunca param.
- *Dão mais valor aos relacionamentos e à harmonia do que à busca de dinheiro e sucesso.* Muitas dessas pessoas seriam consideradas pobres pelos parâmetros norte-americanos. Mesmo assim, consideram-se ricas e satisfeitas.

Um grupo de mais de cem centenários moradores da região de Boston, Massachusetts, foi objeto de um estudo iniciado em 1994.[2] Eis algumas características importantes comuns a todos eles:

[2]Essas descobertas estão relatadas em "The New England Centenarian Study Website". V. o relato na *web* em http://www.bumc.bu.edu/Departments/HomeMain.aasp?DepartmentID=361

- A obesidade acentuada é rara.
- O histórico de tabagismo é extremamente raro.
- Têm baixa pontuação num tipo de teste de personalidade que mede a neurose (com base num estudo preliminar). A ausência de comportamento neurótico se traduz na atitude de não ficar remoendo os problemas e, desse modo, administrar bem o estresse.
- Demonstram sinais de envelhecimento muito lentamente e demoram bastante para contrair, às vezes até escapam disso, doenças associadas com a idade, como, por exemplo, ataque cardíaco, derrame cerebral, diabete, câncer e mal de Alzheimer.
- Dos centenários estudados, 90% são funcionalmente independentes durante a maior parte da vida — até a idade média de 92 anos. Em vez da idéia incorreta de que quanto mais velhos, mais doentes ficamos, esses centenários ensinam que quanto mais saúde se teve, mais tempo se vive.
- Muitas mulheres centenárias têm histórico de gravidez depois dos 35 ou até quarenta anos. Uma mulher que dá à luz depois dos quarenta anos tem quatro vezes mais chance de viver até os cem anos do que as mulheres que não dão à luz nessa idade. Não é provavelmente o fato de dar à luz aos quarenta que promove vida longa, mas isso pode ser um indicador de que o sistema reprodutivo dessa mulher está envelhecendo lentamente, e o resto de seu corpo está igualmente saudável.
- Pelo menos 50% desses idosos têm parentes próximos ou avós que viveram até uma idade avançada, e muitos têm irmãos excepcionalmente idosos. Os irmãos de centenários têm onze vezes mais probabilidade de atingir a idade de 97 anos que outros homens nascidos na mesma época, e as irmãs de pessoas idosas têm 8,5 vezes mais chance de chegar até os cem anos que as outras mulheres nascidas na mesma época.
- Parece que muitos filhos desses centenários (com idade entre 65 e 82 anos) estão seguindo os passos dos pais.

Os co-diretores do New England Centenarian Study (NECS) — o dr. Thomas Perls, Ph.D. em medicina, e Margery Hutter Silver, Ed.D. — publicaram suas observações na literatura médica e num livro para leigos intitulado *Living to 100: lessons in living to your maximum potential at any age* [*Viver até os cem anos: lições sobre como viver ao máximo em qualquer idade*].[3]

Penso que o mais gratificante achado do NECS é que, embora os centenários tenham algumas características em comum, não são semelhantes. Na verdade, eles têm um grande número de características distintas — etnia, religião, nível de escolaridade (desde a falta de educação formal até a pós-graduação), condição socioeconômica (variando de muito pobres até muito ricos), padrões de dieta (estritamente vegetariana ou rica em gorduras saturadas) e a regularidade na prática de exercícios físicos (desde o sedentarismo até a prática diária).

NÃO SE TRATA SÓ DE BONS GENES

Os pesquisadores afirmam que as chances de alcançarmos a casa dos cem anos estão aumentando sensivelmente. Já existem muitos milhares de centenários vivos hoje em dia, e pelo menos metade deles tem saúde para ter vida independente. Só nos EUA existem hoje cerca de cinqüenta mil pessoas com mais de cem anos — quase três vezes mais do que havia em 1980.

Será que essas pessoas têm apenas sorte no quesito "bons genes"? Ou será que a saúde delas se deve ao modo como vivem? Embora os cientistas continuem discutindo os fatores que mais provavelmente influenciam a longevidade, a maioria afirma hoje que a vida longa *não é apenas* resultado de bons genes. Os genes são importantes, mas ainda mais importantes são as decisões que tomamos em várias questões referentes ao estilo de vida diário — alimentação, sono, dieta, exercícios físicos, trabalho, lazer e nossos relacionamentos. Alguns especialistas acreditam que até 80%

[3]Com John LAUERMAN, New York: Basic Books, 2000.

do que controla a longevidade de uma pessoa está relacionado com sua escolha de estilo de vida, não com os genes. Esses fatores — abrangidos nos "dez hábitos" — serão analisados em pormenores no decorrer deste livro.

Avalie rapidamente seu estilo de vida

Volte e estude as duas listas anteriores que mencionam características de pessoas que chegam aos cem anos de idade. Dê pelo menos um aspecto de seu estilo de vida que você acredita já esteja trabalhando a seu favor. Depois faça uma lista de todos os aspectos "a melhorar", de maneira que você os tenha como ponto de partida na viagem que o levará a ser pró-ativo (tomar iniciativas) em relação a sua saúde.

A VERDADE SOBRE AS MORTES EVITÁVEIS

Desde os atentados terroristas de 11 de setembro de 2001 e dos posteriores ataques de terrorismo biológico com esporos do *Bacillus anthracis* [agente causador do antraz, ou carbúnculo], as pessoas estão preocupadas, e com razão, com a ameaça de futuros ataques a sua saúde e segurança. Entretanto, é muito mais provável que o americano médio morra de um ataque de tubarões ou atingido por um raio do que contaminado por antraz. E é cem vezes mais provável uma morte por gripe do que pelo vírus do oeste do Nilo (West Nile virus) — e todos sabemos que a morte por gripe não é comum. A realidade é que todo ano morrem cerca de dois milhões de norte-americanos. Muitas dessas mortes poderiam ser evitadas. Em 2000, as principais causas de morte nos Estados Unidos foram:[4]

1. Doenças cardíacas (709 894, o que se traduz em 29,5% de todas as mortes — ou uma em cada 3,4 mortes).

[4]V. os relatórios dos Centers for Disease Control and Prevention em www.cdc.gov/nchs/fastats/lcool.htm

2. Câncer (551 833, ou 23% de todas as mortes — ou ainda uma em cada quatro mortes).
3. Derrame cerebral (166 028, cerca de 7% de todas as mortes — ou uma em cada 14 mortes). Note-se que as doenças cardiovasculares (entre elas as doenças cardíacas e o derrame) correspondem ao primeiro e ao terceiro lugares entre as doenças que mais matam nos Estados Unidos — 36,4% das mortes, ou uma em 2,7 mortes.
4. Doença respiratória crônica das vias inferiores (123 550, cerca de 5% de todas as mortes — ou uma em cada 20 mortes).
5. Acidentes (93 592, ou 3,9% — uma em 25 mortes).
6. Diabete (68 662, ou 2,8% — uma em cada 36 mortes).
7. Pneumonia e gripe (67 024, ou 2,8% — uma em cada 36 mortes).
8. Mal de Alzheimer (49 044, cerca de 2% — ou aproximadamente uma em cada 50 mortes).
9. Doença renal (37 672, ou 1,6% — uma em cada 60 mortes).
10. Septicemia ou infecções sangüíneas (31 613, ou 1,3% — uma em cada 75 mortes).

Muitas mulheres acreditam que o câncer de mama deve ser sua maior preocupação relativa à saúde quando, na verdade, essa doença está no final da lista. As últimas estatísticas da Associação Americana de Cardiologia demonstram que 512 914 mulheres morreram em 1999 em conseqüência de um conjunto de doenças amplamente evitáveis — pressão alta e doença da artéria coronária (inclusive ataque do coração e angina, derrame cerebral, defeitos cardiovasculares congênitos e insuficiência cardíaca congestiva). De acordo com os Centros de Controle de Doenças, 41 528 mulheres morreram de câncer de mama em 1999.[5] Para cada mulher que

[5]V. os relatórios dos Centers for Disease Control and Prevention em www.cdc.gov/nchs/fastats/women.htm

morre de câncer de mama, quase nove morrem de ataque cardíaco e mais de duas morrem de derrame.

PROPAGANDAS E CONSELHOS ENGANOSOS

Os especialistas estimam que mais da metade das mortes anuais nos Estados Unidos poderia ter sido evitada. Dessas mortes evitáveis, o tabagismo é responsável por metade, e um quinto é conseqüência do alcoolismo. A solução nesses casos parece ser simples: não fumar e não beber. Mas, para muitos, não é assim tão simples. Começar é fácil, parar é difícil. Os adolescentes que hoje andam em grupinhos — cada um com um cigarro na mão — representam a próxima geração que, a não ser que ocorra uma mudança drástica, vai enfrentar essas mesmas estatísticas de mortes evitáveis daqui a quarenta anos.

O que alimenta essa tendência? O que nós, como sociedade, estamos fazendo para nos educar a fazer escolhas sensatas em relação a nossa saúde? Por que os verdadeiros riscos de atitudes como fumar não são mais bem entendidos e evitados? Por que tanta informação valiosa é ignorada?

Muito do que se apresenta em revistas e jornais, na TV e no rádio tratando de informações importantes sobre a saúde é, com muita freqüência, impreciso e enganoso. Somos bombardeados com conselhos — a ponto de não conseguirmos fazer uma triagem — e tendemos a ignorar a maioria do que é exposto.

Em 1992, a dra. Elizabeth M. Whelan analisou artigos publicados durante dois meses consecutivos (julho e agosto) nas dez revistas femininas americanas mais conhecidas (*Redbook, Glamour, New Woman, Cosmopolitan, Vanity Fair, Self, Family Circle, Mademoiselle, McCall's* e *Harper's Bazaar*). A pesquisadora descobriu que os artigos focalizavam não os fatores que podem ser mais nocivos para o estilo de vida, mas sim "os supostos efeitos maléficos da contaminação com produtos químicos e outras causas hipotéticas".[6]

[6]Inverted priorities: health hazards in women's magazines, *Priorities for Health*, v. 4, n. 4, 1992; na *web* em www.acsh.org/publications/priorities/0404/hazards.html

Por exemplo, as revistas *Redbook* e *Glamour* mostraram reportagens sobre níveis de metilmercúrio e bifenil-policlorinato (PCB) em peixes, o que supostamente causaria câncer. A *Glamour* advertia o público leitor de que comer frutas frescas importadas poderia ser perigoso para a saúde porque a superfície da fruta poderia estar contaminada com bactérias. De acordo com a dra. Whelan, outras publicações atentaram para os efeitos nocivos do sal; substâncias causadoras de câncer em carnes grelhadas; campos eletromagnéticos gerados por geladeiras, fornos e despertadores (para reduzir os riscos de câncer, a *Family Circle* aconselhava os leitores a manter os relógios analógicos a 1,5 m e os relógios digitais a 90 cm da cama — embora não existam evidências médicas convincentes para apoiar essas recomendações). Também se mencionaram emissões radioativas de computadores; os perigos dos implantes de mama, de assentos de banheiro e piscinas de hidromassagem; a presença de chumbo nos invólucros que recobrem a rolha e o pescoço da garrafa de vinho, bem como nos esmaltes usados no acabamento de peças de cerâmica; contaminações em recipientes reciclados usados na indústria da alimentação; lâmpadas de halogênio de alta potência (a *Harper's Bazaar* recomendava que se usasse uma cobertura de plástico para bloquear raios ultravioleta potencialmente nocivos — mais uma vez, sem evidências que pudessem justificar a despesa); brinquedos radicais em parques de diversões e até possíveis danos causados pelo clima.

A dra. Whelan queria saber que tipo de conselho as revistas oferecem às mulheres sobre como manter a saúde. A seguir, uma amostra: comer muito brócolis para evitar o câncer (*Redbook*); tomar vitaminas E e C e betacaroteno para proteger-se contra doenças cardíacas e câncer (*Glamour*); comer alho para evitar gripes e resfriados (*McCall's*); ter um bichinho de estimação para reduzir a pressão sangüínea e o colesterol (*Self*); e ingerir iogurte com bacilos vivos para viver mais (*Harper's Bazaar*).

Segundo a pesquisadora, grande parte do conteúdo dos conselhos de saúde nesses artigos não se baseia em evidências científicas sólidas e é, na verdade, distorção da realidade científica.

A dra. Whelan também argumenta que os lucros com propaganda de cigarro, em particular, "desestimulam o livre debate sobre os perigos do tabagismo, assunto raramente mencionado nessas publicações". Um número da *New Woman* expressava indignação contra os implantes de mama e ao mesmo tempo trazia 23 anúncios de cigarro. Um editorial da *Cosmopolitan* — rodeado de publicidade de cigarro — exigia que se investisse mais dinheiro para custear pesquisas sobre a saúde da mulher, deixando de notar que o câncer de pulmão causa mais mortes entre as mulheres norte-americanas que o câncer de mama. A dra. Whelan terminava o artigo com o seguinte comentário:

> Se os historiadores quiserem saber quais são as causas subjacentes da inversão das prioridades que caracteriza as políticas públicas de saúde em nosso país atualmente — políticas que dão atenção aos supostos perigos de qualquer coisa, de maçãs a cobertores elétricos, passando pelo *bacon*, e no entanto ignoram a importância de quase quatro bilhões de dólares gastos em propaganda que promove a principal causa de morte —, não precisarão procurar em outro lugar, basta olhar nas revistas expostas em bancas de jornal atualmente.

Embora essas constatações tenham mais de dez anos, ainda vemos esse tipo de artigo. De fato, um trabalho de 1998 observa:

> As empresas de cigarro há tempos reservaram no coração um lugar especial para as mulheres, cortejando-as agressivamente. As táticas incluem de tudo, desde aliar o cigarro a uma suposta evolução social feminina na direção da igualdade de direitos até apoiar eventos políticos femininos.[7]

As coisas não estão melhor no cinema. Esse mesmo trabalho conta que "Hollywood também está fazendo sua parte, pois mais atores e atrizes estão acendendo cigarro nos filmes". Tome-se o

[7]Marilyn GARDNER, Cigarette companies blow smoke in women's eyes, *The Christian Science Monitor*, 8 Jan. 1998; na *web* em www.csmonitor.com./durable/1998/01/08/feat/feat.1.html

filme *Instinto selvagem*, por exemplo, que envolve o cigarro numa atmosfera de sofisticação e *glamour*. Joe Eszterhas, roteirista desse filme e de vários outros (inclusive *Flashdance* e *Showgirls*), teve diagnosticado câncer de garganta depois de ter fumado a vida toda. Num artigo na seção de opiniões do *The New York Times*, Eszterhas insistia que Hollywood parasse de valorizar o cigarro dessa forma, como ele mesmo já fizera. Escreveu: "Fui cúmplice no assassinato de um número incontável de seres humanos. Estou confessando isso só porque fiz um trato com Deus. 'Poupe-me', eu lhe pedi, 'e vou tentar impedir que outros cometam os mesmos crimes que cometi'".

O escritor concluía o artigo assim: "Minhas mãos estão sujas de sangue; as de Hollywood também".[8]

A ESCOLHA É SUA

Em grande medida, você determina seu próprio destino no que diz respeito a tornar-se e permanecer uma pessoa altamente saudável. O histórico familiar e a herança genética têm seu papel, com certeza, mas está ficando cada vez mais óbvio que as decisões sobre o estilo de vida têm peso muito maior. A Bíblia ensina que é nosso dever sagrado ser pró-ativos com o cuidado próprio. Deus considera o corpo humano, que ele criou, um "santuário": "Vocês não sabem que são santuário de Deus e que o Espírito de Deus habita em vocês? [...] O santuário de Deus, que são vocês, é sagrado".[9]

Aprender a evitar a atração das propagandas traiçoeiras é importante, mas educar-se para os fatos e para o que *você* pode fazer para tornar-se mais saudável é indispensável.

Então, vamos ao trabalho. Pegue o diagrama de suas quatro rodas da saúde com seus raios. Como está sua roda da saúde física: pequena ou grande, arredondada ou achatada? Que raios precisam mais de sua atenção. A auto-avaliação desenvolvida até o final deste capítulo vai ajudar você a determinar o que precisa focalizar a fim de evitar as doenças físicas mais comuns.

[8]Joe Eszterhas, *The New York Times*, 9 Aug. 2002, p. op.ed.
[9]1Co 3.16-18.

OS DEZ MANDAMENTOS DA MEDICINA PREVENTIVA

A seguir há uma lista das dez regras principais que tenho sugerido há muitos anos a meus pacientes e a meu público do rádio e da TV. Esses "dez mandamentos" têm como alvo exclusivamente a roda física. Acho que poderíamos identificar vários outros mandamentos relacionados à prevenção de doenças, mas esses representam um excelente começo. Pode ser que você não encontre grandes surpresas aqui, mas as verdadeiras questões são estas: Qual dessas regras você precisa começar a seguir? Quando você pretende começar? Que estratégias vão garantir seu sucesso?

Começando com um único passo e depois continuando a melhorar diariamente, você estará no caminho de tornar-se uma pessoa altamente saudável.

1. Consulte um clínico geral para manutenção e cuidados preventivos

Entreguei os pontos e comprei outro carro há alguns anos. Minha picape 1979 finalmente morrera. Fazia muito tempo que eu não comprava um carro, e foi uma agradável surpresa descobrir que os carros mais novos vêm acompanhados de um programa de manutenção. Quando o examinei, lembrei-me dos programas de medicina preventiva que usava em minha prática profissional. A maioria dos especialistas em medicina preventiva recomenda um programa em que adultos e crianças devem ter determinados cuidados preventivos — por exemplo, testes de triagem e vacinações. A periodicidade dessas revisões depende do "modelo" e da "quilometragem" de seu corpo (entenda-se, de seu sexo e idade).

Infelizmente, a maioria dos adultos e muitas crianças e adolescentes estão muito atrasados em seu programa de manutenção. Por exemplo, o exame diagnóstico preventivo do câncer de cólon é recomendado para todos (homens e mulheres) acima dos cinqüenta anos, mas, 59% das pessoas nesse grupo etário não fizeram o teste.

Todos acima de 69 anos devem receber uma dose única de imunização contra pneumonia pneumocócica e uma vacina anual contra a gripe. Todavia, mais de um terço da população norte-americana nesse grupo etário não tomou a vacina em 2001, e mais de 60% nunca receberam a imunização antipneumonia que pode salvar uma vida. De acordo com as mais recentes estatísticas disponíveis (2000), essas duas doenças — gripe e pneumonia — foram a sétima maior causa de morte nos Estados Unidos, ceifando prematuramente a vida de mais de 67 mil pessoas.

Se você não toma conta do seu corpo regularmente, marque uma consulta com o médico este ano para descobrir que exames preventivos são recomendados para sua idade e sexo. Dê prosseguimento, fazendo os exames e tomando as vacinas recomendadas.

Hora da vacina

Tente procurar informações nos serviços públicos de saúde sobre os programas de vacinação. Faça o mesmo para seus filhos. Caso não consiga a informação necessária, marque uma consulta com seu médico para ver se seu programa de imunizações não está defasado.

2. Evite ou reduza a obesidade

Atualmente, a obesidade é uma epidemia nos Estados Unidos e em vários países. Mais de 70% dos adultos norte-americanos estavam acima do peso ou obesos em 2001 — mais de 50% acima do peso e pelo menos 22% obesos (o que significa que pesam pelo menos 30% mais do que deveriam). A proporção da população que está acima do peso normal subiu no mínimo 30% nos últimos trinta anos. O excesso de peso está associado ao aumento do risco de doenças cardíacas, diabete, pressão alta, derrame cerebral, artrite, problemas de vesícula, depressão, fadiga, desempenho ruim no trabalho, distúrbios do sono e várias formas de câncer — e isso é apenas uma amostra das muitas doenças associadas ao peso acima do normal.

De acordo com o *Journal of the American Medical Association* [*Revista da Associação Médica Americana*], em 1999 quase 900 pessoas morreram por dia de doenças relacionadas ao peso, o que somou quase 325 mil mortes por ano — número maior que o de pessoas que morrem anualmente de pneumonia e em acidentes de automóvel e desastres de avião juntos, e equivalente a 75% do número de pessoas que morrem todo ano pelos efeitos do tabaco (430 mil). Os custos com saúde destinados a problemas relacionados ao peso estão estimados em 117 bilhões de dólares por ano nos Estados Unidos.[10]

Não há dúvida de que adultos e crianças poderiam comer melhor. A autoridade de saúde americana recomendou que restaurantes e estabelecimentos de *fast-food* — onde os americanos gastam cerca de 40% de seu orçamento para alimentação — ofereçam mais informações nutricionais. O relatório sugere que os empregadores incluam aconselhamento dietético e atividades físicas em seus planos de saúde e também concedam tempo para seus funcionários fazerem exercícios. Além disso, a obesidade deve ser classificada como doença, o que deverá estimular os planos de saúde a reembolsar despesas com o controle de peso, conclui o relatório.

Todos sabemos que existem mais livros sobre dietas disponíveis nas livrarias do que seria possível ler durante toda uma vida. E os gurus da dieta estão constantemente em disputa, explicando por que sua dieta funciona e a dos outros não. Entretanto, todos os estudiosos da nutrição dignos de confiança concordam que a chave para a boa nutrição se constitui de variedade, moderação e equilíbrio. Existem muito poucos alimentos que podem ser considerados sempre bons ou sempre ruins, mas certamente existem planos de nutrição bons e ruins — e dietas da moda.

Se você está acima do peso normal e se interessa em adquirir boas informações sobre nutrição, invista numa consulta com um nutricionista ou junte-se ao grupo dos Vigilantes do Peso mais

[10]Relatado em D. ALLISON et al., Annual deaths attributable to obesity in the United States, *Journal of the American Medical Association,* 282(16): 1530-8, 1999.

próximo. No início da década de 1990, eu e Barb melhoramos nossos hábitos alimentares e iniciamos um programa regular de caminhadas. Ao longo do tempo, consegui perder doze quilos e manter o novo peso. Se você acha que está obeso ou com sobrepeso e não consegue perder o excesso, marque uma consulta com seu médico ou com um especialista em nutrição e converse sobre suas opções. Comece a agir — hoje — para ter um futuro mais saudável. Simplificando, para emagrecer e manter um peso saudável, faça uma dieta equilibrada, reduza sua ingestão total de calorias, coma menos gordura e faça exercícios regularmente.

3. Faça exercícios regularmente — com cuidado

Como você deve saber muito bem, a mudança no hábito alimentar, por si só, não se traduz em perda significativa de peso. A fim de conseguir e manter um peso corporal ideal e tornar-se uma pessoa altamente saudável, você *deve* fazer exercícios. As pessoas que se exercitam freqüentemente, mesmo que carpindo o jardim ou caminhando em volta do quarteirão, têm a saúde geral melhor — física e emocionalmente. E não é só isso: os exercícios também podem ajudá-lo a controlar o que come. Em outras palavras, exercícios e boa alimentação podem ajudar-se mutuamente a ajudar você.

As pessoas que fazem exercícios pelo menos três horas por semana tendem a ter a dieta mais equilibrada e saudável, segundo uma pesquisa. Os pesquisadores apresentaram várias justificativas para seus achados:

- *As pessoas que se exercitam pensam duas vezes antes de ceder às tentações da comida.* Quando eu explicava aos meus pacientes que fazer a refeição num restaurante de comida rápida exigiria uma caminhada de uma a duas horas para eliminar aquelas calorias, eles às vezes julgavam mais fácil "simplesmente dizer *não*".
- *Quanto mais exercício se faz, mais se pode comer.* Pesquisas recentes do Departamento de Agricultura dos Estados Unidos

demonstraram que a grande maioria das pessoas (não todas) pode perder peso simplesmente ingerindo menos de 1 500 calorias por dia. Se você faz exercícios regularmente, você pode ingerir de 1 700 a 1 800 calorias por dia e obter o mesmo efeito. Se comer menos de 1 500 calorias por dia *e* fizer exercícios, é praticamente certo que vai perder peso e manter-se no novo patamar.

- *Exercitar-se faz você sentir-se mais saudável do que se sente quando come.* Depois que as pessoas começam a comer melhor e a se exercitar todos os dias, elas têm sensações notadamente desagradáveis quando voltam aos velhos hábitos. A maioria dos meus pacientes que começaram a fazer exercícios relatou melhor saúde da pele, mais ânimo e melhor desempenho profissional, mais energia, sono mais repa-rador e melhora na vida sexual. Você não conseguirá tudo isso com nenhuma dieta da moda! Minha filha, Kate, cortou todas as bebidas, exceto chá e água, quando estava na faculdade. "Pai", ela me disse "não posso acreditar como os refrigerantes agora são tão *doces*!" Muitas pessoas notam que as sobremesas e as carnes vermelhas as fazem sentir-se lentas e desanimadas, quando as ingerem após um tempo de abstinência.

Exercícios regulares vão ajudá-lo a controlar seu peso, melhorar a saúde geral e reduzir seu risco de problemas médicos como diabete, doenças cardíacas e osteoporose. De acordo com os Centros de Controle de Doenças, devemos nos exercitar pelo menos meia hora durante cinco dias por semana. Esse órgão americano relata que menos de um terço de todo o país cumpre esse programa. "Esta é provavelmente a geração mais sedentária da história do mundo", declarou a autoridade médica americana em 2001. O Instituto de Medicina da Academia Nacional de Ciências dos Estados Unidos publicou um relatório, em setembro de 2002, contendo esta recomendação: "Para manter a saúde cardiovascular no nível máximo, independentemente do peso, adultos e crianças devem passar um total de pelo menos uma hora por dia em atividades físicas moderadas ou intensas".[11]

Tendo por base os estudos médicos, fica claro que *qualquer* exercício é melhor que nenhum. Seu nível de condicionamento físico, que pode ser determinado por um teste de esforço cardíaco, pode ser o melhor parâmetro para prever o risco de morte prematura — quer você tenha, quer não tenha diagnóstico de alguma doença cardíaca —, sugere um estudo extensivo com mais de seis mil homens ao longo de mais de seis anos.[12] Além de prever a presença de doença cardíaca, o teste de esforço avalia sua condição física. Em geral relata essa informação em termos de capacidade para exercícios ou nível de condicionamento físico (que os médicos chamam de capacidade aeróbica). Esse nível é expresso em unidades chamadas METS (ou equivalentes metabólicos). Nesse estudo, homens com nível de cinco METS ou menos tinham duas vezes mais probabilidade de morrer do que as pessoas com nível de oito ou mais METS — tendo ou não doença cardíaca. Em outras palavras, os exercícios e o condicionamento físico estão intimamente relacionados com uma vida mais longa e saudável. No passado, o teste de esforço cardíaco era usado principalmente para testar o nível de gravidade de doenças cardíacas. Entretanto, o referido estudo mostra que esse teste pode ser usado para determinar a condição física e prever riscos para a saúde em termos gerais.

Muita gente que começa a fazer exercícios apresenta um problema comum: pára. E muito rápido, de acordo com o psicólogo do esporte William F. Morgan, da University of Wisconsin-Madison. Dentro de seis ou oito semanas, 50% abandonam os exercícios; outros 25% param no final de um ano. A pesquisa mostra que a atitude de entrar numa academia, fazer treinamentos com peso, correr etc. não motiva a maioria das pessoas. O dr. Morgan acredita que as pessoas não precisam tanto de *programas* de exercícios,

[11] National Academy of Sciences, *Dietary reference intakes for energy, carbohydrate, fiber, fat, fatty acids, cholesterol, protein, and amino acids*, Washington, D.C.: The National Academies Press, 2002.

[12] J. MYERS et al., Exercise capacity and mortality among men referred for exercise testing, *New England Journal of Medicine*, 346(11): 793-801, 2002.

mas, sim, de uma atividade física que faça parte de sua vida cotidiana e que tenha algum sentido. Ele observa que um dos melhores aparelhos para exercício existentes é o cachorro da família — ele tem de sair para caminhar diariamente, com seu dono a reboque. Da mesma maneira, pessoas que vão para o trabalho caminhando (porque estacionam o carro em um ponto razoavelmente distante) e que sobem as escadas (em vez de usar o elevador) têm uma atividade saudável, mesmo que não pensem nessas atividades como exercício.

Fixar uma meta ao fazer exercícios — perder peso, evitar o enfraquecimento dos ossos ou acrescentar alguns anos de vida — pode imprimir muito significado pessoal à atividade física. Entretanto, o desafio é superar o tédio e o desconforto iniciais a fim de chegar ao ponto em que os benefícios começam a aparecer. O melhor a fazer? Minimizar o desconforto e acentuar o prazer da atividade.

Recomendo que você encontre uma atividade que aprecie e que faça com uma pessoa de que goste. Faça-a regularmente até se transformar num hábito. Obter o apoio de um pequeno grupo de amigos ou colegas pode trazer o significado que se transformará em motivação para continuar os exercícios. As pessoas que começam a se exercitar tendem menos a desistir se pensarem que serão desvalorizadas pelo grupo, ou que vão decepcionar os outros membros se abandonarem a prática física. A responsabilidade é uma resposta e tanto!

Algumas pessoas saem-se melhor com um *personal trainer* [treinador particular]. Minha mulher, Barb, e várias amigas dela contrataram uma treinadora particular para trabalhar com elas no ginásio três vezes por semana. A profissional ajudou-as a manter as metas positivas e de acordo com a realidade. Ela lhes ensinou técnicas de exercícios importantes e valiosas, que se adequavam ao físico e à personalidade delas. A treinadora ajudou-as a criar confiança como grupo, fixando progressos pequenos, mas tangíveis e desestimulando alvos muito elevados, difíceis de alcançar. Dividir o custo entre várias pessoas também tornou o treinamento acessível a todas!

Hora de movimentar-se

Siga estes passos para ter condições de começar e continuar seus exercícios, encarando-os como parte natural de sua vida:

- *Comece logo — não demore.*
- *Escolha uma forma (ou formas) de exercício que você aprecie. (Ou, pelo menos, faça outra coisa de que gosta enquanto faz seus exercícios. O exercício na esteira pode ficar mais agradável se você conseguir ler enquanto caminha.)*
- *Faça exercícios com um companheiro ou com um grupo.*

Não se esqueça de tomar todas as precauções recomendadas para as atividades que escolher. Usar capacete para andar de bicicleta, esquiar ou patinar reduz o risco de fraturas na cabeça em 85%. Outros equipamentos de segurança (como protetores de joelhos e pulsos) também reduzem o risco de ferimentos quando você patina.

Embora os exercícios sejam benéficos para quase todas as pessoas, algumas precisam consultar um médico para saber que níveis ou tipos de atividades físicas são seguras para elas. Essa precaução é especialmente importante para mulheres grávidas, pessoas com problemas médicos que podem ser agravados pelos exercícios (como diabete, artrite ou angina), e pessoas que estão tomando algum tipo de medicação (especialmente remédios para pressão alta e doenças cardíacas).

4. Considere os benefícios do casamento monogâmico para toda a vida

As pessoas casadas são, em geral, mais saudáveis que as solteiras ou as que vivem juntas sem o compromisso do casamento.[13] Os

[13]Facts and stats: *Benefits of marriage*, Friends First (2002); na *web* em www.friendsfirst.org/factmarriage.html

casados vivem mais e em geral são mais saudáveis emocional e fisicamente do que os não casados. Essa é a conclusão de mais de 130 estudos conduzidos desde a década de 1930 até os dias de hoje.[14] Em termos simples, o casamento oferece benefícios à saúde individual e à sociedade com o que nenhuma outra condição de relacionamento pode igualar.

O casamento — desde que ambos os cônjuges sejam monogâmicos — também protege o homem e a mulher de doenças sexualmente transmissíveis (DST), que viraram epidemia nos Estados Unidos. Todo dia, oito mil adolescentes contraem uma DST — cerca de três milhões de adolescentes por ano! Dos quase 15,3 milhões de novos casos de DST que ocorrem anualmente nos Estados Unidos, uma em cada quatro vítimas tem menos de vinte anos.

As doenças sexualmente transmissíveis foram responsáveis por cinco das dez infecções mais relatadas nos EUA em 1999 (o ano mais recente com dados disponíveis): clamídia (n.º 1), gonorréia (n.º 2), AIDS (n.º 3), hepatite B (n.º 9) e sífilis (n.º 10). Os Centros de Controle de Doenças não coletam dados sobre outras doenças sexualmente transmissíveis mais comuns, como herpes e HPV (papilomavírus). No entanto, um estudo publicado no *New England Journal of Medicine* estimou que 20% dos americanos acima de doze anos estão infectados com herpes genital. E o HPV é a DST viral mais comum — detectado em até 60% da população sexualmente ativa que tem mais de um parceiro sexual. O HPV é causador de mais de 90% dos casos de câncer e pré-câncer cervical (do colo do útero) e está associado com o câncer do pênis e da próstata. Quando uma pessoa contrai uma DST causada por vírus, pode carregá-lo por toda a vida, e as DSTs, como por exemplo o HPV, podem ser transmitidas em contatos íntimos (não apenas nas relações sexuais) — e podem ser contraídas no *primeiro* contato. É por isso que alguns especialistas dizem: "Quando se faz sexo com uma pessoa,

[14]O dr. Robert H. Coombs, professor de ciências do comportamento biológico da University of California em Los Angeles (UCLA), dirigiu uma revisão de mais de 130 estudos empíricos publicados que mensuravam quanto o estado civil afeta o bem-estar pessoal. Publicado em Glenn T. STANTON, What's marriage got to do with it?; na *web* em www.family.org/cforum/research/papers/a0002965.html

automaticamente se faz sexo com todas as pessoas com quem ela já teve relações sexuais".

Por que as doenças sexualmente transmissíveis se tornaram tão comuns? Em termos bem simples, porque a atividade sexual fora do casamento tornou-se epidêmica. Eu poderia sugerir outra possível razão: o que chamo de mito do "sexo seguro". Embora os especialistas dos Centros de Controle de Doenças afirmem que os adolescentes e adultos muitas vezes não usam preservativos regular nem corretamente, é possível questionar se essa é realmente a resposta. Os dados dos Centros de Controle de Doenças mostram, por exemplo, que apenas 57% dos estudantes de nível secundário afirmaram ter usado preservativo na última vez que tiveram relações sexuais. Além disso, o relatório publicado pelos Centros em 2001 demonstrou que os preservativos se mostraram eficazes apenas na redução do risco de HIV/ AIDS e gonorréia em homens; para as outras DSTs, as evidências são insuficientes para afirmar que os preservativos são eficazes.[15]

Entretanto, mesmo quando usados de maneira correta e regular, tanto contraceptivos quanto preservativos podem falhar. Mesmo uma pequena taxa de falha por uso aumenta lentamente o risco de DST ao longo do tempo. Também é importante lembrar que os preservativos não podem proteger as pessoas sexualmente ativas de DSTs transmitidas por contato de pele (e não por fluidos do corpo). Entre elas estão o herpes genital e o perigoso HPV. Além disso, os preservativos jamais protegem o coração — as emoções e o espírito — das pessoas.

No que se refere a infecções virais incuráveis e potencialmente fatais, como a AIDS, a hepatite B e a hepatite C, os especialistas afirmam que as seguintes medidas podem diminuir seus riscos:

- Evite tatuagens e *piercings* de qualquer tipo (exceto brincos).
- Nunca utilize (nem permita que ninguém utilize) agulhas não esterilizadas para injetar alguma coisa em seu corpo.

[15]Estudo dos National Institutes for Health; na *web* em www.reproline.jhu.edu.english/6read/6issues/6network/v21-2/nt2126.htm

- Não use drogas ilícitas. (Cheirar cocaína ultimamente tem sido associado com a hepatite C.)
- Abstenha-se de relações sexuais ou tenha-as no casamento e num relacionamento mutuamente monogâmico que dure toda a vida. Se preferir ter vários parceiros sexuais (ou se seu parceiro assim quiser), você está correndo um risco muito alto de contrair uma doença sexualmente transmissível.

A abstinência sexual até o casamento e a fidelidade depois do casamento reduzem visivelmente seu risco de contrair essas perigosas formas de infecções evitáveis — mas muitas vezes incuráveis. A verdade é que o único "sexo seguro" do ponto de vista físico, emocional e espiritual é esperar até o casamento. Cada vez mais os jovens estão dando ouvidos e atenção a essa mensagem. Em 2001, 54% dos jovens do último ano do ensino secundário eram virgens — e a porcentagem está aumentando a cada ano.[16]

5. Proteja sua saúde dental

Você já sabe que pode manter seus dentes muito saudáveis usando a escova e o fio dental, visitando o dentista regularmente, usando flúor segundo recomendações do dentista, fazendo refeições balanceadas e limitando a ingestão de açúcares.

Eis uma informação que talvez você desconheça: infecções nas gengivas, chamadas gengivite ou periodontite, foram associadas com doenças cardiovasculares, infarto do miocárdio e derrame cerebral. Os indivíduos com doenças nas gengivas têm um aumento nos níveis de bactérias anormais nessa região. Foi demonstrado que essas bactérias têm mais chance que outras de cair na corrente sangüínea. Atualmente os pesquisadores acreditam que essas bactérias liberam substâncias tóxicas, chamadas endotoxinas, que podem explicar a ligação entre infecções de gengiva e doenças cardiovasculares. Uma visita ao dentista a cada seis

[16]The Centers for Disease Control, Trends in sexual risk behaviors among high school students — United States, 1991-2001, *Morbidity and Mortality Weekly Report*, 51(38): 856-9, 27 Sep. 2002.

meses, portanto, não é apenas bom para a saúde dental, mas também pode melhorar sua saúde cardiovascular. As crianças devem aprender igualmente boas práticas para a saúde dental a fim de prevenir o aparecimento de uma doença periodontal mais tarde na vida.

Ferimentos na boca também afetam nossa saúde. Mais de dois milhões de dentes são extraídos todos os anos nos Estados Unidos, e muitas dessas extrações decorrem de acidentes relacionados ao esporte. Vários desses ferimentos poderiam ter sido evitados se o esportista usasse um protetor para a boca. Se você pratica algum esporte em que exista risco de machucar a boca, use um protetor para a boca toda vez que for praticá-lo.

6. Tenha cuidado com o álcool

Se você toma bebidas alcoólicas, mantenha sua ingestão em um nível mínimo. E sempre se lembre de nunca beber se for dirigir, e se for dirigir, não beber. Essa regra é inquestionável — nunca beba e depois dirija. *Nunca.* Existe, porém, um corolário igualmente importante e muitas vezes esquecido: nunca ande no carro de outra pessoa que foi vista ingerindo álcool — *qualquer* bebida alcoólica — mesmo *um* drinque. *Nunca.*

De acordo com as mais recentes estatísticas coletadas pelo Department of Transportation's Fatality Analysis Reporting System (FARS) dos EUA, 38,4% das mortes no trânsito nos Estados Unidos estavam relacionadas à ingestão de álcool. Quase 16 mil norte-americanos morreram em 1999 em acidentes relacionados ao álcool, e mais de 327 mil ficaram feridos. Embora o número de mortes no trânsito relacionadas à ingestão de álcool tenha caído cerca de 30% desde o final da década de 1980, ainda há muito que melhorar. Há mais de 120 milhões de incidentes por ano com pessoas que dirigem alcoolizadas ou perturbadas pelo uso de substâncias ilícitas. Todos esses incidentes põem a vida em risco. Portanto, se você pretende beber, providencie um transporte seguro antes. Se não houver ninguém no grupo que se proponha não beber para voltar dirigindo, utilize o transporte coletivo ou chame um táxi.

Uma ingestão mínima de álcool não representa risco à saúde de homens e mulheres não grávidas. Se você tem mais de 40 anos, alguns estudos indicam que o álcool pode até ser benéfico para sua saúde, reduzindo o risco de doenças cardíacas. Neste livro, vou empregar a expressão *ingestão mínima de álcool*, embora a maioria dos pesquisadores da área médica utilize *ingestão moderada de álcool*.

De qualquer forma, qual é a definição de *mínima* (ou *moderada*)? Para homens abaixo dos 65 anos, o limite é dois drinques a cada 24 horas; para homens acima dos 65 e mulheres de todas as idades, é um drinque por dia. De acordo com o National Institute on Alcohol Abuse and Alcoholism, considera-se um drinque o equivalente a 350 ml de cerveja, 150 ml de vinho ou 45 ml de bebidas destiladas. Cada um desses drinques contém mais ou menos a mesma quantidade de álcool absoluto — aproximadamente 15 ml, ou 12 gramas.

Quando o beber ultrapassa os limites dessa definição, aumentam os riscos de traumatismos, doenças do fígado e do coração, pressão alta e vários tipos de câncer. A bebida é responsável por mais de 100 mil mortes nos Estados Unidos todo ano — sem mencionar as lastimáveis condições relativas ao vício, o distúrbio familiar e o crime.

7. Não fume

Se você não fuma, não comece. Se você fuma, tome a resolução de parar *este ano*. Metade dos adultos que já fumaram alguma vez abandonou o hábito. Você também pode.

De todas as promessas de ano-novo a serem feitas no próximo 1º de janeiro, parar de fumar vai ser, como é todo ano, uma das mais comuns — junto com fazer ginástica, perder peso e comer melhor. Por quê? Porque muitas pessoas hoje sabem que fumar é a causa número um de doenças evitáveis nos Estados Unidos.

Mesmo assim, uma pesquisa realizada em 2000 pela Partnership for Prevention, um grupo de defesa da saúde pública baseado em Washington, DC., utilizando uma amostra nacionalmente representativa de mil americanos adultos, constatou que, ao responder à pergunta "Quais você acha que são as principais causas de morte prematura nos Estados Unidos?", apenas 23% identificaram corretamente o cigarro como a número um; 60% dos americanos acreditam que a causa mais provável de morte prematura é ou acidente de carro, *overdose* de drogas ou acidente com armas de fogo. A verdade é que essas três causas juntas somam menos de 10% do número total de mortes evitáveis a cada ano nos EUA (e menos de 4% de todas as mortes).

Comentando o estudo, a presidente da organização, Ashley Coffield, disse: "Os americanos estão confusos sobre o que de fato os está matando".[17] Observou também que questões muito divulgadas como a violência e a Aids tendem a distorcer a consciência pública em relação aos perigos para a saúde.

O uso do tabaco está custando para os americanos 50 bilhões de dólares por ano em despesas médicas, sendo responsável por quase 500 mil mortes no país todo ano. Mais da metade dos fumantes que fumam durante toda a vida morre de alguma doença relacionada ao tabagismo. Do restante, a maioria — os que morrem por outras causas — tem alguma deficiência em conseqüência do vício. De acordo com o American Council on Science and Health [Conselho Americano de Ciência e Saúde], "embora [muitos americanos] associem o cigarro principalmente ao câncer de pulmão, enfisema e outras doenças pulmonares, o fumo também é uma das principais causas de doenças cardiovasculares (entre elas, doença cardíaca e derrame cerebral), impotência [disfunção erétil] e cânceres de boca, língua e esôfago. O cigarro também contribui para tumores cervical, colo-retal e dos rins, bem como cegueira e perda da audição".[18]

Portanto, não deixe que mais um ano vire fumaça. Comece sua jornada para ser altamente saudável livrando-se do cigarro e mantendo-se longe dele.

[17]Cit. Alicia M. LUKACHKO, Consumers unaware of leading causes of premature death, 17 Apr. 2000, *American Council on Science and Health Editorial* (www.acsh.org).
[18]LUKACHKO, Consumers unaware of leading causes of premature death.

Chega de desculpas – e de bitucas

Fumar é perigoso. Não é "legal". Não é "chique".

Se você fuma, escreva suas razões para fumar. Você se sente mais maduro ou elegante? De alguma forma, sente-se menos solitário? Você gosta de fumar? O tabaco faz você sentir-se mais animado e disposto? Considere que todos esses motivos implicam alguma satisfação imediata. Quando, porém, a sensação agradável acaba, o único jeito de recuperá-la é acender outro cigarro.

Todos os motivos para não fumar implicam satisfação não imediata. Quando se está viciado em nicotina, essa é uma exigência muito difícil de cumprir. Mas você pode fazer uma escolha saudável.

Se você usa tabaco, decida parar hoje mesmo. Escolha um "dia de parar". Tente encontrar um parceiro que pare junto com você. Comente com os amigos, a família e os colegas qual será o dia escolhido, para que eles o incentivem e lhe peçam notícias de seu progresso. Converse com um médico sobre produtos que substituam a nicotina a fim de não sofrer crise de abstinência. Depois disso, pare! Você consegue. Muitos já conseguiram.

Para informações atualizadas sobre como vencer o vício do tabaco, recomendo a American Cancer Society. Você pode acessar a página da associação (em inglês) por meio de meu website www.10essentials.net

8. Consulte seu médico sobre terapias alternativas

Pelo menos 40% dos norte-americanos usam algum tipo de terapia alternativa, como ervas medicinais, complementos alimentares, massoterapia, quiroprática e aromaterapia — entre muitas outras.[19]

[19]Escrevi sobre esse assunto com mais profundidade em *Alternative medicine: the Christian handbook*, Grand Rapids: Zondervan, 2001. No livro, Dónal O'Mathúna, Ph.D., e eu falamos das evidências que embasam as 36 terapias alternativas mais comuns empregadas nos Estados Unidos (de acupuntura a ioga) e as 56 ervas medicinais, vitaminas e suplementos mais comuns (de aloé a zinco).

Muita gente se engana pensando que todas as práticas alternativas são inofensivas. Na verdade, pode haver um risco muito alto para pessoas com problemas médicos específicos. Muitas ervas, vitaminas e suplementos podem interagir com determinados remédios, alimentos e até outras ervas ou suplementos. Podem causar hemorragia pós-cirúrgica e também interagir com agentes anestésicos, causando problemas na própria cirurgia — entre eles, morte inesperada!

Algumas terapias alternativas são contra-indicadas para determinadas doenças.[20] Por exemplo, pessoas com mal de Parkinson não devem nunca ingerir a erva *kava* (ou *kava-kava*), porque ela pode piorar os sintomas. Pessoas com osteoporose grave não devem submeter-se a determinadas práticas de quiroterapia, porque a manipulação pode causar fratura. Quem toma *ginkgo biloba* e ao mesmo tempo toma remédios anticoagulantes pode ter problemas hemorrágicos. A erva-de-são-joão, geralmente usada para depressões leves, pode reduzir a eficácia das pílulas anticoncepcionais.

Mesmo que uma terapia alternativa não seja perigosa em si, a pessoa pode sofrer danos duradouros se empregá-la como substituto do tratamento médico adequado. A maior parte dessas terapias não teve sua eficácia *comprovada*, e muitas acabaram mostrando-se totalmente ineficazes. Se seu problema for grave, você pode pôr em risco sua saúde — até a vida — se experimentar terapias não testadas em vez de consultar um médico imediatamente.

Se você utiliza terapias alternativas — *qualquer* uma —, comunique isso a *todos* os seus médicos. Mais de 60% dos americanos que utilizam métodos alternativos não informam aos médicos.

[20]Uma das fontes mais precisas e completas de informação sobre remédios naturais (ervas, vitaminas e suplementos) é o *Natural medicines comprehensive database* (Therapeutic Research Faculty, 1999). Pode ser encomendado pela Internet em www.naturaldatabase.com. Esse *site* cobra uma taxa, mas o custo vale a pena. Você pode verificar se alguma biblioteca pública tem algum exemplar. Outro *website*, que também cobra o acesso, www.consumerlab.com, oferece resultados de laboratórios independentes sobre várias ervas, vitaminas e suplementos comumente usados. Esse *site* também oferece uma lista de produtos aprovados em vários testes de qualidade. A assinatura anual custa menos que um único vidro da maioria dos remédios naturais.

Consulte sempre seu médico para saber se a terapia alternativa que deseja experimentar é segura para você.

Os exercícios físicos podem ser melhor opção de tratamento para algumas doenças — não só melhor que as terapias alternativas, mas também, às vezes, melhor até que medicações. Isso foi demonstrado numa pesquisa com mais de 46 mil norte-americanos, publicada no *Consumer Reports* em maio de 2000. Um número significativo de homens e mulheres que responderam à pesquisa mencionou que o exercício é mais eficaz que os remédios naturais para alergia, depressão, colesterol alto, distúrbios do sono e infecções respiratórias. Ainda mais surpreendentes foram os dados da pesquisa segundo os quais os exercícios funcionaram tão bem quanto os remédios no caso de artrite, dor nas costas e problemas da próstata.[21]

9. Utilize regularmente os equipamentos de segurança do carro

Aqui vai uma pergunta. Você e todos os que andam em seu carro usam o cinto de segurança *sempre* — não importando a distância que se vai percorrer? O cinto de segurança salva mais de dez mil vidas por ano nos Estados Unidos. Uma pesquisa de 2001 demonstrou que 70% dos americanos agora usam o cinto de segurança — o que significa um aumento de 12% desde 1994. Embora esse resultado seja bom, ele poderia ser melhor. De acordo com a Buckle up America (campanha nacional para aumentar a adesão ao uso correto do cinto de segurança e assentos seguros para as crianças):

> O cinto de segurança é prioridade. Toda hora alguém morre nos Estados Unidos só porque não usou o cinto. A negligência no uso do cinto de segurança contribui para mais mortes que qualquer outro comportamento isolado relativo à segurança no trânsito.[22]

[21]Relatado em Consumers Union, The mainstreaming of alternative medicine, *Consumer Reports*: 17-25, May 2000.

[22]A campanha Buckle up America pode ser vista na Internet em www.buckleupamerica.org/; as citações podem ser encontradas em www.nhtsa.dot.gov/people/injury/airbags/buckleplan/buckleup/keymess.html

Neste ano, decida que todos que entrarem em seu carro vão usar o cinto corretamente antes de você dar a partida. Isso significa cinto de segurança para adultos e cadeiras especiais de segurança para crianças maiores e menores (no banco de trás).

10. Instale e mantenha detectores de fumaça e de monóxido de carbono

Os detectores de fumaça salvam vidas. De acordo com a Academia Americana de Pediatria, em 1998 houve mais de 380 mil incêndios residenciais, que causaram cerca de vinte mil mortes. Os incêndios são a quarta maior causa de morte — quatro mil por ano — por lesão acidental de pessoas de todas as idades e ficam atrás apenas de acidentes automobilísticos, quedas e envenenamento. Das mortes causadas por incêndio, 80% ocorrem em residências que não têm detectores de fumaça em perfeito funcionamento. Esses dispositivos são a melhor proteção contra morte ou lesões em caso de incêndio doméstico noturno, mas não protegem ninguém se não estiverem funcionando corretamente ou se estiverem com a bateria fraca ou sem ela. A Cruz Vermelha Americana recomenda que se testem os detectores de fumaça uma vez por mês, que as baterias sejam trocadas pelo menos uma vez por ano e que os próprios detectores sejam substituídos a cada dez anos.

Você também pode investir num detector de monóxido de carbono. O monóxido de carbono[23] é um gás incolor, insípido e inodoro capaz de matar uma pessoa durante o sono. Se sua casa tem aquecimento a gás, a maioria dos especialistas recomenda a instalação de um detector de monóxido de carbono. Hoje é possível comprar detectores sensíveis tanto ao monóxido de carbono quanto à fumaça.

Projete pelo menos duas saídas de emergência de cada cômodo de sua casa e garanta que todos os membros da família saibam usá-las em caso de incêndio ou outra emergência.

[23]O monóxido de carbono também é liberado pelo escapamento dos automóveis e na queima do carvão. (N. do E.)

AVALIAÇÃO DE SUA RODA DA SAÚDE FÍSICA PELA INTERNET

Avaliações de saúde e bem-estar com aval científico são em geral muito caras e muito difíceis de encontrar. Com o advento da Internet, no entanto, muitas dessas ferramentas relativamente complicadas, sofisticadas e caras agora estão disponíveis sem nenhum custo. Esses testes na Internet podem parecer quase simplistas. Em geral, são auto-avaliações fáceis de fazer. Mas os programas usados para criá-los são altamente complexos. Cada resposta que você fornece é relacionada pelo programa a uma longa e complexa fórmula matemática com base em milhares de bits de dados retirados de estudos científicos. Se eu tentasse fazer a mesma tarefa por escrito, você jamais teria o resultado final.

Por isso, não vejo a hora de lhe indicar o que está disponível na Internet. As avaliações de saúde que estou recomendando não são 100% precisas para todas as pessoas que as usam, mas, como instrumentos básicos de triagem, elas o ajudam a descobrir a verdade sobre sua saúde. Acredito que as pessoas altamente saudáveis *devem* aprender a utilizar a Internet. Na verdade, estou convencido disso e espero poder convencê-lo também de que as pessoas altamente saudáveis do século XXI *usam* a Internet com freqüência.

Se você não pode acessar a Internet de sua casa, ou se ainda não sabe utilizar um navegador ou mesmo o computador, não se exaspere. É muito provável que você tenha um amigo ou parente que tem acesso à rede. Peça que alguém o ajude — quase todo adolescente pode fazer isso! Se você não conhece ninguém que tenha acesso à Internet, talvez encontre quem o ajude num órgão público que fornece acesso à Internet gratuito para a população ou nas agências de correio que oferecem o serviço mediante pagamento. Cada vez mais estabelecimentos educacionais e comerciais oferecem essa possibilidade. Em geral esse serviço tem custo baixo ou é gratuito.

Eis um exemplo de como uma avaliação de saúde pela Internet pode funcionar. Em 1994, comecei em meu primeiro emprego no jornalismo médico — apresentando um programa de TV ao vivo com a participação de telespectadores pelo telefone: *Ask the family doctor* [*Pergunte ao médico da família*], na America's Health Network.

Um dos telefonemas daquele dia foi de Larry. A pergunta: "Que posso fazer para aliviar minha fadiga? Estou *sempre* cansado".

Parecia que estava com falta de ar só de falar ao telefone. Obviamente, precisei fazer-lhe algumas perguntas para avaliar sua situação de forma precisa. Logo fiquei sabendo que, embora Larry fosse jovem, ele fumava, nunca fazia exercícios, trabalhava num ambiente muito estressante, comia muito mal e era obeso. Sua pressão sangüínea e seus níveis de açúcar e colesterol no sangue eram altos, mas ele não acatara as recomendações do médico de mudar o estilo de vida ou, caso não o fizesse, de tomar medicamentos. Ele tinha 1,72 m de altura e pesava mais de 100 quilos.

Na época, tínhamos uma ferramenta de avaliação de saúde no *website* da America's Health Network. Ajudei Larry a responder às perguntas. Com um clique do *mouse* eu obtive uma resposta quantitativa para a opinião qualitativa que já havia formado, ou seja, de que a expectativa de vida de Larry estava consideravelmente reduzida. Pior, sua qualidade de vida e seu prazer de viver eram mínimos. Ele estava infeliz quando me ligou, e ainda mais infeliz ele ficou com as respostas.

— Bem — exclamou em tom exasperado —, acho que vou ter de voltar ao médico e começar a tomar algumas pílulas!

— Larry — respondi —, as pílulas podem ajudar, mas se você não estiver disposto a ter papel ativo em seu tratamento, a ter controle de sua saúde, você nunca vai melhorar. As pílulas podem retardar seu declínio, mas se você quer mesmo ser saudável, precisa criar uma estratégia para mudar algumas coisas, e mudá-las radical e imediatamente.

Ele ficou em silêncio por um instante. Arrisquei uma tacada: — Larry, você tem filhos?

Percebi a voz dele abrandar-se.

— Tenho, duas filhas lindas.

Aí estava a chave de que eu precisava. — Você quer vê-las com saúde e felizes? Quer assistir à formatura delas? Quer estar presente para levá-las pelo corredor central da igreja e entregá-las a seus futuros maridos? Ou quer que cresçam sem pai? Você quer brincar com seus futuros netos?

Ele ficou em silêncio e depois falou muito baixo: — Entendo o que quer dizer.

— Então faça o que é necessário fazer.

O telefonema terminou e eu acabei me esquecendo completamente de Larry até dois anos depois, quando, durante um intervalo comercial, o produtor me disse:

— Walt, temos um telefonema surpreendente. É um cara que diz que você salvou a vida dele.

Eu não tinha idéia de quem seria. Mas você adivinhou: era Larry.

A voz parecia de outra pessoa. Ele contou sua jornada de saúde ao longo dos dois anos anteriores. Conseguira atingir o peso ideal e fazia exercícios regularmente. Com a ajuda de seu médico, mudou a dieta de toda a família. Encontrou um trabalho que apreciava mais e adorava ser pai, agora de *três* meninas. Sua pressão arterial e os níveis sangüíneos de açúcar e colesterol foram normalizados: no início com medicamentos, depois, com auxílio do médico, ele foi abandonando os remédios, substituindo-os por mudanças permanentes no estilo de vida. Estava entusiasmado com seu bem-estar.

— Doutor, o senhor salvou minha vida.

Eu sorri e respondi que não.

— Não, Larry, *você* salvou sua vida. E sua família nunca mais será a mesma por causa do que *você* fez.

Espero poder encontrar Larry pessoalmente algum dia. Mas, até esse dia, vou dizer-lhe o seguinte, leitor: Você pode seguir o exemplo desse homem saudável agora. Que tal?

Tempo de conectar-se

Resolva como vai acessar a Internet e comece a aprender a usá-la, a fim de ficar mais pró-ativo na avaliação de sua saúde. Comprometa-se a pesquisar todos os problemas de saúde não urgentes que você tiver antes de fazer uma consulta com o médico. Um paciente informado tem mais autonomia.

O perfil *Lifeview* do HealthCentral.com

Uma ótima página para começar a acessar informações confiáveis sobre saúde na Internet é o HealthCentral.com, *website* (em inglês) do dr. Dean Eddell, jornalista especializado na área médica bem conhecido nos Estados Unidos, cujo programa de rádio com participação dos ouvintes por telefone tem alcance nacional. Esse *site* tem vários perfis de saúde que podem ser úteis para você (para encontrá-los, visite meu *website* em www.10essentials.net).[24] Para esses miniperfis, você deve responder de 10 a 20 perguntas e em seguida terá seu *feedback* pessoal. Em 2002, havia disponíveis miniperfis relativos a:

- uso de drogas e álcool;
- saúde sexual;
- dieta e nutrição;
- controle do estresse; e
- exercícios e condicionamento.

O perfil *LifeView* lhe oferece um instrumento de auto-avaliação mais abrangente. Você deverá responder a cerca de cinqüenta perguntas sobre sua saúde. Com base nas respostas que você der, um programa de computador calcula sua expectativa de vida e seus maiores riscos de saúde. O programa informa sua idade *estimada* quanto à saúde, em comparação com sua idade *real*, além de sua expectativa de vida comparada com sua expectativa de vida *possível*. Esse perfil pode ser encontrado em www.10essentials.net.[25]

O programa também analisa seus riscos à saúde e diz quais deles estão abaixo, na média ou acima do nível da população dos EUA. Esboça um perfil de seus hábitos atuais de saúde e sugere o que você poderia melhorar ou mudar, indicando as diretrizes de saúde preventiva geralmente recomendadas para sua idade e sexo,

[24]Vá à página inicial (*home page*) www.10essentials.net. Clique nesse capítulo e depois localize e entre nesse *hiperlink*.

[25]Na página www.10essentials.net, clique neste capítulo e depois localize e entre nesse *hiperlink*.

bem como dicas de acompanhamento selecionadas exclusivamente para você. Também vai conhecer *links* úteis para outros *sites* e boletins da Internet que oferecem informações extras.

Para aproveitar ao máximo o perfil do LifeView você vai precisar saber seu peso e sua altura, o nível de colesterol total, os valores de HDL e LDL e sua pressão arterial medida mais recentemente. É útil, mas não necessário, saber a porcentagem de gordura de seu corpo. O consultório de seu médico pode ajudar você a coletar essas informações — elas podem estar em sua ficha médica ou serão facilmente conseguidas. Para qualquer tipo de avaliação de saúde, informar os dados com fidelidade lhe dá uma resposta mais fiel. Não dê respostas que você considera corretas ou melhores. Se fizer isso, terá resultados não confiáveis.

Recentemente fiz meu perfil segundo o LifeView, e o programa me informou que posso acrescentar alguns anos a minha expectativa de vida se fizer algumas pequenas mudanças em meu estilo de vida. No meu caso, os riscos de ataque cardíaco, derrame cerebral e doença hipertensiva estão todos acima do normal, ao passo que o risco de diabete e câncer de pulmão está abaixo do normal.

O programa indicou algumas atividades que estou (ou não estou) tendo atualmente e que são "bons hábitos de saúde". Por exemplo, tenho pressão arterial saudável, não fumo, sempre uso o cinto de segurança, não dirijo sob influência de álcool ou drogas, não ando no carro de pessoas que dirigem alcoolizadas ou sob efeito de drogas. Tenho uma dieta com a quantidade adequada de fibras e o nível de colesterol total saudável. Não tive lesões relacionadas ao trabalho no último ano e não uso drogas intravenosas nem compartilho agulhas com ninguém.

Quanto aos hábitos que posso mudar ou melhorar, o programa recomendou que eu reduzisse meu peso melhorando a dieta e que considerasse a hipótese de fazer mais exercícios. Também recomendou que eu não excedesse o limite de velocidade ao dirigir, reduzisse o estresse no trabalho e diminuísse a quantidade de gordura saturada na dieta. Também recebi o conselho de verificar a pressão arterial a cada um ou dois anos, meu nível de colesterol a cada cinco anos; fazer exame de toque retal todo ano; exame dos olhos com teste para glaucoma e exame dentário a cada seis meses. Resumindo: preciso praticar mais o que recomendo que os outros pratiquem! Considerei que esse *site* de saúde e as informações que ele oferece são, em geral, precisos e confiáveis.

Verifique o óleo

Faça o perfil do LifeView no site HealthCentral.com — e também todos os miniperfis que lhe interessarem. Depois, faça uma lista de tudo que você está fazendo (ou deixando de fazer) e que possa ter impacto em sua saúde. O que especificamente você vai pensar em mudar ou melhorar? E quando vai começar?

A avaliação de risco do *site* WebMD.com

Outro *site* com um útil inventário de saúde é o www.webmd.com — você pode acessar os "Health-E-Tools" pelo www.10essentials.net.[25] Achei que essa ferramenta de avaliação de saúde é mais divertida do que a citada anteriormente — há vários fatos engraçados para ler ao lado de cada pergunta. Os resultados dessa avaliação têm aparência diferente da dos resultados do *site* HealthCentral. Há uma tabela que calcula o número de mortes nos próximos dez anos para dez mil homens e mulheres de sua idade. Você é informado de seu risco *real*, seu risco *possível* e o risco da população em geral.

Verifique seus hábitos de saúde. É provável que encontre várias áreas em que pode melhorar sua saúde. Essas avaliações podem lhe dar um ponto de referência na comparação de sua saúde atual.

[25]Na página www.10essentials.net, clique neste capítulo e depois localize e entre nesse *hiperlink*.

Aviso: não se sinta reconfortado, como fiquei tentado a ficar quando descobri que estava 37% melhor que a média. Isso não é motivo para se gabar! Por quê? Simplesmente porque a média dos americanos está com a saúde terrível. O que é importante no *site* WebMD é que ele lhe dá uma idéia de como sua saúde atual se compara à saúde que você pode alcançar.

O programa WebMD também oferece várias sugestões para melhorar sua saúde. Por exemplo, no meu caso, recebi as seguintes informações — algumas não mencionadas no *site* HealthCentral:

- como reduzir o sal em minha dieta;
- a controvérsia sobre a utilização do exame de sangue para detectar câncer de próstata (teste PSA) como teste diagnóstico para homens acima dos 50 anos (alguns médicos o recomendam, outros se opõem);
- opções de exames para a detecção precoce de câncer de cólon;
- vacinas sugeridas (embora eu tenha ficado perplexo com o fato de o *site* não falar da vacina contra a gripe);
- algumas opções de segurança (inclusive alarmes de fumaça e questões de segurança relativas a armas de fogo); e
- várias opções para a saúde dentária.

Verifique o fluido de transmissão

Faça a avaliação de risco à saúde do site WebMD. Que risco você corre de morrer na próxima década de uma das dez principais causas de morte no mundo ocidental? Escreva as sugestões específicas que esse site oferece para você poder melhorar sua saúde física. Planeje providências práticas para seguir pelo menos uma dessas sugestões na próxima semana.

Tendo em mãos os resultados dessas duas avaliações de saúde, você já deve ter uma boa idéia de algumas maneiras pelas quais pode melhorar sua roda da saúde física. Embora essas auto-avaliações pela Internet não sejam perfeitas, podem indicar algumas atitudes que você pode tomar — hábitos específicos que você pode mudar, como Larry fez — a fim de tornar-se muito saudável.

Outros meios de avaliação de risco

- Carboidratos: avalie sua ingestão.
- Verifique seus níveis de colesterol.
- Você está mantendo um nível adequado de proteínas na dieta?
- Qual seu nível de carência de sono?
- Isso que você tem é um resfriado mesmo?
- Exame de toque retal (próstata).
- Índice de massa corporal.
- Peso corporal ideal.
- Questionário para parar de fumar.
- Questionário de alergia.

Avaliação do risco de câncer

Centenas de milhares de americanos sobrevivem ao câncer. Na maioria dos casos, a doença foi descoberta precocemente e tratada. Além disso, de acordo com a American Cancer Society, muitos tipos de câncer podem ser evitados aplicando alguns princípios encontrados neste livro.

Para as pessoas preocupadas com o câncer (principalmente as que têm histórico de câncer na família ou fatores de risco para a doença — como histórico de tabagismo), o *website* do Harvard Center for Cancer Prevention[26] pode ajudar a avaliar o risco de vários tipos de câncer e sugerir meios de conseguir exames regulares para detectar a doença quando o potencial de cura é maior.

[26]O Harvard Center for Cancer Prevention é um centro de pesquisa e educação com sede na Harvard School of Public Health. Esse centro promove a prevenção como a principal abordagem do controle do câncer. Seus calculadores de risco de câncer baseiam-se nos laudos do Risk Index Working Group, da Harvard University.

Nesse *site* não só os programas lhe dizem qual é o risco para qualquer tipo de câncer, como também podem lhe mostrar como pequenas mudanças em seu estilo de vida, hábitos ou comportamento são capazes de diminuir ou aumentar o risco de câncer. Esse *site* espetacular pode ser acessado por meio do www.10essentials.net.[27] Você poderá determinar seu risco para os 12 tipos mais comuns de câncer: bexiga, mama, cólon, rins, pulmão, ovário, pâncreas, próstata, pele, estômago, útero e câncer cervical.

Desde que meu pai recebeu o diagnóstico de câncer de cólon há apenas alguns anos, com 72 anos, andei preocupado com meu risco. Na verdade, estava *muito* preocupado, pensando que meu risco podia ser muito alto. Uma navegada nesse *site* reduziu minha preocupação. O programa prevê que meu risco de câncer de cólon está na verdade "muito abaixo da média". O programa sugeriu que eu conversasse com meu médico sobre a possibilidade de tomar um comprimido de aspirina infantil (81 miligramas) de quatro a seis vezes por semana (que eu agora adotei em meus hábitos diários).

Com essa simples mudança, o programa me mostrou que eu teria o menor risco possível a despeito de meu componente genético relacionado com a doença de meu pai. Mesmo assim, ainda precisei fazer uma colonoscopia diagnóstica quando fiz cinqüenta anos. Esse programa não só aliviou minhas preocupações, mas também indicou maneiras para eu diminuir ainda mais meu risco.

Como encontrar informações confiáveis sobre saúde na Internet

Espero que essa breve consideração lhe dê uma idéia do importante papel que a Internet pode desempenhar na vida das pessoas que querem permanecer ou tornar-se muito saudáveis. Antes de continuarmos, porém, quero lhe dar mais alguns conselhos. Embora os *sites* que mencionei acima sejam excelentes, muitos outros são horríveis, na minha opinião. Desde 1997, a confiabilidade da informação sobre saúde na Internet passou a ser preocupação de um grupo chamado Internet Healthcare Coalition. Essa coalizão

[27]Entre na Internet, vá até o www.10essentials.net. Clique neste capítulo e depois localize e entre nesse hiperlink.

está trabalhando para oferecer orientações seguras de como avaliar fontes *on-line* de informações sobre saúde — de *sites* relacionados a produtos ou doenças, desenvolvidos por fabricantes regulamentados, passando por publicações eletrônicas analisadas por profissionais e especialistas, até apoio a pacientes e grupos de discussão. O objetivo do grupo é formar um público internauta bem-informado a respeito de saúde; o qual deverá abranger consumidores, profissionais, educadores, fabricantes e meios de comunicação. Eu o aconselho a inteirar-se rapidamente das dicas da coalizão para avaliar a confiabilidade das informações e conselhos *on-line*. Você pode fazer isso por meio do www.10essentials.net.

Embora vários outros grupos estejam trabalhando para certificar *sites* de saúde na Internet, não existem certificações que eu possa recomendar atualmente. Entretanto, o National Health Information Center tem um *site* que recomenda as organizações consideradas úteis e confiáveis. Você também pode ter acesso a esse *site* pelo www.10essentials.net.

Aqui vai uma informação interessante: de acordo com a Harris Poll, empresa de pesquisas de opinião pública que vem entrevistando milhões de pessoas de mais de noventa países no últimos quarenta anos, 70 milhões de americanos entraram na Internet entre junho de 1998 e junho de 1999 procurando informações sobre saúde.

Reserve um dia para você mesmo

Escolha um dia dos próximos três meses no qual você poderá passar pelo menos metade do tempo estudando os instrumentos de avaliação de saúde apresentados neste capítulo e refletindo nos "dez mandamentos da medicina preventiva". Tente fazer um relatório (ou conversar com alguém) sobre os resultados e o que você acha deles. Considere a possibilidade de fazer uma consulta com um clínico geral para obter informações profissionais sobre suas escolhas para melhorar a saúde. Procure ajuda médica imediatamente se algum item da sua auto-avaliação estiver indicando condições de risco.

CINCO

Pratique a aceitação e o desprendimento

O HÁBITO DO PERDÃO

Um dos meus mentores favoritos na época da faculdade de medicina era um pediatra, o dr. James Upp, homem de grande espiritualidade, além de médico extremamente competente. Adorei o estágio em que estive sob a supervisão dele. Gostava de observá-lo trabalhar e de ver quanto ele apreciava seu trabalho e seus pacientes. Esse prazer era superado apenas pela alegria que tinha na sua relação com Deus e a família. Ele os amava profundamente.

Numa noite trágica, sua filha caçula, Diane, estava dirigindo numa estrada sem movimento. Um carro se aproximou e, ao passar pelo dela, um dos dois jovens desse carro jogou um bloco de concreto no carro da moça. O bloco estilhaçou o vidro e entrou pela janela de Diane, que estava a mais de 140 km/hora. Sua preciosa vida foi ceifada instantaneamente.

Os rapazes foram presos e acusados de homicídio. Quando estavam na cadeia, ocorreu algo que os chocou e também deixou atônitos seus pais e toda nossa cidade. O dr. Upp visitou os pais dos rapazes para compartilhar com eles o pesar e lhes oferecer — frente a frente — perdão. Depois, deixou aturdidos até seus amigos mais íntimos, quando foi à cadeia visitar os moços e dizer a eles que lhes havia perdoado.

Por que o dr. Upp faria uma coisa dessas? E você, faria o mesmo? O dr. Upp tinha certeza no íntimo, e pôs em prática sua convicção, de que o ódio é mais prejudicial para quem odeia. Sabia que tinha de abrir mão de seu ódio, seu ressentimento e sua culpa. Assim, e só assim, ele podia curar-se. Perdoando aos rapazes que lhe mataram a filha, o dr. Upp não os estava livrando da responsabilidade. Ele sabia que eles iam e deviam enfrentar a punição e sofrer as conseqüências de seus atos. Todavia, depois que os rapazes foram condenados, ele foi ao banco das testemunhas para pedir ao juiz que tivesse misericórdia na aplicação da sentença. Tinha passado algum tempo com os rapazes. Ele os vira chorar inconsoláveis por lhe terem tirado uma de suas bênçãos mais preciosas. Vira o remorso e a tristeza deles. Tinha confiança de que seu Deus ia criar o bem a partir daquela tragédia.

O dr. Upp tinha aprendido que o responsável por julgar outros seres humanos *não* era ele, mas Deus. Estava disposto a confiar que toda punição seria de Deus, não dele.

Ser testemunha dos atos e das atitudes do dr. Upp transformou-me para sempre. Ele demonstrou uma das chaves para ser muito saudável. Dr. Upp morreu há pouco tempo. Sinto falta dele. Ele amava os filhos. Amava a vida. Ele me amava. Viveu e morreu como uma pessoa altamente saudável.

Na minha prática profissional, vi o efeito do ódio numa paciente chamada Anne. Ela era uma bomba-relógio ambulante. Os problemas registrados em sua ficha médica eram de arrepiar: obesidade mórbida, depressão (provavelmente bipolar), hipertensão, colesterol alto, doença arterial periférica, asma e alergias, distúrbios do sono, dermatite crônica e fadiga crônica. Em qualquer lista de fatores de risco para morte precoce, Anne ficava nos primeiros lugares. Seu único prazer na vida, sua única fuga, era seu trabalho de professora. Seu único exercício era entrar e sair do carro. A dieta era um antro de perversão nutricional.

Ela estava quase sempre em meu consultório e já tinha sido internada várias vezes. Conhecia todos os médicos e enfermeiros do hospital. Anne precisava mudar de vida e o seu estilo de viver, mas por algum motivo não conseguia.

— Dr. Walt — disse-me suspirando, quando mais uma vez sugeri que consultasse um psicólogo cristão que tinha acabado de se estabelecer na cidade —, consultei vários desses profissionais, um após outro. Eles não ajudam em nada. Toda vez que dou um passo à frente, parece que perco o controle e volto dois ou três para trás.

— Anne — repliquei sem complacência —, se você quer ficar saudável e quer que eu continue a atendê-la, eu e você precisamos agendar uma consulta com Gil Hanson, nosso novo psicólogo. Se ele não puder ajudar *você*, bem, pelo menos talvez possa *me* ajudar!

Ficou surpresa, depois riu.

— Está bem, está bem, eu vou. Mas só desta vez.

Concordei, sem saber onde estávamos nos metendo.

A consulta de Anne com o dr. Hanson começou de forma bem inocente. Eu e Anne fizemos um resumo rápido dos problemas que ela estava tendo e dos problemas que enfrentávamos trabalhando juntos.

Gil começou a focalizar o passado de Anne. Num espaço de tempo que pareceu apenas alguns minutos, ela contou-lhe que tinha visto o pai morrer no chão da cozinha, diante de seus olhos, quando tinha cinco anos. Viu a mãe transformar-se numa alcoólatra e depois casar-se com um homem que abusou sexualmente dela, Anne, e de sua irmã por vários anos. Viu a mãe apanhar toda vez que tentava interferir ou proteger as filhas. Quando chegaram da escola secundária certo dia, Anne e a irmã encontraram a mãe pendurada num fio elétrico na garagem. Morte por suicídio.

Fiquei boquiaberto, vendo Anne dissolver-se em ondas de pranto incontrolável.

— Eu não sabia — murmurei para o dr. Hanson. — Ela nunca me contou isso.

Gil se aproximou e me apertou o braço. — Walt, ela não conseguiria dizer a ninguém sem antes estar pronta.

Vários anos depois, depois de muito trabalho, uma Anne cada vez mais saudável me disse:

— O ódio que eu sentia de meu passado estava devorando-me viva. Se nós não tivéssemos trabalhado isso como trabalhamos, esse sentimento acabaria matando-me.

Acredito que estava certa. Como ela *trabalhou* isso? Ela aprendeu o hábito do perdão e o aplicou em sua vida. O resultado? Eu vi a saúde dela melhorar de forma notável.

Alguns pesquisadores de San Diego, Califórnia, publicaram uma pesquisa realizada com mais de vinte mil adultos mostrando que aqueles que sofreram abusos físicos, psicológicos ou emocionais na infância (ou foram criados em lar onde sofreram ou observaram violência física, vício em álcool ou drogas, doença mental ou comportamento criminoso) têm probabilidade muito maior, quando adultos, de adquirir doenças graves, como doenças cardíacas, asma, bronquite, diabete e câncer. Esses pesquisadores presumem que as experiências hostis na infância estão por trás da maioria das causas mais comuns de morte nos Estados Unidos. A causa destaca o ódio, a ansiedade e a depressão produzidos nas jovens vítimas dessas terríveis experiências. Quando essas crianças estão crescendo, muitas vezes promovem a automedicação de seu sofrimento comendo demais, fumando e usando drogas e álcool, o que em geral descobrem ser instrumentos eficazes para enfrentar os problemas, ficando inclinadas a fazer uso crônico deles. Está claro, portanto, que essas experiências traumáticas no início da vida podem ser um enorme empecilho para o indivíduo decidido a se tornar altamente saudável.

Muitos outros pesquisadores concluíram que há vários modos em que o trauma, o choque ou o sofrimento não resolvido da infância podem impedir que se alcancem níveis altos de saúde. Existem dezenas de estudos demonstrando que o estresse crônico causado por sofrimento emocional não resolvido causa danos ao sistema imunológico e ao sistema circulatório. Além disso, esse estado pode deprimir a função cardíaca vital, os níveis de hormônios e outras funções físicas.

Para qualquer pessoa que tenha sofrido em virtude dos atos de outra — e isso inclui todos nós —, dou esta receita: *Temos de fazer as pazes com nosso passado.* Temos de assumir a intimidante tarefa de aprender a aceitar o que não podemos mudar e abdicar do sofrimento e do ódio pelo modo que fomos feridos. Nossa vida pode depender exatamente disso.

O perdão começa com você

Encontre um lugar confortável onde você possa sentar-se e relaxar. Não se esqueça de levar seu diário e a caneta. Feche os olhos alguns instantes, pensando nesta questão: "Existe alguém que me magoou, prejudicou, feriu ou molestou — mesmo sem saber?".

Pensando nessa pessoa e no sofrimento que ela lhe causou, observe seu corpo. Ele fica tenso? Você sente o sangue esquentar de raiva? Seu pulso fica acelerado? Você está tremendo ou respirando rápido? Está sentindo dor?

É desagradável, não é?

Comece a refletir em como esses sentimentos estão prejudicando sua saúde. Imagine o mal que esses pensamentos estão fazendo para seu coração, seus vasos sangüíneos e sua alma. Não seria bem melhor deixar esses sentimentos destrutivos irem embora?

De livre e espontânea vontade, pense, várias vezes, na pessoa e na situação que causou sofrimento e em seguida diga em voz audível: "(Fulano) ________________, eu perdôo você".

Respire fundo. Imagine que está expelindo todo seu ódio. Sim, seu ódio pode ser justificado, mas também pode estar matando você. Ponha-o para fora.

Sei que praticar o perdão é difícil e complexo quando se trata de feridas profundas. Posso lhe garantir que você vai experimentar resultados positivos quando começar a praticar o desprendimento de sua dor.

D-A-R P-E-R-D-Ã-O

Já foram escritos numerosos livros sobre perdão, aceitação e desprendimento de situações e pessoas que não podemos controlar. Os recursos de que você pode se valer para encontrar a liberdade e a serenidade emocional são muitos. Para ajudar meus pacientes na difícil e penosa tarefa de curar feridas antigas, propus — com base no acróstico D-A-R P-E-R-D-Ã-O — a seguinte receita.

D = Dar perdão é muito saudável

Quando as pessoas estão magoadas, elas quase instintivamente tentam proteger-se desse sentimento ou escondê-lo. Algumas vezes elas até negam o sofrimento. Outras vezes, embora seja raro, "esquecem" conscientemente a mágoa. É quase como se acreditassem que, se não pensarem na mágoa, não conversarem sobre ela nem lidarem com ela, essa dor não vai incomodá-las. Mas não é verdade. Dar guarida ao ódio, à dor ou ao ressentimento sempre corrói, como um câncer, a felicidade e a saúde.

Se você não perdoou alguém, então, para o *seu* bem (não necessariamente para o bem da pessoa que magoou você) considere a hipótese de perdoar essa pessoa. Isso exige alguns passos difíceis e potencialmente dolorosos. Vai exigir que você recorde e reviva o sofrimento. Para meus pacientes que tiveram conflito com a capacidade de perdoar, receitei que começassem com um diário em branco e simplesmente fossem escrevendo. Quero que recordem o fato da maneira mais objetiva possível, quase como um observador externo.

Eu os incentivo a não desperdiçar o tempo expressando ódio ou sentimentos negativos contra a pessoa ou as pessoas que lhe causou(aram) o sofrimento. Tampouco devem gastar o tempo esperando um pedido de desculpas. Estimulo-os principalmente a não se acomodarem no papel de vítima. Quero que reconheçam que o mal realmente foi feito e que, em seguida, descrevam e ilustrem claramente esse mal, de forma objetiva, por escrito. Esse é o primeiro, e talvez mais importante, passo para o ato de perdoar.

Na luta de meus pacientes com um passado doloroso, descobri que eles beneficiam-se muito tentando encontrar o maior valor possível na aflição ou no desastre que sofreram. Procurando ativamente o bem que resultou do sofrimento, temos muito mais oportunidades tanto de contrabalançar quanto de negar seus efeitos nocivos. Não temos o poder de mudar o passado, mas temos um grande controle de como sentimos o passado *agora*.

Os campos de concentração nazistas da Segunda Guerra Mundial são responsáveis pela destruição de milhões de vidas, mas nem todos "morreram" a morte física nesses locais. Muitos continuam, até hoje, sendo destruídos pelas experiências que tiveram naquelas prisões brutais. Ainda são prisioneiros do passado.

Entretanto, há sobreviventes do Holocausto que, apesar das experiências tenebrosas, permitiram que o sofrimento se transformasse em bem. Por exemplo, Corrie ten Boon e Diet Eman, sobreviventes de Auschwitz, escreveram e falaram sobejamente sobre a escolha que fizeram: elas podiam continuar reagindo como de costume quando os penosos fatos do passado lhes viessem à mente, isto é, odiando seus torturadores, ou podiam olhar para o que Deus tinha realizado nelas por meio do terror. Quando começaram a pôr em prática a segunda opção, conseguiram enxergar o bem que adveio desses acontecimentos. Conseguiram ver que o passado as fizera muito mais fortes, refinando-as e purificando-as ainda mais, dando-lhes lições de vida que elas podiam usar para fortalecer e preparar os outros. Embora Corrie já tenha morrido, seus escritos ainda causam impacto no mundo.

Quando tive o privilégio de encontrar Diet Eman, perguntei-lhe:

— O que teria acontecido à senhora se tivesse cedido ao ódio e à amargura da perda e do sofrimento?

Ela respirou fundo. Seus olhos brilhantes se desviaram dos meus, como se fitassem um longo túnel para o passado. Franziu a testa toda enrugada.

— Dr. Larimore, isso teria me matado. Ao contrário, o passado me dá vida.

Uma última consideração sobre essa questão: tenho alguns pacientes que, quando revivem a dor, vêem-se lutando contra um grande sentimento de vergonha, principalmente os que foram vítimas de exploração e abuso sexual.

Digo aos meus pacientes que considero a vergonha um câncer do espírito. A vergonha tem muitos efeitos negativos. Se você convive com a vergonha, é praticamente impossível tornar-se uma pessoa altamente saudável. A vergonha o faz sentir-se indigno, alguém não amado e que nada merece. Vergonha é diferente de culpa ou remorso. Sentir-se culpado (ou com remorso) é sentir-se mal por atos que *você* praticou (ou deixou de praticar). Vergonha é sentir-se mal pelo *que você é.*

O modo mais seguro de superar essa forma de vergonha é começar a entender quem você é do ponto de vista de Deus (v. capítulo 9). Sem banir a vergonha da alma, você não conseguirá prosseguir em direção à meta de ser altamente saudável. Se não conseguir isso, sugiro que procure aconselhamento pastoral profissional.

Encontre o bem no mal

Escolha um lugar tranqüilo e pense nas situações e nas pessoas que fizeram parte de seu passado. Numa folha de papel, relacione de um lado todas as coisas horríveis que lhe aconteceram. Depois, do outro lado, relacione todas as características positivas que esses acontecimentos geraram em você. Faça uma lista de todo o bem que veio a despeito do mal.

Esse exercício não será fácil — pode até ser muito doloroso e produzir efeitos igualmente penosos. Mas os pontos positivos que dele advêm podem durar por toda a vida.

A = Anote seus pensamentos para organizá-los

Escrever, especificamente escrever um diário, é uma ferramenta poderosa que ajuda a reconhecer e aliviar o sofrimento. Você pode usar essa prática para enriquecer sua saúde.

O dr. David Hager, professor de Ginecologia e Obstetrícia, além de meu amigo íntimo, desenvolveu um método para aliviar a dor da perda de um filho. No exercício da profissão, ele cuida de muitas mulheres que perderam filhos por aborto espontâneo ou provocado. Ele oferece a essas mulheres e aos maridos uma cerimônia em que a mãe ou o casal são convidados a enterrar uma carta que ela ou ambos escreveram ao filho que perderam. O dr. Hager afirma que a experiência tem enorme carga emocional, produz cura.

Da mesma maneira, recomendei a meus pacientes atormentados por sofrimentos do passado que utilizassem a poderosa ferramenta de cura que é a escrita — mesmo que não se considerem escritores. Receitei-lhes escrever uma carta à pessoa que os magoou, ou às pessoas, se for mais de uma. Incentivo meus pacientes a não julgar nem censurar seus escritos, a não reprimir nenhuma emoção nem se preocupar com a gramática. Animo-os a pôr para fora tudo que lhes vem à mente. Sugiro que guardem essa carta em segredo. Não se trata de uma carta para enviar a quem os magoou, mas para usar como instrumento de cura pessoal e depois ser destruída.

Um ex-paciente, lá no interior da Carolina do Norte, um soldado incapaz de livrar-se do sofrimento da Guerra do Vietnã, pôs em prática esse conselho. Ainda me lembro de seu telefonema às 2h da madrugada.

— Walt — disse quase gritando —, você não vai acreditar. Passou!

— Quem está falando? Do que você está falando? — perguntei, recém-despertado de um sono profundo.

— Walt, aqui é Tim Johnson. Eu fiz, eu fiz aquilo. Funcionou. Funcionou de verdade.

— Tim, você fez o quê?

— Walt, eu escrevi as cartas. Escrevi ao sargento e ao Binky. Escrevi ao Congresso. Escrevi até a Lindon Johnson e Richard Nixon. Vou lhe dizer uma coisa, eu era um cara cheio de raiva. Mas, Walt, isso passou. Passou!

Rompeu em pranto e soluços por um tempo que me pareceu alguns minutos. Depois que se recompôs, perguntei. — Tim, você está bem, companheiro?

— Walt, nunca estive melhor. O sofrimento passou. Sinto-me muito melhor. Quero enterrar esses caras. Você pode vir me ajudar?

— Claro que sim, Tim. Já estou indo.

— Saí da cama. Barb nem se mexeu. Ao longo dos anos, ela se acostumara à minha rotina de sair durante a noite para atender a alguma internação no hospital ou fazer algum parto.

O ar da noite estava fresco. A casa de Tim ficava a poucos quilômetros, abrigada num vale. Quando cheguei, ele me esperava no portão.

— Vem comigo — disse.

Andamos até o fundo do quintal. Ele tinha cavado um buraco, e eu conseguia ver a pá e uma pilha de terra ao luar. Ele puxou do cinto um maço de papéis, ajoelhou-se e delicadamente colocou as cartas no fundo do buraco. Acendeu um fósforo e ambos testemunhamos seu ódio reduzir-se a cinzas.

— Doutor, sei que é um homem de oração. Será que pode fazer uma por mim, pelo sargento e por Binky?

Orei. Depois, juntos enchemos o buraco de terra. Enterramos aquela dor. Ela se foi. E com ela várias doenças de Tim. Naquele dia, ele deu um enorme passo para melhorar sua saúde.

Enterre sua dor

Existe alguma sombra ou algum traço ao menos de dor ou de vergonha assombrando sua alma? Passe alguns momentos pensando em sua vida. Anote todos os sinais de vergonha ou de dor na última página de seu diário.

Marque uma data com uma pessoa que você ame profundamente e em quem confie sem restrições. Se não conhecer ninguém assim, considere a possibilidade de fazer esse exercício com um pastor profissional. Enquanto não conseguir discutir essas coisas com alguém, você não vai libertar-se nem ficar altamente saudável.

Depois de ter discutido essas questões exaustivamente, rasgue o pedaço de papel — na presença de seu amigo — e o enterre ou queime. Depois, agradeça a Deus o fato de você ser grande bastante para conseguir lidar com todo seu sofrimento e toda sua vergonha. Livre-se deles.

R = Reveja sua experiência

Este passo tem duas etapas. A primeira exige que você reveja o que viveu, mas desta vez você fará isso pelos olhos da(s) pessoa(s) que o magoou(aram). Na segunda etapa, você vai ter de se lembrar das ocasiões em que lhe perdoaram. Alguns pacientes meus acharam que essa tarefa é a que mais toma tempo de pensamento, meditação e oração, pois nesse passo eu lhes peço que pratiquem uma habilidade muito pouco usada: a *empatia*. Digo a meus pacientes que empatia é a capacidade de ver as coisas do ponto de vista do outro. Empatia implica empenho em sentir os mesmos sentimentos da outra pessoa, tentando descobrir e entender seus motivos, identificando-se com as pressões que a podem ter levado a causar a dor ou o sofrimento que causou. Isso pode ser muito difícil.

Mas e se você não tiver resultado nenhum? Se não consegue começar a imaginar por que alguém faria o que fez a você; se não encontrar ninguém que lhe explique isso? A solução de Dênis pode funcionar para você.

Dênis vivera décadas com o sofrimento que seu treinador de futebol americano da escola lhe causara. Dênis não era atleta nato, mas se esforçou e entrou no time na escola secundária. Ele tinha prazer em fazer parte da "turma". Não jogava muito, mas estava sempre na equipe. Acabava jogando em toda partida o mínimo suficiente para lhe garantir um atestado de membro do time oficial. Desde criança, sonhava fazer parte do time oficial de algum esporte. Imaginava-se vestido com a jaqueta oficial e se deliciava sonhando com os olhares de aprovação que receberia.

Entretanto, no final da temporada, o treinador Keaton chamou-o em seu gabinete.

— Dênis, mudei as exigências para ser jogador oficial. Agora elas estão mais rigorosas, e você não satisfaz as exigências mínimas necessárias. Sinto muito, filho. Esse é meu primeiro ano como treinador. Preciso fazer isso. Preciso fixar regras que ajudem o time.

Dênis saiu da sala sem dizer nenhuma palavra. Estava arrasado. Quando o conheci, quase trinta anos depois, ele ainda convivia com o ódio e o ressentimento que nutria em relação ao treinador Keaton, embora eu não soubesse disso quando ele foi se consultar comigo pela primeira vez. Sua principal queixa era fadiga e dificuldade de dormir. Demorou para eu chegar até o núcleo do problema, mas quando consegui, expliquei a Dênis o processo de D-A-R P-E-R-D-Ã-O, e ele concordou em fazer uma tentativa. Os passos D e A não foram fáceis para ele: desenterrar um monte de sentimentos incômodos que ele sufocava há quase trinta anos. O terceiro passo — ver as coisas da perspectiva do treinador — foi quase impossível. Ele não conseguia nem sequer começar a imaginar por que o treinador Keaton fizera aquilo. Até chegou a conversar com o treinador do time de nossa cidade, que não conseguiu dar nenhuma explicação razoável. Estávamos num impasse. O que eu podia propor a Dênis?

Felizmente, não tive de sugerir nada. Dênis veio com uma brilhante idéia que tivera sozinho. Decidiu escrever uma carta para si mesmo como se fosse o treinador Keaton. Na carta, Dênis — escrevendo como o treinador — tentava explicar o ato causador de tanto sofrimento. Foi um passo difícil para Dênis, um passo que lhe tomou bastante tempo, meditação e oração. Mas ele conseguiu.

Os resultados foram surpreendentes. Quase imediatamente, Dênis começou a perceber que estava se libertando de décadas de ódio e ressentimento. Embora não concordasse com as decisões do treinador, estava pronto para avançar para o ponto do perdão e livrar-se de seu sofrimento.

Meu amigo James perdera a perna na guerra, pisando numa mina norte-vietnamita. Seu ódio pelos vietnamitas era imenso — e estava arruinando-lhe a saúde. Ele sofria de ansiedade, depressão, dores no peito e pressão alta. No entanto, seu maior sofrimento vinha do peso de seu ódio.

Um dia ele aceitou meu desafio de começar a praticar o D-A-R P-E-R-D-Ã-O. Como ocorreu com Dênis, o terceiro passo, tentar entender o que acontecera do ponto de vista das pessoas que o haviam magoado, foi o mais difícil. Reencontrei-o vários meses depois. Contou-me que se livrara de todos os sintomas. Com a supervisão de um médico, ele tinha conseguido dispensar todos os remédios.

— Doutor, estou dormindo como um bebê — declarou.

Sua pressão sangüínea e o pulso estavam normais. Ele parecia um novo homem.

— O que você fez, James?

— Bom, eu escrevi aquelas cartas. Primeiro, fingi que era um vietnamita. Então escrevi uma carta desse vietnamita para mim. Disse-lhe [no papel do vietnamita] quanto o odiava por invadir meu país, por estuprar e matar meu povo. Demorou muito tempo, doutor. Tive de ler muito sobre os vietnamitas. Até conversei com um veterano de guerra deles que conheci aqui na cidade.

Parou um instante.

— Depois — prosseguiu devagar, como se estivesse contando uma história sobre outra pessoa — James respondeu à carta daquele vietnamita — as lágrimas lhe enchiam os olhos —, foi a carta mais difícil que James já tinha escrito. Levou dias. Ele tinha muitas perguntas para aquele combatente. Mas escreveu a carta, e o adversário de guerra respondeu.

Nesse ponto, as lágrimas já escorriam.

— Ouvi falar de uma missão médica que estava partindo para o Vietnã — prosseguiu James. — Eu me inscrevi. Voltei o mês passado. Conheci uma centena de cidadãos vietnamitas. Ajudei-os. Mas, acima de tudo, eles me ajudaram.

O sofrimento ainda estava muito vivo. James ainda enfrenta a vida sem uma das pernas. Mas deixava de carregar seu pesado fardo. James decidiu, por *sua* própria vontade, dar esse passo crucial na direção de tornar-se altamente saudável.

O esforço de Dênis e James para desenvolver a capacidade da empatia preparou-os para a segunda etapa do processo de rever sua experiência: recordar a dádiva do perdão que os outros lhes haviam oferecido. Nesse passo, instruí cada um deles a fazer uma lista dos atos que os outros lhes haviam perdoado — a começar dos pais deles.

Pense em quantas vezes você recebeu perdão de seus pais. Quantas vezes sua mulher (ou seu marido) ou seu irmão perdoou-lhe alguma falta? Alguma vez você magoou ou feriu alguém que, mais tarde, perdoou-lhe? Recordando esses eventos, tente lembrar como se sentiu quando causou o sofrimento. Pense na culpa que sentiu. Depois, lembre-se de como se sentiu quando recebeu o perdão.

A maioria dos meus pacientes me conta que se sentiu liberta quando recebeu a dádiva do perdão — como se as correntes tivessem sido rompidas. Recordando e registrando num diário todos os episódios que conseguir lembrar, nos quais recebeu perdão, e em seguida recordando e registrando qual foi a sensação de ser perdoado, você pode criar o desejo de oferecer essa dádiva de liberdade às pessoas que o feriram.

As pessoas que compreendem o fato de terem sido perdoadas por Deus e pelos outros e que dão muito valor a isso são, em geral, profundamente gratas por sua liberdade emocional. As pessoas perdoadas quase sempre são motivadas a estender o perdão que receberam.

P = Pulverize a raiva e o remorso

Raiva

O jovem estava satisfeitíssimo. Trabalhava numa das mais prestigiadas lojas de roupa de sua cidade, fazia parte da equipe de consultoria para clientes adolescentes. A avó, que ele tanto amava e admirava, tinha vindo fazer uma visita.

Ele não via a hora de levar a mãe e a avó até a loja, onde era conhecido e estimado. Na verdade, por causa do cargo, ele era tratado como uma pessoa muito importante. Por causa da autoestima meio baixa, suas idas à loja eram como um copo de água fresca para um nômade que atravessa um deserto escaldante.

Uma das regalias de fazer parte da equipe de consultores era ter uma vaga reservada no estacionamento, na frente da loja — regalia que ele tinha certeza impressionaria a avó.

Naquele dia, quem estava dirigindo era sua mãe. Quando o carro se aproximou da loja, o rapaz sentiu enorme prazer ao ver que o lugar reservado estava vazio. (Veja bem, outras pessoas também podiam estacionar ali). À medida que a mãe se aproximava do local reservado no estacionamento, a alegria do jovem aumentava. Ele sabia o orgulho que a mãe e a avó sentiriam — era seu dia de brilhar!

Foi quando, para seu horror, um carro entrou depressa no estacionamento, passou-lhes à frente e estacionou na vaga *dele*.

Ele explodiu por dentro. Saltou do carro da mãe e correu para o carro do intruso. Abriu a porta bruscamente e, roxo de ódio, despejou uma cachoeira verbal que inundou o estacionamento todo.

O alvo da saraivada verbal ficou atônito e sem palavras. A mulher jamais tinha levado uma bronca daquelas. Quase sempre estacionava naquela vaga. O marido dela era o dono da loja. A senhora pediu mil desculpas — o que parece ter contido a torrente furiosa de indignação — e depois foi estacionar em outra vaga. O jovem então conduziu a mãe e a avó, pasmas, à *sua* vaga.

Você acha que esse jovem pode transformar-se numa pessoa furiosa, irritadiça, brusca, intolerante, do tipo difícil? Você poderia sentir-se bem perto de alguém assim? Você pode imaginá-lo adulto sem nenhum amigo e sem nenhum admirador? Pode imaginá-lo morrendo de ataque cardíaco aos 45 anos?

Bem, na verdade, ele corre o risco de chegar exatamente a esse resultado. A raiva é letal.

Em seu best-seller *Anger kills* [*A raiva mata*], Redford e Virginia Williams apresentam dezenas de estudos que mostram que a raiva não é apenas mais uma emoção negativa, mas também um sentimento que pode matar. A raiva pode provocar doenças cardíacas, ataque do coração, disritmia e muitas outras doenças que põem a vida em risco. Os autores assinalam que uma pessoa que não consegue reconhecer a própria raiva e lidar com ela é como alguém que toma todo dia uma pequena dose de veneno. No fim, o veneno acaba intoxicando todo o organismo e pode causar a morte.

Não estou falando de pessoas que, de tempos em tempos, ficam justificadamente furiosas. Na verdade, a Bíblia nos diz: "Em sua ira, não peque". A ira eventual, justificada mas passageira — por exemplo, quando se é tratado de modo injusto —, não é errada nem nociva. Entretanto, quando a ira é uma companheira constante — daquelas que você não consegue abandonar —, ela o impede de tornar-se uma pessoa altamente saudável.

Verifique seu nível de hostilidade

Você corre o risco de sofrer os efeitos colaterais insalubres de estar constantemente com raiva? Responda ao Questionário dos relacionamentos, no Apêndice 1. Esse questionário extraordinário vai ajudá-lo a determinar seu grau de hostilidade — o nível que a "toxina da raiva" atingiu em seu organismo. As pessoas altamente saudáveis são aquelas que, por natureza e constituição, não são hostis — ou aprenderam a dissipar a raiva.

Se seu grau de hostilidade é baixo, é uma ótima notícia. Se não for, continue lendo e siga as prescrições seguintes.

Pesar

Embora não seja tão pernicioso quanto a raiva, o pesar também pode roubar-nos a saúde. "Se eu tivesse..." ou "Eu queria ter..." ou "Eu devia ter..." — essas declarações de pesar só causam sofrimento. Um dos mais importantes aspectos da tarefa de encontrar cura para um sofrimento antigo e superar erros passados é parar de se punir. Você precisa criar uma estratégia para perdoar a si mesmo e decidir agir e pensar de forma diferente. Não vai conseguir ser altamente saudável se tiver no coração o caruncho do pesar.

Você carrega algum pesar em relação a alguma atitude vergonhosa? Reveja seus pesares, esclareça quem você era na época, o que sabia e o que não sabia, que alternativas conhecia na ocasião. Será que a escolha que você fez — naquelas circunstâncias — seria a mesma que talvez fizesse de novo, dadas as mesmas circunstâncias? Ou, quem sabe, tenha cometido um erro — ou uma série de erros. Nesse caso, tem uma oportunidade diante de você. Pode utilizar as escolhas ruins do passado para crescer e tornar-se mais maduro *agora*. Deus está disposto a lhe perdoar. A Bíblia ensina: "Se afirmarmos que estamos sem pecado, enganamos a nós mesmos, e a verdade não está em nós. Se confessarmos os nossos pecados, ele [Deus] é fiel e justo para perdoar os nossos pecados e nos purificar de toda injustiça. Se afirmarmos que não temos cometido pecado, fazemos de Deus um mentiroso, e a sua palavra não está em nós" (1Jo 1.8-10).

Nossa tarefa é confessar que erramos quando alimentamos nossa raiva, amargura, vergonha ou pesar. Reconhecer que erramos quando nos apegamos a essas emoções é uma forma de confissão. E, na Bíblia, *confessar* significa concordar com Deus que nossas atitudes, emoções e ações estavam erradas. Podemos começar a encontrar a cura quando concordamos que erramos o alvo, deixamos a desejar.

Fazer nossa confissão a Deus e buscar seu perdão não nos dispensam da responsabilidade de confessar o mal que causamos àqueles que prejudicamos e de lhes pedir seu perdão. Nem nos exime da responsabilidade de fazer reparações, sempre que possível. No entanto, a ciência médica confirma que a confissão e o perdão têm poderosa capacidade de cura.

Saber que o Criador do universo, que criou cada um de nós, quer e pode perdoar completamente todos os erros do nosso passado nos permite iniciar o processo de nos perdoar a nós mesmos — e também pedir aos outros que nos perdoem.

Confessar faz bem à saúde

Se há coisas em seu passado das quais você se arrepende — males que causou e ainda não pôde superar —, anote-as em seu diário.

Em primeiro lugar, ore para tratar dessas questões. Se você precisa confessar a Deus algum mal, faça isso — sabendo que com essa confissão vêm o perdão e a purificação. Depois, agradeça a Deus ter-lhe perdoado os erros. Bill Bright chama esse exercício de respiração espiritual. Você expira (confessa) o mal e inspira o bem (a satisfação e o perdão divinos).

Segundo, se há pessoas que você prejudicou e ainda estão vivas, pense na possibilidade de visitá-las ou lhes telefonar para confessar seu erro e pedir o perdão delas. Mesmo que elas se recusem a lhe perdoar, sua decisão de buscar o perdão vai ajudar na sua cura.

Em terceiro lugar, se você nunca perdoou àqueles que lhe fizeram mal, considere a hipótese de visitá-los ou lhes telefonar e confessar o ódio e a amargura que têm habitado seu coração. Depois perdoe-lhes e diga que lhes perdoou. Eles podem recusar o perdão, mas poder oferecê-lo, sinceramente e de coração puro, vai aumentar sua saúde e libertá-lo.

E = Enfrente o ressentimento e empenhe-se para extingui-lo

Ter pensamentos negativos acerca de si mesmo é sem dúvida uma prática nada saudável, e alimentar ressentimento ou abrigar ódio contra os outros também é prejudicial à sua saúde. O rei Salomão descreveu como os ressentimentos mal resolvidos distanciam os amigos: "Aquele que cobre uma ofensa promove amor, mas quem a lança em rosto separa bons amigos" (Pv 17.9)

A Bíblia diz que se não fizemos nada para restaurar os relacionamentos partidos com as pessoas que Deus pôs em nossa vida, não adianta adorar a Deus nem tentar agradar-lhe, pois não atingimos o padrão aceitável. Isso se aplica a qualquer relacionamento importante em que a alma foi ferida. Mesmo que o erro seja do outro, é responsabilidade *nossa* procurar a cura do relacionamento. Jesus ensinou: "Se você estiver apresentando sua oferta diante do altar e ali se lembrar de que seu irmão tem algo contra você, deixe sua oferta ali, diante do altar, e vá primeiro reconciliar-se com seu irmão; depois volte e apresente sua oferta" (Mt 5.23,24).

É claro que há vezes em que a reconciliação parece impossível. Talvez nesse momento você esteja vivendo uma situação assim com algum amigo ou membro da família. Nesse caso, continue orando pelas pessoas de que se afastou, trate das feridas até onde puder e deixe o resto por conta de Deus. Não há nada melhor para conservar ou até aumentar a nocividade de um sofrimento passado que ficar remoendo os fatos sem parar. Ficar chorando e lamentando eternamente seu passado não só *não* ajuda a encontrar a cura, mas também pode causar doenças que vão impedí-lo de ser altamente saudável. É como ficar assistindo ao mesmo filme de terror uma vez atrás da outra, querendo que o final do filme mude. Em vez disso, você precisa aprender a encerrar o filme, sair do cinema e continuar sua vida.

A paz interior que aumenta suas chances de ser uma pessoa altamente saudável vem de aceitar o passado e avançar com esperança e confiança em direção ao futuro. Começando a aceitar seu passado como algo que o Criador pode utilizar para melhorar seu futuro — melhorar quem e o que você é —, você pode concentrar-se em ver o que ele está fazendo, o que está realizando na sua vida e por meio dela. Você pode culpá-lo, amaldiçoá-lo e ficar perguntando: "Por que eu, Deus? Por que permitiu que isso acontecesse comigo?". Ou pode *resolver* aceitar o que ele permitiu e começar a buscar a resposta para questões muito mais proveitosas: "Deus, o que o Senhor está querendo me ensinar? O que o Senhor está fazendo com isso?". Essas perguntas demonstram a confiança na bondade, na sabedoria e nos planos de Deus, confiança semelhante à de uma criança. Quando você começa a buscar o bem que pode resultar até das coisas ruins, passa a enxergar a mão de Deus trabalhando em tudo.

As pessoas altamente saudáveis não acusam — elas não conseguem fazer isso. Quanto mais você se culpa pelo passado doloroso ou se ressente dele, mais prejudica sua saúde. As pessoas altamente saudáveis assumem a responsabilidade de seus atos e pensamentos. Dispõem-se a lutar contra sua vergonha, sua culpa e seu ódio — e dispõem-se a vencê-los.

Assuma a responsabilidade por seus sentimentos. Conserte todos os erros que conseguir. Peça desculpas. Aceite punições. Faça reparações e restituições. Decida-se a banir rancores e ressentimentos para se libertar. Faça a *escolha consciente* de perdoar — mesmo que precise praticar o perdão muitas e muitas vezes.

R = Recompensas virão se você perdoar aos outros

Uma pesquisa realizada pelo Instituto de Pesquisa Social da Universidade de Michigan confirmou o que estudos anteriores já haviam descoberto: as pessoas que perdoam a si e aos outros têm menos tendência a sofrer as várias formas de estresse psicológico, como nervosismo, inquietação, desesperança.

A dra. Loren L. Toussaint, que dirigiu a pesquisa da Universidade de Michigan, relatou que muitos de nós estamos pondo em risco nossa saúde quando nos apegamos à culpa e ao ressentimento. Essa pesquisa nacional revelou que 75% dos participantes adultos alegavam acreditar que Deus lhes havia perdoado as transgressões passadas. Entretanto, apenas 52% mencionaram que tinham perdoado a outras pessoas, e nem sequer a metade dos entrevistados tinha-se perdoado pelo mal que causara aos outros.

Portanto, se você é uma dessas muitas pessoas que acreditam no velho adágio "Errar é humano, perdoar é divino", fique sabendo que a ciência médica está provando que "perdoar é saudável". Sem aprender o hábito do perdão, você não conseguirá ser uma pessoa altamente saudável.

O próximo passo, então, é o comprometimento. Faça uma promessa para a vida inteira — um pacto — de perdoar às pessoas que o magoaram. Todavia, você precisa entender que é impossível "perdoar e esquecer". Em quase todos os casos, você não vai conseguir esquecer o que aconteceu. Nem tente. Perdoar não é esquecer, mas, sim, resolver tratar a pessoa que o feriu como se nada tivesse acontecido. É a decisão — um ato voluntário — de tratar a pessoa como se ela nunca lhe tivesse causado aquele sofrimento.

Alguns pacientes meus tiveram de lutar muito nessa etapa. Quando decidiam perdoar, mas depois se pegavam recordando o fato e o sofrimento, em geral julgavam que isso era prova de que talvez não tivessem perdoado verdadeiramente. Eles acreditavam numa mentira, a saber, na mentira de que, para perdoar de verdade a alguém, é necessário perdoar *e* esquecer.

Esse passo pode assumir várias formas: contar a alguém que você perdoou à pessoa que o magoou, escrever ou telefonar para a própria pessoa, dizendo-lhe que perdoou-lhe o mal, por exemplo. Mas o único passo que eu sugiro a todos meus pacientes que estão nesse estágio do processo é que preencham um *certificado de perdão*. No certificado, eles declaram que, desse dia em diante, resolveram perdoar. Em seguida assinam e datam o documento, colando-o em seu diário.

Vale a pena repetir: perdoar a uma pessoa o mal que ela lhe fez *não* repara nem sanciona o comportamento dela. Não a desobriga de suas atitudes nem das conseqüências de seus erros. Não significa que você não pode ser cauteloso ao relacionar-se com essa pessoa. Entretanto, perdoar ao outro, mesmo que ele não tenha consciência do que fez, é uma parte necessária do *seu* processo de tornar-se altamente saudável. Você se lembra das palavras de Cristo na cruz? — "Pai, perdoa-lhes, pois não sabem o que estão fazendo" (Lc 23.34).

Ofereça "Certificados de Perdão"

Quase todos os programas de edição de texto têm certificados que você pode adaptar e imprimir. Se não conseguir encontrar nenhum, crie o seu numa folha. Escreva o título CERTIFICADO DE PERDÃO. Registre no papel os nomes daqueles a quem você decidiu perdoar a partir de hoje. Depois assine e date o certificado, mantendo-o como lembrete visual da decisão que você tomou.

Vários pacientes meus vieram a perceber, nesse ponto, que seu principal ódio e ressentimento era dirigido a Deus, não à pessoa que realmente os magoara. Será que às vezes você não se pergunta: "Como um Deus amoroso pode permitir que...", ou "Se Deus me ama de verdade, por que...". Se você tem esse tipo de atitude, pense nos potenciais benefícios à sua saúde que advirão de preencher um certificado de perdão para Deus — e em seguida assiná-lo e datá-lo.

Deixe-me ser explícito: Deus não precisa de seu perdão. Ele é justo e perfeito. Mesmo assim, *você* precisa fazer esse exercício, chegar ao ponto de pedir conscientemente a Deus perdão de tê-lo culpado, reconhecendo que sua amargura para com ele era infundada e indevida. Se você estiver disposto a fazer isso, esse é o momento. Preencha o certificado e confesse seu erro em oração, então receba imediatamente o amor e o perdão divinos. Embora esse exercício seja difícil, ele é necessário caso você tenha abrigado amargura em relação a Deus e queira ser uma pessoa altamente saudável.

Fazer do perdão um hábito exige treino. Pela minha experiência, a cura emocional e espiritual que advém do perdão só se efetua depois que o indivíduo tomou a decisão de perdoar e a manteve. Entretanto, o perdão também é um *processo*, que pode levar um longo tempo. Isso se aplica particularmente aos casos em que os prejuízos físicos, emocionais, relacionais e espirituais são graves. Continuar revivendo as memórias de seu sofrimento *não* é prova de que seu esforço de perdoar está sendo em vão. Demonstra apenas que você não esqueceu o que lhe aconteceu, e não há problema algum nisso.

Uma vez iniciado o processo de perdão, você vai perceber que sua orientação emocional em relação à pessoa que o magoou vai começar a mudar. Isso é notável. Os pesquisadores nos dizem que essas mudanças se infiltram não apenas em suas convicções e em seu comportamento, mas também na bioquímica de seu corpo e de sua mente. Até suas expressões faciais, sua postura e sua linguagem corporal mudam. A pressão arterial e a função cardíaca podem até melhorar. Em resumo: o perdão cura tanto a pessoa que é perdoada quanto a que perdoa.

D = Desenvolva gratidão pelo sofrimento passado

Tendo chegado até aqui em sua jornada de D-A-R P-E-R-D-Ã-O, você agora pode perceber uma estranha sensação — um ligeiro senso de gratidão pelo sofrimento passado. Talvez comece a perceber que seus erros passados — ou o mal que os outros lhe fizeram —

resultaram em mudanças positivas em seu caráter. Talvez comece a enxergar as sementes do *bem* germinando das cinzas do sofrimento e das ruínas dos sonhos extintos.

Quando eu e Barb estávamos estudando na Europa, fizemos uma viagem ao Marrocos. Na velha cidade de Fez, fomos visitar uma fundição de ouro. No prédio inacreditavelmente quente, os operários refinavam o metal bruto em ouro puro. Os pedaços do metal eram depositados em pequenos caldeirões, que eram aquecidos com um maçarico de gás propano. Quando o metal começava a derreter, o fundidor retirava a escória que subia à superfície e em seguida aumentava o calor. Nosso guia nos disse que, se o calor fosse aplicado muito rápido ou por um tempo longo demais, o ouro se estragaria.

Observando que não se utilizavam termômetros, perguntei ao guia como o fundidor sabia quando havia aplicado a quantidade de calor suficiente. O guia respondeu: "O ouro estará puro quando o operário enxergar seu próprio reflexo no metal".

Minha dedução dessa simples frase atingiu-me a alma. Barb e eu conversamos durante todo o jantar e noite adentro. Será que o sofrimento de nossa vida era alguma forma de calor que nosso Criador está aplicando para nos refinar, para permitir que vejamos o reflexo dele em nossa vida? Agora, quase 25 anos depois, acredito que é exatamente esse o processo que Deus permite que ocorra em nossa vida.

Só depois que conseguimos começar a aceitar — talvez até receber de braços abertos — o sofrimento do passado, só quando conseguimos começar a sentir um traço de alegria no sofrimento que enfrentamos, é que podemos dar o passo seguinte, a saber, cultivar a gratidão pelo sofrimento passado.

Independentemente do que ocorreu no passado, de quanto as lembranças sejam horríveis, tente procurar todos os dons pelos quais você pode sentir-se agradecido. Talvez você fique perplexo ao descobrir que pode até se sentir mais grato por seu sofrimento passado *só pelo* que aprendeu com ele e pela forma que o sofrimento lhe alimentou e lhe refinou o caráter.

Está começando a fazer sentido? Ajuda a começar a entender a aparente estranheza do ensino bíblico que diz: "Amados, não se surpreendam com o fogo que surge entre vocês para os provar, como se algo estranho lhes estivesse acontecendo. Mas alegrem-se..." (1Pe 4.12,13)? Ou: "Mas também nos gloriamos nas tribulações, porque sabemos que a tribulação produz perseverança; a perseverança, um caráter aprovado; e o caráter aprovado, esperança. E a esperança não nos decepciona..." (Rm 5.3-5).

Uma recomendação que fiz a meus pacientes que lutavam com sofrimentos emocionais foi que recitassem os salmos do Antigo Testamento. Existem versões bíblicas e até edições apenas com os salmos em linguagem contemporânea. Descobri em minha própria vida — e o mesmo ocorreu com muitos pacientes meus — que utilizar os salmos em oração é instrutivo e profundamente útil. Os salmistas conheciam a dor e o pesar, a culpa e o arrependimento. As orações deles podem ser as nossas orações.

Para a pessoa que tem um relacionamento pessoal com Deus e está crescendo espiritualmente, é possível — na verdade, provável — que o cultivo da gratidão, até pelo sofrimento, seja lento, mas com certeza ele ocorre. Escrevendo aos crentes colossenses, o apóstolo Paulo ensinou este princípio: "Portanto, assim como vocês receberam Cristo Jesus, o Senhor, continuem a viver nele, enraizados e edificados nele, firmados na fé, como foram ensinados, transbordando de gratidão" (Cl 2.6,7). As pessoas altamente saudáveis são agradecidas, sua gratidão transborda mesmo em meio à dor e ao sofrimento.

A = Avance para a paz interior

Descobri que, independentemente da intensidade do trauma que sofreram, quando meus pacientes aplicam o processo de D-A-R P-E-R-D-Ã-O, eles conseguem começar a encontrar a cura e a paz interior. Essa paz se baseia na paz com os outros, na paz consigo mesmo e, o mais importante, na paz com Deus.

Muitas pessoas tentam encontrar a paz interior por meio de tratamentos e terapias como a meditação, a ioga, a aromaterapia, massagem, banhos quentes, música relaxante, uma caminhada num lugar tranqüilo, respiração profunda, cultivo de lembranças agradáveis, auto-hipnose e um sem-número de possibilidades. Embora todas essas práticas possam trazer algum alívio passageiro em meio às muitas tempestades da vida, nenhuma é fonte de paz permanente — a paz interior.

Acredito que ninguém consegue alcançar a paz interior verdadeira e duradoura sem alcançar a paz com seu Criador — Deus. Só então pode-se ter a paz que "excede todo o entendimento". O versículo antigo, que está tão vivo quanto as notícias de hoje, diz: "Seja a amabilidade de vocês conhecida por todos. Perto está o Senhor. Não andem ansiosos por coisa alguma, mas em tudo, pela oração e súplicas, e com ação de graças, apresentem seus pedidos a Deus. E a paz de Deus, que excede todo o entendimento, guardará o coração e a mente de vocês em Cristo Jesus" (Fp 4.5-7).

Você não concorda que essas palavras têm tudo a ver com uma pessoa altamente saudável? No Capítulo 8 vou passar mais tempo discutindo esse princípio.

O = Ouça e console os outros

A última fase do processo de D-A-R P-E-R-D-Ã-O implica usar a cura que vem do perdão para alcançar os outros, a fim de confortá-los no sofrimento. As Escrituras ensinam que Deus "nos consola em todas as nossas tribulações, para que, com a consolação que recebemos de Deus, possamos consolar os que estão passando por tribulações" (2Co 1.4). Parte de encontrar a cura para sofrimentos e erros passados — parte de tornar-se uma pessoa altamente saudável — é falar de nossa dor e nosso processo de cura com outros que não estão tão adiantados no caminho quanto nós.

Depois do nascimento de nossa filha, Kate, e de nosso filho, Scott, eu e Barb perdemos quatro filhos por aborto espontâneo no terceiro ou no quarto mês de gestação. O sofrimento foi inimaginável. Ficava chocado ao descobrir que cada perda era emocionalmente mais difícil que a anterior. Após cada aborto, não conseguíamos pensar no bebê de outro casal sem sentir ciúmes e despeito. Estávamos furiosos com Deus e com nós mesmos.

Nosso caminho em direção à cura foi longo e implicou muitos desses passos que recomendei a você. Eu pratiquei o que estou ensinando aqui. Funciona. Acabamos atingindo a paz com nossas perdas usando os passos que tracei. Conseguimos começar a enxergar o bem que Deus havia realizado em nós e por meio de nós, individualmente e como um casal, em conseqüência daqueles terríveis acontecimentos. Aos poucos, começamos a receber consolo — e até paz.

Mas, em nosso caso, foi dado um passo profundamente curativo quando começamos a ajudar outros casais que viviam a mágoa de perder um filho. Consolar os outros com o consolo que recebemos resultou em mais consolo. Dando consolo, recebemos mais consolo.

OFERECER MISERICÓRDIA E GRAÇA

Aí está. Para ser uma pessoa altamente saudável, você precisa praticar a aceitação e o desprendimento. Precisa praticar o perdão. Em seu famoso dicionário de 1828, Noah Webster definiu perdoar como "desculpar; redimir; ação daquele que é inclinado a desconsiderar ofensas; ação daquele que é misericordioso, brando e compassivo".

Justiça é dar ao outro o que ele merece. Misericórdia é não dar o que é merecido. Graça é dar o que não é merecido. As pessoas altamente saudáveis são generosas em misericórdia e graça. Você é? Se não for, passe algum tempo lendo a mensagem do terceiro hábito das pessoas altamente saudáveis e depois aplique-a.

SEIS

Reduza sua carga

O HÁBITO DA REDUÇÃO DA INFELICIDADE (ANSIEDADE, DEPRESSÃO, ESTRESSE)

O impacto dos ataques terroristas de 11 de setembro de 2001 na saúde dos americanos ressoou no país inteiro muito tempo depois desse terrível dia. Embora o sentimento de orgulho nacional e o patriotismo tenham aumentado nos meses que se seguiram ao 11 de setembro, as atitudes individuais deixaram de ser em geral positivas e assumiram um aspecto negativo que chega a ser alarmante. No final de 2001, os médicos estavam começando a ver um aumento expressivo do número de pacientes com insônia, pesadelos, dores de estômago, irritabilidade e dificuldade de concentração.

O dr. Mark Schuster, pesquisador da Rand Corporation, constatou que muitas pessoas reagiram aos ataques de 11 de setembro como se tivessem sido atacadas pessoalmente. Sintomas de perda de bem-estar acometeram todos os grupos etários em todos os setores do país. Até pessoas que vivem em lugares onde não havia prédios altos nem instalações militares sofreram estresse em níveis significativos.

Os pesquisadores da Rand Corporation afirmam que cerca de 44% dos adultos entrevistados relataram um ou mais sintomas relevantes de estresse. Pelo menos 90% das pessoas que responderam aos pesquisadores da Rand reconheceram que tiveram níveis pelo menos baixos de sintomas de estresse potencialmente danosos à saúde.

O interessante é que os norte-americanos responderam a essa incrível afronta nacional à sua saúde emocional buscando laços familiares mais estreitos. Muita gente deixou de comprar comida nas janelinhas dos *drive-thrus* das lanchonetes de *fast-food* para jantar com a família e os amigos. Muitos começaram a caminhar ou fazer outras formas de exercício. Outros se filiaram a sistemas de apoio social de vários tipos, entre eles igreja, sinagoga e serviços de atendimento de apoio em grupo. Muitos voltaram-se para a religião em busca de apoio espiritual. Muitos doaram tempo e dinheiro. Praticamente todos procuraram saber da segurança de seus entes amados. A maioria assistiu às vigílias em memória das vítimas, e muitos participaram delas. Em resumo, os cidadãos norte-americanos deram exemplo da importância de combater a ansiedade, a depressão e o estresse com ações positivas.

Está demonstrado que a atitude positiva perante a vida, além de prolongá-la, melhora a qualidade dela. Ao longo da última década, as pesquisas apresentaram sólidas evidências de que "ver o lado bom das coisas" pode evitar doenças cardíacas e reduzir suas conseqüências nos que já são portadores.

Por exemplo, pesquisadores da Johns Hopkins University descobriram que as pessoas com personalidade otimista tinham apenas metade da probabilidade de ter algum problema cardíaco do que as pessoas pessimistas do mesmo grupo. Em outras palavras, parece que as atitudes positivas protegem essas pessoas de doenças graves e da morte. Essas descobertas confirmam os resultados de pesquisas anteriores que associaram o pessimismo a níveis mais altos de rancor, ansiedade e depressão: emoções que podem ser fatores de risco de doenças cardíacas.

Um grupo de pesquisadores do Canadá revisou 16 estudos (realizados ao longo de trinta anos) que examinavam as atitudes dos pacientes em relação à morte (particularmente após uma cirurgia).

"Em todos os casos", afirmou Donald Cole, do Institute for Work and Health de Toronto, "quanto melhores forem as expectativas de um paciente em relação ao seu estado após a cirurgia ou algum procedimento médico, melhor ele vai passar." Em contrapartida, os pacientes que sofriam de depressão (acompanhada de atitude negativa perante a vida) — ou seja, com a roda emocional achatada — tinham probabilidade expressivamente menor de adotar um estilo de vida saudável para manter suas rodas física, espiritual e relacional lubrificadas, calibradas e balanceadas.

O estudo da Johns Hopkins e muitas outras pesquisas chegam a esta conclusão: mente saudável e atitude positiva podem produzir uma mente e um corpo mais saudáveis.

Será que a atitude positiva pode ajudar você a vir a ser uma pessoa altamente saudável? Sem dúvida alguma, principalmente porque o ajuda a reduzir doenças cardíacas, que mais matam americanos, tanto homens quanto mulheres. Na verdade, muitas mulheres que ligam para meu programa de rádio ficam chocadas ao descobrir que seu risco de morrer de uma doença cardiovascular (ataque do coração, doença cardíaca, doença vascular ou derrame cerebral) é de sete a dez vezes maior que seu risco de morrer de todas as formas de câncer juntas (v. mais informações no capítulo 4).

AVALIE SUA RODA DA SAÚDE EMOCIONAL

A seguir apresento algumas maneiras de avaliar sua roda da saúde emocional. Entre os problemas emocionais mais comuns que impedem as pessoas de serem altamente saudáveis estão a ansiedade, a depressão e o estresse.

Avalie o estresse

O velho *estresse* talvez seja o problema mais comum a causar enfraquecimento da roda da saúde emocional. O estresse é praticamente inevitável na vida contemporânea. Numa pesquisa de âmbito nacional nos EUA, mais de 90% dos entrevistados mencionaram altos níveis de estresse pelo menos algumas vezes por semana. Perdi a conta de quantos pacientes me relataram que se sentem como se estivessem correndo na velocidade máxima. Quase todos eles mencionaram que se sentiam estressados.

Para os propósitos deste livro, vou definir *estresse* como "qualquer mudança que exige adaptação do indivíduo ou alteração no modo como está fazendo determinada coisa". O estresse pode surgir com fatos importantes: aposentadoria, mudança de emprego, gravidez, nascimento de filho, mudança, perda de uma pessoa querida, mudança de escola ou de emprego. Também pode vir de coisas pequenas: uma mudança inesperada de programação, mudança no tempo, um pneu furado ou congestionamento de trânsito, entrega de um trabalho ou cumprimento de uma obrigação num prazo repentino, as chaves da casa fora do lugar ou a queda de energia elétrica. Os médicos chamam essas ocorrências de *elementos estressantes*. Mas vou empregar as palavras *estresse* e *elementos estressantes* mais ou menos no mesmo sentido.

Um pouco de estresse é bom. Na verdade, fomos projetados, acredito, para agir em resposta a quantidades determinadas de estresse. O estresse pode ajudar-nos a crescer física, emocional, relacional e espiritualmente. No campo físico, nosso corpo está em contínua mudança. Por exemplo, nossos ossos se dissolvem constantemente, e o tecido ósseo constantemente se repõe. Com a medida certa de estresse, nossos ossos ficam mais densos e mais fortes. No campo mental e emocional, a quantidade adequada de estresse mantém nossa mente e nossas emoções saudáveis. Na parte espiritual, somos incessantemente testados — estressados — por nosso Criador. Esse "refinamento" é um meio de melhorar a saúde espiritual. Tenho certeza de que você se lembra de um semnúmero de exemplos, mas meu ponto de vista é simples: o estresse não é apenas normal, ele é necessário.

No entanto, estresse demais numa única ocasião ou por tempo muito prolongado (o que os médicos chamam de *estresse crônico*) pode causar o enfraquecimento das quatro rodas da saúde. Quase todos nós fomos criados com capacidade de lidar com a quantidade adequada de estresse — nosso "recipiente de estresse", por assim dizer. O recipiente de alguns é muito pequeno e o de outros é bem maior. Não importa qual seja sua capacidade de lidar com o estresse, se houver estresse demais e seu recipiente se encher, invariavelmente ele vai transbordar.

Fomos criados para reagir ao estresse de vários modos físicos, emocionais e espirituais. No aspecto físico, por exemplo, quando enfrentamos mais estresse do que fomos criados para suportar — grande quantidade de estresse de uma só vez ou quantidade menor de estresse contínuo —, nossa pressão arterial e nossa pulsação sobem. A curto prazo, isso é saudável. É o jeito de nosso corpo nos preparar para responder. A longo prazo, entretanto, se essa resposta natural do tipo "lutar ou fugir" do estresse passa a ser um modo de vida, pode nos prejudicar fisicamente e de muitas outras maneiras:

- Pode prejudicar nosso coração e nossos vasos sangüíneos.
- Pode fazer nosso organismo liberar hormônios que, por sua vez, fazem o fígado produzir açúcar (para combustível) e ao mesmo tempo armazenar gordura como combustível de reserva. Se, todavia, não usamos esse combustível, a gordura se deposita, principalmente na região abdominal.
- Pode fatigar nossa glândula supra-renal. A supra-renal é a fonte de adrenalina, um dos hormônios responsáveis pela produção de energia. Quando a quantidade desse hormônio é menor, o sono pode ser perturbado, e a energia e o desempenho durante o dia podem diminuir.
- Pode tensionar nossos músculos — efeito desejável quando precisamos reagir de repente a uma ameaça, mas que, se ocorrer cronicamente, pode causar dores de cabeça, dores na mandíbula, no pescoço e na região inferior das costas, além de dores musculares.
- Pode aumentar a liberação de suco gástrico e afetar a motilidade do intestino e do cólon, o que causa vários problemas e distúrbios gastrointestinais.
- Pode até prejudicar a atividade do sistema imunológico, o que pode deixar-nos mais suscetíveis a infecções e a determinadas doenças crônicas.

Eu poderia continuar, mas você já entendeu a idéia. Estresse demais o impede de ser uma pessoa altamente saudável.

Existem muitos causadores de estresse em sua vida? Há vários testes de avaliação de estresse na Internet, muitos grátis e fáceis de aplicar. Os "Cool Tools" [Ferramentas Legais] do *site* HealthCentral.com podem ser consultados por meio do www.10essentials.net. Você terá acesso a uma página em que é possível fazer o "Stress Management Mini-Profile" [Miniperfil de controle do estresse], bem como o "Stress Test" [Teste de estresse], este, sim, mais abrangente.

O primeiro, com 25 questões (em inglês), é fácil de fazer e dá o resultado imediatamente. Os resultados indicam as áreas em que "você está no caminho" e as áreas em que "você pode melhorar". Quando fiz esse teste (na época em que estava escrevendo este livro e tinha acabado de me mudar para outra parte do país para começar em outro emprego), não me surpreendeu receber um relatório que mostrava meu nível de estresse criticamente alto.

Existe um instrumento de mensuração de estresse clássico, criado em 1967, conhecido como "The Life Stress Test", ou "The Holmes and Rahe Test". Minha pontuação nesse teste, que avalia o que os pesquisadores chamam de ocorrências mais estressantes da vida, foi ainda mais alta (indicando mais estresse) do que meu resultado no "Stress Management Mini-Profile" do *site* HealthCentral.com.

Finalmente, é possível ter acesso ao "Reduce Stress Center" [Centro de redução de estresse], do mesmo *site*, pelo mesmo endereço www.10essentials.net. Nessa página você encontrará conselhos práticos para reduzir o estresse sempre que possível e controlar a quantidade de estresse com que todos temos de lidar.

Será que a redução do estresse o ajuda a vir a ser uma pessoa altamente saudável? Sem dúvida, a redução do estresse tem papel relevante para portadores de doenças cardíacas. Um estudo feito por pesquisadores do Duke University Medical Center demonstrou que os pacientes cardíacos têm redução considerável da probabilidade de ter mais problemas do coração utilizando técnicas de redução de estresse.

O programa de controle do estresse dessa universidade é constituído de sessões semanais de 90 minutos. São aulas sobre doenças cardíacas e estresse, treinamento em redução do estresse e técnicas de relaxamento muscular e apoio a pequenos grupos. Por ironia, de acordo com o dr. James Blumenthal, apenas de 10% a 20% dos pacientes cardíacos se engajam nesse tipo de programa — provavelmente por dois motivos: 1) os planos de saúde em geral não cobrem esse tipo de tratamento e 2) os médicos dizem que é dificílimo convencer os pacientes de que eles têm problema de estresse, mesmo depois de esses pacientes terem sofrido ataque cardíaco.

E se você decidir *não* reduzir seus níveis de estresse? Talvez não sofra nenhum ataque cardíaco, mas o estresse não tratado pode causar depressão e outras doenças em sua roda emocional.

Faça um teste de estresse

Se você teve pontuação alta de acordo com alguma das ferramentas de análise, reduzir os níveis diários de estresse vai contribuir para seu empenho de tornar-se altamente saudável.

Fazer pequenas caminhadas — nos intervalos ou na hora do almoço — pode reduzir o estresse da maioria das pessoas. Toda vez que houver tempo disponível, faça uma caminhada com um amigo ou alguém que você estima — seu cônjuge ou seus filhos, por exemplo — antes do jantar. É uma grande oportunidade de convívio familiar, reduz o estresse, melhora o sono e pode até reduzir seu apetite! Meu amigo Rob Person chama essa prática de "reservar tempo para chutar pedrinhas".

Procure fazer "pausas da roda da saúde emocional" de duas em duas ou de três em três horas todos os dias. Pense em algo que gosta de fazer — ler, escrever um diário, caminhar, meditar, cantar, ouvir música — e faça, mesmo que durante apenas alguns minutos. As pessoas altamente saudáveis dão muita prioridade a essas pausas e às atividades prazerosas.

Avalie a ansiedade

Todos sabemos o que é sentir ansiedade. Você se lembra do frio na barriga antes de um encontro ou de uma importante apresentação ao chefe, da tensão que sente quando alguém está furioso com você, de como seu coração palpita quando você está em perigo? A ansiedade, em sua forma mais básica, é saudável. Foi concebida por nosso Criador para nos despertar e nos deixar prontos para agir. A ansiedade pode nos preparar física e emocionalmente para uma situação ameaçadora. Para mim, a ansiedade fez que estudasse mais para os exames. Ela é o que me sustenta quando estou fazendo uma palestra ou dando uma entrevista na televisão. A ansiedade existe para nos ajudar a enfrentar várias situações e a ter desempenho melhor.

Distúrbio de ansiedade é outra coisa. O distúrbio ocorre quando a ansiedade normal tem o efeito oposto do que deveria ter. Em vez de nos ajudar, ela nos impede de lidar com as situações da vida e perturba dramaticamente nosso cotidiano. Os distúrbios de ansiedade não são simplesmente um caso de "nervos atacados". São doenças que muitas vezes têm raízes na constituição biológica da pessoa e também em suas experiências passadas. Não é de surpreender que distúrbios de ansiedades ocorram em grupos familiares.

Praticamente todos os distúrbios de ansiedade fazem a pessoa sentir-se ansiosa a maior parte do tempo (ou todo o tempo) — em geral sem nenhum motivo específico. Para algumas pessoas com distúrbio, a ansiedade pode ser tão desconfortável que, para contê-la, têm de interromper alguma atividade diária (ou todas). Para outras, podem sobrevir ataques de pânico de forma tão rápida e violenta que resultam em sensação de terror que as podem imobilizar completamente.

De todos os distúrbios da roda emocional, os da ansiedade são os mais comuns. Ao longo de minhas duas décadas de prática médica, a pesquisa relacionada a distúrbios mentais, à saúde mental e ao cérebro progrediu de forma notável. Os cientistas estão aprendendo cada vez mais o que são distúrbios de ansiedade, quais são suas causas e como tratá-los. Existem vários tipos de distúrbios de ansiedade, cada um com características distintas e protocolo de tratamento próprios.

Muitos indivíduos, principalmente os de convicção religiosa, não entendem bem esses distúrbios e pensam que as pessoas deveriam ser capazes de superar os sintomas meramente com força de vontade, ou pela observância mais rigorosa dos rituais ou práticas religiosas. Entretanto, para quem sofre desses distúrbios, apenas desejar que eles desapareçam não ajuda nada. Mas há boas notícias. Existem tratamentos novos e revolucionários que podem ajudar.

O objetivo desta seção não é discutir em profundidade esses distúrbios e seu tratamento, mas convencer você de que, se sua roda emocional não é forte, você pode fortalecê-la. Se você não trabalhar para melhorá-la, é menos provável que venha a ser uma pessoa altamente saudável. Quero falar brevemente do mais comum dos distúrbios de ansiedade: o Distúrbio de Ansiedade Generalizada (DAG).

Um paciente no meu primeiro dia de trabalho nas Smoky Montains se apresentou com DAG clássico.

— Sempre fui um preocupado — confessou Bill. — Eu me preocupo com *tudo!* Estou *sempre* de antena ligada, *sempre* em movimento. Doutor, *não consigo* parar, parece que não consigo relaxar. Às vezes os acessos vêm e vão, e às vezes me acompanham o tempo todo. Às vezes um desses ataques de preocupação e nervosismo dura muito tempo. Preocupo-me com as coisas durante dias e dias e fico cada vez mais nervoso e tenso quanto mais penso nelas. Simplesmente não consigo deixar as coisas acontecerem.

— Além disso — disse ele —, ando tendo terríveis problemas de sono. Fico pensando nas coisas na hora de dormir. É como se minha fonte de energia continuasse ligada. Outras vezes acordo no meio da noite, começo a pensar nos problemas e fico tão ansioso que não consigo dormir de novo. Algumas vezes, quando tenho um desses acessos, fico com a mente confusa. Ou, pior ainda, meu coração começa a acelerar e a palpitar, e isso me deixa morrendo de medo e *ainda mais* preocupado.

— Doutor, o senhor precisa me consertar. Examine meu coração, ou a minha tireóide. Alguma coisa está acontecendo comigo. E coisa boa não é!

Examinei o coração de Bill e fiz um exame de sangue completo, mas acabei descobrindo que todos os seus sistemas, inclusive a tireóide, estavam bem. Mas, quando pedi que ele respondesse a um questionário de avaliação, sua pontuação indicou um grave distúrbio de ansiedade.

Foi necessária uma segunda opinião médica para esse homem aceitar o fato de que praticamente todos os sintomas eram de DAG. Quando, porém, aceitou a idéia e começou a tomar a medicação para o problema, apresentou melhora sensível da saúde emocional. Desconfiei que ele poderia sair-se ainda melhor se fizesse uma terapia cognitivo-comportamental, que é outro tratamento muito recomendável em casos de DAG. Mas Bill não acatou minha sugestão. Como muitas pessoas com DAG e outros distúrbios psíquicos e emocionais (que têm preconceito contra a idéia de procurar um psicoterapeuta), ele recusou-se a buscar ajuda. De qualquer forma, não só Bill se deu bem com o tratamento que escolheu, mas também o mesmo aconteceu com seus três filhos, que também têm DAG.

O DAG é muito mais que a ansiedade normal do dia-a-dia. Geralmente dura toda a vida e se agrava por efeito de fatores estressantes específicos. A maior parte do tempo, no entanto, parece que não é provocado por nada específico. As pessoas que sofrem de DAG se preocupam excessivamente com saúde, dinheiro, emprego, família ou trabalho. Para muitas, só a idéia de atravessar o dia provoca ansiedade. Essas pessoas não conseguem relaxar e muitas vezes têm problemas para adormecer ou para manter o sono. Suas preocupações são quase sempre acompanhadas de sintomas físicos: tremores, tiques, tensão muscular, dores de cabeça, irritabilidade, sudorese ou ondas de calor. Também podem ter tontura e falta de ar. Podem ter náuseas e sentir a necessidade de ir ao banheiro freqüentemente. Podem ter palpitações ou dores atípicas no peito. Algumas vezes se sentem como se tivessem um caroço na garganta. Tendem a sentir-se cansadas, têm dificuldade de se concentrar e algumas vezes sofrem também de depressão.

O DAG costuma se instalar aos poucos. A maioria das pessoas descobre os sintomas já na infância ou na adolescência, mas não é incomum começarem na idade adulta ou até na maturidade. O DAG é mais comum em mulheres do que em homens e geralmente acomete pessoas da mesma família. Uma pista de que uma pessoa tem esse distúrbio é ela passar pelo menos seis meses preocupando-se excessivamente com vários problemas cotidianos.

A primeira vez que Bill veio consultar-se comigo, ele não era muito saudável. Com o tempo, à medida que o ensinei a avaliar suas rodas física e emocional, ele conseguiu discernir uma importante área de fraqueza — uma área que ele estava disposto a começar a fortalecer. Fez isso, e estou convencido de que esse passo foi decisivo para ele vir a ser bem mais saudável.

Verifique a pressão de sua roda emocional

Se você sente ansiedade freqüentemente — ou mesmo que não —, responda ao questionário Zung Self-Rated Anxiety Scale, disponível em meu site, www.10essentials.net. Se sua pontuação for maior que cinqüenta, você deve consultar um médico ou um profissional de saúde psíquica para uma avaliação mais detalhada.

Outros testes de ansiedade auto-aplicáveis também podem ser encontrados no endereço www.10essentials.net. Todos os sites têm esclarecimentos sobre as pontuações.

Avalie a depressão

Depressão é o segundo distúrbio crônico mais comum que enfraquece a roda emocional e impede as pessoas de ser altamente saudáveis. Muitas vezes a depressão acompanha os distúrbios de ansiedade e, quando isso ocorre, ela precisa ser tratada conjuntamente. A depressão é comumente acompanhada de sentimentos de tristeza, apatia e desesperança, bem como de alterações do apetite e do sono. Também pode dificultar a concentração do indivíduo.

Telma estava perto dos 70 anos e era a vida da pequena igreja presbiteriana da cidade. Se as portas estivessem abertas, lá estava ela. Sua família construíra aquela igreja. Seu amor, seus presentes e suas orações sustentavam a igreja. Mas, lentamente, ela começou a se afastar. Quando o pastor e os presbíteros começaram a notar suas ausências, um deles comentou: — Sabe, quando ela está aqui... bom... ela não está realmente aqui. Parece que está distante.

Várias pessoas da igreja iam visitar Telma. Ela alegava, convicta, que não tinha nenhum ódio nem expectativa frustrada. Simplesmente não tinha tanta vontade de sair, agora que estava "ficando velha". A mulher do pastor insistiu que ela fosse consultar um médico para fazer um *check-up*. O médico disse que Telma estava fisicamente bem. O exame e todos os testes estavam normais.

Depois disso, Telma praticamente desapareceu da igreja. Os membros às vezes a viam na mercearia, mas quando ela os via, virava-se para o outro lado.

Barb e eu fomos visitá-la na primavera de 1982. Não a conhecíamos, mas conhecíamos sua vizinha. Não fazia tempo que eu estava na cidadezinha, na verdade, fazia apenas alguns meses. A vizinha de Telma estava preocupada:

— Alguma coisa está errada com essa mulher — disse-me. — Ela sempre enfeita a casa e o jardim na época do Natal, mas este ano não enfeitou. Ela sempre faz bolos para a vizinhança nas festas, mas este ano ela não fez. O pior de tudo é que ela *sempre* cuida do jardim. Este ano, ela nem preparou a terra!

Quando bati à porta, Telma abriu só uma fresta. Nós nos apresentamos, e ela nos deixou entrar. Tentava ser sociável, mas simplesmente não conseguia. Eu sabia o que estava errado. Depois de alguns minutos dentro da casa, *eu* me senti deprimido. Ficar perto de uma pessoa deprimida pode nos fazer sentir depressão. Fiz algumas perguntas diagnósticas. Ela reconheceu que tinha problemas para começar a dormir e para manter o sono. Sua energia e sua motivação a haviam abandonado. A concentração desaparecera. Ela se sentia triste. Confessou que pensara em suicídio, mas depois acrescentou rapidamente:

— Eu *nunca* faria isso. Amo demais meus filhos e meus netos.

Expliquei-lhe algumas das causas da depressão e como era fácil o tratamento. Ela prometeu que ia fazer uma consulta comigo naquela semana. Foi. Em poucos dias, após começar um tratamento simples e barato (um antidepressivo tricíclico genérico), a "velha" Telma começou a desabrochar. Dentro de pouco tempo, ela estava de volta às suas atividades!

Os pesquisadores nos informam que muito do que se manifesta como depressão é causado por um desequilíbrio dos hormônios do cérebro. Esses tipos de depressão podem ser resolvidos com muita facilidade e rapidez com vários tratamentos: medicamentos antidepressivos modernos, suplementos alimentares, terapias nutricionais, exercícios, terapia pela luz, aconselhamento pastoral e psicoterapia. No entanto, vários estudos demonstraram que os pacientes deprimidos tratados com medicação e psicoterapia (ou mesmo aconselhamento) sempre se saem melhor que os que recebem apenas medicação ou apenas psicoterapia. Não só melhoram mais rápido, mas também permanecem saudáveis por mais tempo e têm menos recaídas.

Agora, a fim de mostrar como muitos dos dez hábitos trabalham juntos, considere a idéia de tratar a depressão com exercícios. O dr. James A. Blumenthal e sua equipe surpreenderam muita gente em 1999 quando demonstraram que o exercício regular é tão eficaz quanto os medicamentos antidepressivos para pacientes que sofrem de depressão grave. Os pesquisadores estudaram 156 adultos maduros com diagnóstico de depressão acentuada, administrando a um grupo o antidepressivo Zoloft (setralina), solicitando a outro grupo que fizesse trinta minutos de exercícios três vezes por semana, e a outro que fizesse os dois tratamentos.

Como afirma Blumenthal:

> Nossos resultados indicam que um programa modesto de exercícios é um tratamento eficiente e vigoroso para pacientes com depressão acentuada que estão positivamente inclinados a participar dele. Os benefícios do exercício tendem a durar, principalmente para os que o adotam como atividade regular e contínua.

Recentemente, a equipe de Blumenthal publicou os resultados de um estudo de acompanhamento. A equipe continuou acompanhando os mesmos pacientes durante outros seis meses e constatou que o grupo que se exercitava mas não tomava Zoloft teve resultados melhores que qualquer um dos dois outros grupos. A equipe também relatou uma descoberta muito interessante no grupo que tomou Zoloft e fez exercícios. Esses indivíduos tendiam mais a ter recaída da depressão em comparação aos que apenas se exercitavam. Os pesquisadores especulam por que o grupo que fez os dois tratamentos teve mais recaídas do que o grupo que só se exercitava: "Talvez o uso concomitante da medicação diminua os benefícios psicológicos do exercício". O dr. Blumenthal supôs que os pacientes podem ter introjetado a convicção "Tomei o antidepressivo e melhorei", em vez da convicção mais eficiente "Fui dedicado, trabalhei muito com o programa de exercícios, mas venci a depressão".

Será que o exercício funciona assim tão bem fora do laboratório? Depende da pessoa que está sendo tratada. Ao que parece, os pacientes desses estudos foram altamente motivados a se exercitar, e os pesquisadores lhes telefonavam quando faltavam à sessão de exercícios. Nem todo mundo tem esse nível de reposta nem é motivado dessa forma para fazer uma mudança significativa em seu estilo de vida. Quando não se é *motivado* para ser altamente saudável, há a tendência de não vir a ser altamente saudável.

Em resumo: a grande maioria das pessoas que sofrem de depressão pode se tornar mais saudável, altamente saudável até. Você não precisa "suportar" uma depressão crônica que o impede de fazer tanta coisa!

Instrumentos de avaliação da depressão

Como verificar a "pressão" de sua roda emocional — pelo menos no que diz respeito à depressão? Recomendo vários *sites* na Internet cujos instrumentos de avaliação são excelentes.

O psiquiatra William Zung criou o teste Zung Self-Rating Depression Scale [Teste de Auto-Avaliação de Depressão de Zung]. É possível consultar e imprimir as vinte perguntas (em inglês) e a tabela de pontuação acessando o meu *site* www.10essentials.net. Se sua pontuação estiver acima de 50, você deve considerar seriamente a hipótese de consultar um médico ou um profissional de saúde mental.

Existe também no *site* www.10essentials.net um teste mais curto. Não se esqueça de que, embora esse segundo teste seja mais fácil de aplicar do que o questionário Zung, ele pode não ser tão preciso. O Departamento de Psiquiatria da New York University produziu as avaliações a partir das quais esse teste foi preparado.

Outro questionário e mais informações sobre depressão fornecidos pela National Mental Health Association podem ser acessados também pelo meu *site.*

Esses testes auto-avaliativos de depressão destinam-se a ajudá-lo a decidir se deve procurar um profissional de saúde por causa disso. São apenas testes e não devem *nunca* substituir a avaliação completa, que pode ser feita pelo médico.

Abaixo a "deprê"!

Sua capacidade de "levantar a poeira e dar a volta por cima" levantou-se e deixou você na mão? Seu nível de concentração, motivação, energia, apetite e sono é anormal ou está reduzido? Seu interesse pelo trabalho ou pelo lazer está diminuindo? Você fica mais na "fossa" que antigamente? Se, depois de ler esta seção, você achar que existe a mínima possibilidade de estar passando por uma depressão, faça um dos testes de auto-avaliação hoje. Tratando de depressão, quanto mais precoce o diagnóstico, com mais rapidez e eficiência você vai encher sua roda emocional.

ANTÍDOTOS PARA A ATITUDE VENENOSA

Espero que você esteja começando a ter uma noção da saúde geral de sua roda emocional. Se você descobriu que essa sua roda está adequadamente calibrada, deve sentir-se motivado, com base na pesquisa médica, a continuar superando a ansiedade, a depressão e o estresse que tanto prejudicam a saúde. Da mesma forma, deve cultivar atitude positiva e procurar resolver os problemas de forma otimista.

"Mas", você pode estar pensando, "sou uma pessoa naturalmente amarga. Não vejo por que ser tão otimista e *pra cima* neste mundo. Eu não conseguiria ter nenhuma atitude positiva mesmo que minha vida dependesse disso." Bem, suas desculpas parecem ótimas, mas não passam disso — *desculpas.* Deixe-me sugerir quatro antídotos — esperança, gratidão, humor e bondade — para combater o que pode ser um dos seus maiores obstáculos no caminho de tornar-se altamente saudável, sua própria atitude!

O antídoto esperança

Os pesquisadores demonstraram que *o modo* que pensamos e *o que* pensamos têm capacidade para mudar o funcionamento de nosso corpo e de nossa mente. Estar sempre engajado em atividade mental — ser um eterno aprendiz — não só protege a mente de doenças devastadoras, como o mal de Alzheimer, mas também reflete uma atitude compreensiva de esperança e otimismo para com o futuro.

Em *Living to 100: lessons in living to your maximum potential at any age* [*Viver até os cem anos: lições sobre como viver ao máximo em qualquer idade*], a co-autora Margery Hutter Silver, especialista em educação, indica os benefícios de adotar uma atitude positiva. Em seu estudo com cerca de 100 centenários, Silver e seu colega, o médico Thomas J. Perls, descobriram que os homens e as mulheres do estudo que tinham vivido mais e com mais qualidade eram semelhantes na atitude positiva em relação à vida e seus inevitáveis altos e baixos. (Você pode consultar o teste "Living to 100 Life Expectancy Calculator", preparado pelos autores, em meu *site* www.10essentials.net. O teste é auto-aplicável e muito esclarecedor.) Entre seus achados, os autores indicam que as pessoas que vivem até os 100 anos:

- Lidam bem com o estresse — são muito adaptáveis;
- Acham que podem resolver um problema e depois seguir adiante; e
- Têm atitude positiva. Até as pessoas com dificuldades físicas mantêm atitude de gratidão e procuram soluções ativamente. Não ficam apenas num canto queixando-se da situação.

Eu acrescentaria que aqueles que acreditam que ainda têm muito a esperar da vida tendem a ter saúde melhor, principalmente no aspecto emocional.

Até hoje rio quando me lembro de duas irmãs que foram minhas pacientes na época em que eu trabalhava em Bryson City, na Carolina do Norte. As irmãs Monteith moravam juntas havia 95 anos. A saúde física de Carrie estava declinando lentamente e, à medida que ficava mais doente, ela se preocupava mais com a irmã, Cora. Nunca vou esquecer-me de Cora dizendo a Carrie: "Não se preocupe comigo, menina. Tenho muita coisa para fazer". E enumerou uma longa lista de projetos e planos, tanto em casa quanto na igreja. Enquanto Cora ia recitando a lista, Carrie apenas sorria. Vi a preocupação pela irmã desvanecer quando ela descobriu que Cora continuaria vivendo com esperança e determinação até seu último dia na terra.

O dr. David Snowden, professor de Epidemiologia e Neurologia da University of Kentucky, começou em 1986 a estudar o envelhecimento e o mal de Alzheimer num grupo de freiras idosas provenientes de todos os EUA. Suas descobertas mais recentes estão publicadas no conhecido "Estudo das Freiras". Snowden constatou que "as freiras que tinham expressado emoções positivas e fortes em seus primeiros escritos — empregando palavras como 'feliz', 'alegria', 'esperança' — viviam até dez anos mais que as outras". Essa conclusão ratifica a pesquisa sobre a esperança realizada pelo dr. C. R. Snyder, professor de Psicologia Clínica da University of Kansas. Snyder relatou:

> A esperança rende dividendos quando a vida impõe acontecimentos estressantes. Quando algo dá errado, [as pessoas de muita esperança] não concluem que são burras nem idiotas, como as pessoas de pouca esperança concluiriam. Essas pessoas dizem: "Ah, não usei a estratégia correta. Isso me sugere outra maneira de lidar com a situação".

Em resumo, a pesquisa de Snyder demonstrou que pessoas de atitude esperançosa saem-se melhor em quase todos os aspectos da vida, além de se sentirem menos estressadas.

"Mas eu não sou esse tipo de pessoa", você pode estar protestando. "Talvez eu fosse mais saudável se fosse mais esperançoso e otimista, mas não sou!" O dr. Snowden faz este comentário encorajador: "Acho que a personalidade esclarece muitos dos achados que relatamos [...] mas isso não quer dizer que não possamos mudá-la. Isso se chama aprender".

Concordo plenamente. Quanto mais trabalhei como médico de família, mais capaz fiquei de reconhecer e diagnosticar uma assassina insidiosa: a desesperança! Sem dúvida, eu tinha primeiro de me certificar de que a doença não era causada por nenhum mal físico — anemia, hipotireoidismo etc. — nem por nenhum distúrbio emocional — depressão, ansiedade, estresse crônico. Uma vez excluídas essas causas, 90% das vezes a fonte da desesperança não era o que se esperava, isto é, personalidade ou temperamento naturalmente negativo. Em vez disso, acabou-se concluindo que a fonte mais freqüente era a roda espiritual murcha.

Estou convencido de que a esperança — a verdadeira esperança — está enraizada no relacionamento pessoal com nosso Criador. Conhecer Deus e agradar-lhe resultam em esperança duradoura. Em outras palavras, talvez seja impossível ter a roda emocional calibrada e balanceada se sua roda espiritual estiver murcha.

O autor do livro do Eclesiastes, no Antigo Testamento, faz esta profunda afirmação:

> Para o homem não existe nada melhor do que comer, beber e encontrar prazer em seu trabalho. E vi que isso também vem da mão de Deus. E quem aproveitou melhor as comidas e os prazeres do que eu? Ao homem que o agrada, Deus dá sabedoria, conhecimento e felicidade. Quanto ao pecador, Deus o encarrega de ajuntar e armazenar riquezas para entregá-las a quem o agrada. Isso também é inútil, é correr atrás do vento (Ec 2.24-26).

Se você está desesperançoso, existe alguma esperança de encontrar esperança? Com toda a certeza! Podemos vislumbrar um traço de esperança verdadeira nessa antiga passagem da sabedoria hebraica, pois é *Deus* quem dá sabedoria, conhecimento e felicidade para a pessoa que lhe agrada. Como encontrar sentido, propósito e esperança? De acordo com o autor do Eclesiastes, apenas agradando a Deus — nosso Criador.

Blaise Pascal, o matemático e filósofo francês, escreveu: "No coração de todo ser humano, existe um vazio criado por Deus que não pode ser preenchido por nenhuma coisa criada, mas apenas por Deus, o Criador!". Samuel Smiles escreveu: "A esperança é a companheira do poder, e a mãe do sucesso, pois quem espera firmemente tem dentro de si o dom dos milagres". A esperança cura, e não se pode ser altamente saudável sem o antídoto da esperança, que mais do que qualquer outra coisa brota do relacionamento pessoal com Deus.

Se você ainda está procurando satisfação e esperança, talvez esteja tentando preencher com outras coisas o "vazio criado por Deus" em sua alma. Em minha experiência, as pessoas que fazem isso encontram apenas becos sem saída. E acabam desanimando-se, perdendo a esperança. Às pessoas sem esperança, faltam inevitavelmente satisfação e alegria. Por conseguinte, não conseguem tornar-se e manter-se altamente saudáveis.

Wagner era um dos meus mais desesperançados pacientes. Fui seu médico de família por aproximadamente quinze anos. Fiz o parto dos três filhos dele e tratei da mulher, Sharon, em dois abortos espontâneos. Passei a amá-los como pacientes, mas me preocupava com a desesperança cáustica de Wagner, que se manifestava num pessimismo generalizado. Não importava o que eu lhe dissesse, nem quanto eu o tentasse persuadir, ele não conseguia — ou não tentava — livrar-se de seu "atoleiro de desânimo" auto-imposto. Sua atitude de desalento — conseqüência de uma roda espiritual murcha — afetava as rodas física, emocional e relacional de várias formas negativas.

Wagner crescera na igreja e tinha sempre sido ativo nos cultos e nos programas. No entanto, quando o conheci melhor, convenci-me de que, embora ele conhecesse a igreja, não conhecia Deus, pelo menos não de modo pessoalmente significativo.

Um dia saímos para almoçar juntos. Contei a Wagner que minha trajetória de vida tinha sido semelhante à dele. Eu também crescera na igreja. Era bom em religião (a melhor tentativa da humanidade de encontrar a Deus). Mas na infância eu nunca conseguira conhecer Deus intimamente. Contei a Wagner que já estava no curso secundário quando comecei a entender em profundidade que Deus me amava mais do que eu podia imaginar e desejava ter um relacionamento pessoal comigo. Eram meu egoísmo e meus maus atos, expliquei-lhe, que me separavam de Deus.

— Wagner — perguntei —, você acredita que Deus *quer* conhecer você, ter um relacionamento pessoal com você?

Fiquei surpreso, mas maravilhado, quando ele fez que sim.

— Você tem esse tipo de relacionamento com ele atualmente?

Ele fez que não, e as lágrimas lhe encheram os olhos.

— Que tal começar hoje?

Ele sorriu e concordou, ainda em silêncio.

Oramos juntos ali mesmo, no restaurante. Naquele dia, um homem muito religioso, alguém que jamais conhecera Deus pessoalmente e cujas rodas emocional e espiritual estavam totalmente murchas, escolheu um novo trajeto para ser altamente saudável. Aquele dia foi o início de nova vida, novo compromisso de viver com a eternidade em vista. Foi o acender de uma profunda esperança para Wagner. À medida que seu relacionamento com Deus crescia, suas rodas emocional e espiritual iam ficando calibradas e balanceadas, observando-se em seguida melhoras em suas rodas relacional e física.

Recomendei que Wagner se encontrasse com o pastor dele para discutir maneiras de melhorar sua saúde espiritual, e ele fez isso. Quando Wagner começou a crescer espiritualmente, seu pessimismo começou a se dissipar. Sharon me disse: "Ele é um novo homem! É agradável de verdade estar perto dele agora!"

Quando deixei de trabalhar na Flórida, Wagner, Sharon e os filhos eram altamente saudáveis. Com o desaparecimento da desesperança, veio a saúde.

Conhecer Deus, não apenas ter conhecimento sobre ele

Você conhece Deus pessoalmente? Se não tem certeza, aconselho-o a procurar um pastor numa igreja de fé bíblica e marcar um encontro para conversarem. Você vai ver que a maioria dos pastores vai ter prazer em conversar com você — sem pressioná-lo!

Se conhece Deus pessoalmente, se tem esse relacionamento essencial, quais são suas prioridades atualmente? Sente tédio de viver? Está cansado de seu trabalho? De seu cônjuge e de seus amigos? De seus passatempos? De sua igreja? De seu relacionamento com Deus? Talvez outras buscas tenham adormecido sua paixão por ficar algum tempo na presença de Deus, por servir-lhe. Onde estão o sentido e o propósito de sua vida? No dinheiro, no prazer, no poder, na posição social, em relacionamentos? Dizendo em termos bem simples, todos esses elementos precisam encontrar o lugar certo numa vida dedicada à prioridade número um, a saber, agradar a Deus. Se lhe parece que suas prioridades estão fora de ordem, marque uma visita ao pastor para conversar com ele. Faça isso logo! Você precisa de incentivo para recuperar a esperança que perdeu.

O antídoto gratidão

Existem várias formas de criar atitude positiva, mas um jeito fácil de começar é com o hábito de agradecer. Num Dia de Ação de Graças recente, eu e Barb estávamos sentados à mesa depois de um lauto jantar com familiares e amigos. Uma de nossas amigas, que considerávamos como a uma filha, perguntou se poderíamos praticar uma tradição que a família dela manteve por gerações. "Formamos um círculo em que cada um toma a palavra depois do outro", explicou Ellen, "e todos vamos dizendo pelo que somos agradecidos. Só é permitido agradecer *uma coisa* em cada rodada. Continuamos fazendo isso durante o tempo que for necessário".

Sorri. "Provavelmente isso não vai levar muito tempo", pensei: Amigo, eu estava errado. Ellen começou. "Hoje dou graças por uma nova 'família' com quem posso compartilhar esse feriado especial."

A pessoa seguinte do círculo continuou. "Hoje agradeço o emprego de que gosto muito."

"Hoje dou graças pela deliciosa torta com sorvete", disse a pessoa seguinte.

"Hoje agradeço a casa confortável e o marido amoroso."

Para minha surpresa, esse exercício simples continuou por mais de 45 minutos, trazendo muita alegria e risadas. Quando tiramos a mesa, dava para ouvir as pessoas assobiando ou cantando baixinho para si mesmas. A atitude delas era positiva — na verdade, alegre.

Poderíamos ter ficado reclamando, fofocando ou falando de nossas doenças e nossos problemas; poderíamos ter conversado sobre os períodos difíceis que nosso país atravessou — assuntos que provavelmente nos teriam deprimido. Mas Ellen optou por demonstrar o antigo princípio de que a atitude de gratidão quase sempre gera sentimentos positivos e sensação de bem-estar.

Frederic e Mary Ann Brussat observam:

> O escritor G. K. Chesterton estava certo quando dizia que nós precisamos adotar o hábito de "aceitar as coisas com gratidão", e não "dá-las como certas, de barato". A gratidão faz que vejamos

tudo de uma perspectiva nova. Permite enxergarmos as muitas bênçãos ao nosso redor. E, quanto mais meios encontramos de dizer "obrigado", mais encontramos motivos pelos quais ser gratos. Agradecer, no entanto, exige uma certa prática. Melhoramos com o tempo.

Uma boa maneira de criar atitude de gratidão é começar uma lista ou um diário de agradecimentos, prática endossada pela apresentadora de TV Oprah Winfrey e popularizada no *best-seller* da escritora Sarah Ban Breathnach, *Simple abundance* [*Simples abundância*]. Na verdade, essa idéia é tão bem aceita que uma pesquisa do Instituto Gallup em 1998 mostrou que mais de 90% dos americanos acreditam que expressar gratidão os deixa felizes.

Incumbi uma paciente que tinha atitude particularmente negativa (e depressão crônica, que freqüentemente acompanha) da tarefa de manter um diário de gratidão durante duas semanas. Na consulta seguinte, ela me disse: "Nem acredito o quanto essa prática me faz sentir-me e funcionar muito melhor. Ainda tenho mau humor e frustrações, mas parece que estão melhorando dia após dia. Nos dias em que faço uma lista de todas as pequenas coisas que me deixaram alegre, é surpreendente como os sentimentos bons crescem. Nos dias em que me esqueço de fazer isso, minha atitude negativa acaba vencendo!".

Os psicólogos comportamentalistas ressaltaram o princípio que nunca envelhece segundo o qual a atitude de gratidão aumenta o otimismo e a sensação de bem-estar. Michael McCullough e Bob Emmons, ambos professores de psicologia, realizaram vários estudos sobre as perspectivas e os aspectos da gratidão. Especificamente, investigaram se atitudes positivas que advêm do hábito de dar graças podem aliviar os fardos emocionais e o estresse de mulheres com câncer de mama e pessoas com distúrbios neuromusculares. Não é de admirar que os primeiros resultados sejam positivos. Tanto que McCullough organizou o primeiro congresso sobre os efeitos positivos da gratidão na saúde das pessoas.

Num dos estudos, os pesquisadores pediram a um grupo de voluntários que registrasse diariamente as cinco coisas que mais o haviam irritado. Um segundo grupo dedicava todos os dias um tempo para fazer uma lista de cinco aspectos em que cada componente do grupo se julgava em melhor condição que seus pares. Um terceiro grupo fez anotações diárias das cinco coisas pelas quais eles se sentiam agradecidos. Os três grupos também fizeram registro diário de seu estado de espírito e da saúde física. De acordo com os resultados publicados no *Journal of Social and Clinical Psychology*, na primavera de 2000, no final de três semanas as pessoas que fizeram a lista de gratidão relataram ter tido mais energia, menos queixas de saúde e mais sensação geral de bem-estar do que as que reclamavam e se queixavam todos os dias.

Os professores McCullough e Emmons continuaram publicando seus achados sobre o efeito da gratidão nos altos índices de saúde das pessoas. Em quatro estudos, eles examinaram a relação entre a saúde e o nível de gratidão dos indivíduos. Em outro, demonstraram que as auto-avaliações e as avaliações feitas por terceiros da disposição de ser grato estão associadas a efeitos positivos e ao bem-estar (melhora na roda emocional), à melhora dos comportamentos e dos traços sociais (acréscimo na roda relacional) e a melhoras também no grau de religiosidade/ espiritualidade (acréscimo na roda espiritual).

Esses pesquisadores conseguiram reproduzir tais resultados numa amostra grande, composta de outros indivíduos, não de alunos. Um terceiro estudo revelou dados semelhantes e forneceu evidências de que, à medida que a gratidão cresce, as emoções negativas de inveja e as atitudes materialistas diminuem. Os professores demonstraram que esses resultados são observados independentemente de a pessoa ser introvertida ou extrovertida, ou de ter disposição naturalmente positiva ou negativa.

Eles acreditam que cultivar a gratidão ativamente resulta em atitudes positivas e em bem-estar por causa dos princípios da *terapia cognitiva* (uma forma de psicoterapia que ajuda as pessoas a substituir explicações negativas dos acontecimentos por explicações mais positivas). Quando você se descobre pensando em uma experiência desagradável, por exemplo, consegue *decidir* conscientemente encontrar uma razão para agradecer. Fazendo isso, você mesmo faz sua terapia cognitiva espontânea.

Em dois estudos realizados no final da década de 1990, dois professores de psicologia — dra. Barbara Fredrickson e dr. Robert W. Levenson — provocaram ansiedade ou medo num grupo de pessoas, primeiro mostrando-lhes trechos de filmes perturbadores, depois exibindo clipes que pretendiam causar alegria, divertimento ou outras emoções positivas. Os filmes que desencadearam sentimentos positivos ajudaram os participantes a recuperar-se das emoções negativas mais rapidamente que os filmes tristes ou perturbadores. Eis a conclusão: as emoções positivas podem de fato neutralizar as emoções prejudiciais. "Pode ser mais fácil para as pessoas", afirma a dra. Fredrickson, "cultivar a alegria, a gratidão e outros estados positivos do que tentar lutar para banir os sentimentos negativos como a tristeza e a ira."

Em virtude da publicidade gerada por Oprah e outros da mídia, o público não espera que os cientistas expliquem como a gratidão funciona. As pessoas estão simplesmente fazendo listas de gratidão. Por quê? Um simples ritual diário de cinco minutos de gratidão faz que muitos passem a ter fé. É como tomar uma aspirina emocional nos dias dolorosos. Tenho notado que cada vez mais profissionais e leigos compreendem que não são os acontecimentos da vida que deixam uma pessoa feliz ou infeliz, mas, sim, o modo de ela lidar com esses acontecimentos é que faz a diferença. Ou, como costumava dizer meu avô: "Walt, se você não está satisfeito com o que tem, nunca vai ficar satisfeito com o que quer!".

Fazer um diário de gratidão é uma atividade a que a maioria das pessoas devia se dedicar. Os pesquisadores observam que isso não é uma tendência natural da maioria das pessoas, mas com o tempo pode tornar-se uma ação automática. É o que acontece com todos os hábitos das pessoas altamente saudáveis. Esses hábitos *não* são automáticos. Exigem esforço. Você precisa decidir se sua saúde — e a saúde das pessoas que você ama — vale ou não o esforço.

Quanto mais você cultiva um estilo positivo de lidar com a vida, mais probabilidade tem de demonstrar sentimentos de bem-estar e felicidade, independentemente do fardo que tenha de carregar.

Tome uma aspirina emocional e me ligue amanhã cedo

Quando você começa a se concentrar num acontecimento ruim ou a reclamar dessa situação, você pode inverter conscientemente esses pensamentos ou esse monólogo em relação às circunstâncias. Diga para si simplesmente: — Agora, conte-me uma coisa boa.

Tente fazer o seguinte. Comece a tomar uma "aspirina emocional" todos os dias, durante uma semana. Mantenha um pequeno diário em seu criado-mudo. Toda noite, antes de adormecer, registre cinco coisas pelas quais você se sente grato. Depois, durante um ou dois minutos, reflita em cada item que você registrou e agradeça a Deus as dádivas que recebeu. Veja o que acontece com seus sentimentos em apenas alguns dias.

Veja outra experiência que você pode fazer. Da próxima vez que algo ruim, ou irritante, ou frustrante lhe acontecer — ou da próxima vez que se vir pensando muito numa experiência desagradável — interrompa o processo. Em vez disso, decida imediatamente procurar um motivo para dar graças. Não se surpreenda se sua atitude mudar instantaneamente.

O antídoto humor

Em *Living to 100* [*Viver até os cem anos*], os autores observam que os centenários que eles estudaram têm um senso de humor maravilhoso. Na verdade, várias pesquisas demonstraram o impacto positivo direto do riso nos sistemas imunológico e cardiovascular.

Ainda consigo ouvir a risada contagiosa e ver o rosto de Leonardo. Ele estava com quase 92 anos quando entrou no meu consultório em meu primeiro dia de trabalho.

"Estou procurando um médico mais novo", disse bruscamente. "Descobri que os médicos mais jovens me conservam mais jovem. Além disso, os velhos daqui não têm nenhum senso de humor!"

Nosso relacionamento já começara bem. Leonardo passou a ser não só um dos meus pacientes favoritos, mas também um amigo querido de nossa família. Sua lista de males físicos não era curta. Ele sofria de uma forma grave de insuficiência cardíaca, conseqüência de vários ataques cardíacos sofridos ao longo dos anos. Até com pouco esforço, ele sentia dores no peito. Também tinha uma dermatite irritante crônica, não enxergava nem escutava muito bem e tinha o corpo deformado pela artrite, o que se agravava com os ferimentos resultantes de acidentes de sua juventude de lenhador. Mesmo assim, o tempo que eu passava com ele, no consultório ou na cidade, era sempre um período cheio de risos. Leonardo sabia mais piadas boas que qualquer outra pessoa que eu já conhecera — ou que vim a conhecer.

Leonardo tinha QH [quociente de humor] alto. Sua capacidade e sua disposição de rir, de aliviar seu fardo, eram parte da razão pela qual eu o considerava altamente saudável — a despeito de seus problemas físicos.

As pesquisas médicas têm muitos registros do hábito do humor em pessoas altamente saudáveis. Pesquisadores da University of Maryland testaram a "capacidade de rir" de várias centenas de pacientes. Os que tinham o "quociente de humor" mais baixo mostravam tendência bem acentuada a sofrer ataque cardíaco. Na verdade, tinham 40% menos probabilidade de rir das "gafes, das confusões e situações irritantes" do dia-a-dia do que as pessoas que não sofriam de problemas cardíacos.

Quando apresentou esse estudo no congresso da American Heart Association, em 2000, o dr. Michael Miller disse: "O riso não é substituto da alimentação adequada e da prática de exercícios nem do controle da pressão arterial e do colesterol com medicamentos. Mas dar umas boas risadas todos os dias não machuca, e nossa pesquisa indica que esse hábito pode ajudar as pessoas a melhorar a saúde do coração".

Como o riso funciona? Os estudos que analisei não dão resposta conclusiva. No entanto, muitos pesquisadores acham que aliviar a carga emocional com o riso faz o corpo reduzir o nível de inflamação nas paredes dos vasos sangüíneos, inflamação esta que parece contribuir para o enrijecimento das artérias, ataques cardíacos, insuficiência cardíaca e derrame cerebral. Quando a inflamação é reduzida pelo riso, diminui também o risco de formação de coágulos, e o mesmo ocorre com a pressão arterial.

Os pesquisadores da Marywood University em Scranton, na Pensilvânia, demonstraram que os estudantes têm aumento significativo da pressão arterial e do pulso antes de fazerem alguma apresentação diante da classe. No entanto, os alunos que assistiram a um programa engraçado na televisão (que os fez rir histericamente) antes de fazer a apresentação tiveram aumento muito menor da pressão arterial e dos batimentos cardíacos durante a apresentação. Era como se a comédia tivesse "vacinado" os alunos contra os efeitos negativos da ansiedade e do estresse.

Um amigo médico me contou que se estressava muito quando tinha dias de trabalho muito cheios, examinando pacientes o tempo todo. Num final de semana, ele resolveu comprar um televisor com videocassete acoplado. Antes do início da semana de trabalho, ele alugava três fitas de comédia e as trazia para o consultório. Assistia a parte dos filmes durante o almoço. A risada dele era tão alta que a enfermeira foi ver o que estava acontecendo. Logo, ela e outros funcionários se juntaram a ele para almoçar e ver os vídeos. "Meu nível de estresse caiu vertiginosamente", disse meu amigo. "E não só o meu, mas de meus funcionários também! Começamos a lidar com o estresse do dia sem ficar ainda mais estressados. E, ao que parece, prestamos atendimento até melhor a nossos pacientes que sofriam de estresse."

Rir é o melhor remédio

Ao longo dos anos, tenho escrito regularmente algumas sugestões diferentes nas receitas a meus pacientes sérios demais. Pense em seguir estas receitas para obter alívio imediato!

Aprenda a rir de você mesmo. *Quando você faz uma trapalhada, fica enfurecido, chegando até a se xingar?*

Por ser perfeccionista, sofri desse mal durante muito tempo. Mas estou aprendendo a diminuir minhas expectativas a meu respeito, a rir de mim mesmo. Estou convencido de que assim sou mais saudável. Aprendi que certos lapsos e certos comportamentos menos que perfeitos fazem parte da vida de todos. Atualmente, rio de mim quando coloco a caixa de cereal na geladeira ou o leite na despensa. Dou risada quando perco meus óculos, o que significa que acabo rindo o dia todo! Esses pequenos erros passaram a ser oportunidades para eu elevar meu quociente de humor, em vez de me depreciar.

Transforme-se num especialista em gargalhadas. *Tome várias doses de gargalhadas todos os dias. Pavimente seu caminho na direção de uma saúde melhor com pedras de sorrisos, risos e francas gargalhadas. Você só precisa se estudar. O que lhe provoca gargalhadas? Pode ser um filme cômico, um livro de humor ou até uma tirinha ou uma charge no jornal. Um colega meu de profissão tinha uma coleção de calendários de mesa. Eram piadas diárias, histórias médicas engraçadas, trabalhos de Gary Larson. De hora em hora, ele virava a página do dia de um dos calendários e dava risada. Ele adorava me contar o que lia — e a seus pacientes também.*

O antídoto bondade

Pelo menos um psicólogo de destaque acredita que a bondade é contagiosa e que presenciar boas ações não só faz as pessoas se sentirem melhor emocionalmente, mas também pode inspirar outros a imitar esse comportamento. Jonathan Haidt, doutor em psicologia e professor na University of Virginia, afirma que presenciar atos altruístas de bondade ou generosidade pode causar uma sensação física real — algo semelhante a palpitação no coração ou sensação de formigamento pelo corpo. Essa sensação, acredita Haidt, "não é nem uma reação sem maiores conseqüências, limitada a um momento passageiro de surpresa, nem um 'sentimento' vago e indecifrável. Na verdade, o efeito sentido quando se presenciam atos de caridade ou de coragem pode ser um fenômeno universal profundamente importante, digno de uma pesquisa científica".

O dr. Haidt é um dos pioneiros no estudo dos efeitos da bondade — atos nobres ou dignos — nas pessoas que a testemunham. Ele denomina esse efeito positivo de *elevação*. Prefiro pensar nisso como uma quantidade de ar bombeada para dentro de uma roda emocional murcha. Embora os especialistas façam a ressalva de que o trabalho de Haidt ainda é em grande medida teórico, eu acredito que podemos aplicar o princípio da elevação nos relacionamentos diários com nossos amigos, familiares e colegas.

Um de meus livros favoritos é o *Livro das virtudes,* de William Bennett, que menciona muitos exemplos de comportamentos virtuosos recolhidos de livros da história mundial e de obras famosas da literatura. Bennett considera sua coletânea "uma fonte vigorosa de exemplos morais de bondade e comportamento virtuoso". Segundo ele, o comportamento virtuoso não só beneficia o observador individual e a sociedade em geral, mas também a pessoa que segue o exemplo de bondade ou virtude. De acordo com o dr. Haidt e o próprio dr. Bennett, a bondade — seja recebida ou oferecida — resulta literalmente em graus mais elevados de saúde das pessoas.

Mark Moran, repórter da área médica, assinala:

> O estudo da elevação promovido pelo dr. Haidt é parte de um movimento mais amplo, chamado "psicologia positiva". Trata-se de uma área em desenvolvimento da investigação científica que focaliza aspectos da experiência humana que já foram considerados alheios ao interesse científico: perdão, espiritualidade, gratidão, otimismo, humor [todos aspectos essenciais para alguém ser altamente saudável!]. Em parte, esse movimento é uma reação à longa tradição nas ciências psicológicas de se concentrar no que há de errado com o indivíduo, não no que está certo.

Como essas descobertas podem ser aproveitadas em nossa vida? O dr. Haidt observa que o princípio da elevação já está em funcionamento num programa de educação denominado "A Bondade é

Contagiosa: Vamos Contraí-la". Esse programa, que começou numa única escola de Kansas City, no Estado do Missouri, desde então se espalhou para mais de 400 escolas públicas dos EUA. Entre as várias atividades que o programa estimula há uma chamada "Passe adiante", em que o professor apresenta uma visão geral do que é a bondade e depois procura atos espontâneos de bondade entre os alunos. Depois de testemunhar o ato, o professor dá à criança bondosa uma maçã, por exemplo. Em seguida, essa criança passa a ser testemunha e deve passar a maçã para alguém que pratica um ato de bondade semelhante. "O resultado que obtivemos foi surpreendente", afirma SuEllen Fried, fundadora da Stop Violence Coalition [Liga Chega de Violência], que promove o programa A Bondade é Contagiosa. "As crianças *queriam* ser vistas praticando atos de bondade."

Dave Simmons era um jogador de futebol americano que conquistou uma vaga na seleção universitária do Georgia Tech e depois se profissionalizou. Quando encerrou sua carreira de jogador profissional, Dave abriu um acampamento de verão para crianças. Trabalhei como conselheiro ali durante dois verões. Dave derramava a vida nos acampados e também em nós, os conselheiros. Ensinava que o único amor que tem importância é o *amor em ação.*

Dave me contou de uma noite em que levou a filha e o filho para fazer compras. O *shopping center* tinha um minizoológico e alguns brinquedos onde as crianças podiam se divertir. Os filhos queriam andar num trenzinho que passava em volta do minizôo, por isso Dave deu a cada um uma moeda de 25 centavos de dólar, a fim de que andassem no trenzinho enquanto ele ia à última loja.

Quando saiu da loja, Dave foi encontrar os filhos e viu a filha no trenzinho com várias outras crianças. Mas Brandon, o menino, estava parado de pé, só olhando e rindo como um louco.

— Por que você não está andando de trenzinho, Brandon? — perguntou Dave.

Brandon levantou os olhos para o pai, ainda sorrindo, e disse:

— A volta custava 50 centavos, então eu dei minha moeda para a Helen.

Depois, olhou para a irmã e citou uma lição que sempre ouvia do pai: "Amor é ação".

Como você pode imaginar, Dave ficou boquiaberto com a generosidade de Brandon e imensamente orgulhoso da virtude de seu menino. Embora Dave tivesse várias moedas no bolso, sabiamente as conservou ali, abraçou o filho e deixou que Brandon aproveitasse os benefícios do amor em ação.

Como você vê, Dave sabia instintivamente o que as pesquisas agora estão demonstrando: os atos de bondade geram benefícios para a saúde emocional, relacional, espiritual e até física.

Faça um gesto intencional de bondade

Pense numa pessoa com quem você não passa muito tempo, mas alguém que você vê com freqüência. Pode ser um vizinho ou um colega de trabalho ou de escola. Pense em algo que você poderia dar a essa pessoa ou fazer por ela — um modo de poder servir ou ajudá-la. Não espere que lhe peçam. Faça e pronto. Não vai ser um ato "aleatório" de bondade, mas um ato intencional. Depois, avance mais um passo e pense num meio de demonstrar o amor em ação a essa pessoa uma vez por semana.

Tudo isso está começando a fazer sentido? As várias peças do quebra-cabeça da saúde estão começando a se encaixar? Você está aprendendo que as rodas da saúde física e emocional trabalham no mesmo compasso?

Em seguida vem a roda *relacional*. Ela gira em harmonia com as rodas física e emocional. Na verdade, os pesquisadores indicam que as pessoas que são otimistas ou esperançosas e praticam a bondade e a gratidão também tendem a ser mais sociáveis e mais relacionais. Ter a roda relacional saudável é fundamental para ser uma pessoa altamente saudável.

SETE

Evite a solidão

O HÁBITO DOS RELACIONAMENTOS

Ser médico de uma cidadezinha de Great Smoky Mountains, no oeste da Carolina do Norte, significa não apenas ser médico de família, mas também autoridade criminal. E Bryson City era o mundo "real" da medicina do interior. Logo aprendi que havia muitas coisas que um médico precisava saber no exercício da profissão e que não eram ensinadas na escola de medicina.

Uma noite, um investigador de polícia me ligou:

— Doutor, temos uma morte na própria casa, precisamos que o senhor venha ver.

Naquela época na Carolina do Norte, se alguém não morresse no hospital ou numa clínica, a autoridade criminal tinha de ser chamada à cena, só para certificar que não houvera nenhum tipo de crime ou má-fé. Portanto, saí de minha casa na Colina do Hospital e fui de carro até Deep Creek Valley.

A velha casa caindo aos pedaços ficava numa estrada de terra, acima de "Toot Holler" (pronúncia local de Toot Hollow). Duas viaturas da delegacia e uma ambulância do condado de Swain estavam estacionadas perigosamente na margem da estrada. Estavam inclinadas de maneira arriscada na direção do riacho trinta metros abaixo.

Estacionei — no meio da estrada — e fui a pé até a casa. O detetive veio me encontrar na porta.

— Doutor, parece morte natural. A velha sra. Smith morava aqui totalmente sozinha há anos. Nunca saiu de casa. Nunca teve visita alguma. Nunca foi ao médico, não que a culpe por isso.

Quando abaixei a cabeça para passar pela porta baixa, ele me olhou com desconfiança, já que eu era o médico mais novo da cidade. Ignorei a afronta à classe médica. Ele me seguiu, continuando seu monólogo. — Tinha uma amiga que lhe trazia mantimentos. A amiga a encontrou aqui hoje e nos ligou.

E lá estava a senhora. Pele de porcelana, branca e lisa. Pouquíssimas rugas, para uma pessoa 52 anos mais velha que eu. Desconfiei que ela havia tomado muito pouco sol na vida. Estava fria e dura como pedra. A rigidez cadavérica já se instalara.

Não havia sinal de crime. Nenhum indício de luta ou embate. Pelo que indicavam todos os sinais externos, ela morrera em paz e tranqüilidade. Enquanto eu a examinava, passaram-me pela mente todas as possíveis causas de morte. Ataque cardíaco? Disritmia? Infecção? Derrame? Hemorragia cerebral? Envenenamento? Todas essas causas eram possíveis, mas só a autópsia poderia determinar com certeza. Enquanto eu pensava nas possibilidades, o detetive apresentou uma teoria que eu não tinha considerado.

— Vou lhe dizer de que ela morreu, doutor —, começou lentamente, quase circunspecto. — Essa mulher aqui morreu de solidão. — Ficou ali, olhando para o corpo no chão, esfregando as costeletas. — O senhor pode escrever o que quiser nesse atestado de óbito, mas vou lhe dizer, camarada, ela morreu de solidão. Vejo isso o tempo todo.

Virou-se e saiu.

Os resultados da autópsia chegaram a meu consultório na semana seguinte. A conclusão? A sra. Smith tinha arteriosclerose (enrijecimento das artérias) e começo de doença da artéria coronária, cálculo de vesícula, miomas no útero e tumores benignos nas duas mamas. Havia sinais de ataques isquêmicos passageiros no cérebro, e os dentes estavam em estado ruim. Mas não havia causa óbvia de morte. Nenhuma evidência de derrame extenso, ataque cardíaco, envenenamento, nem infecção. O patologista declarou morte natural. Suspeitei que a causa médica da morte tivesse sido arritmia cardíaca — o coração dela teria passado a pulsar de maneira anormal e irregular, o que acabou sendo fatal.

Hoje, mais de vinte anos depois, acho que o detetive estava certo. Os pesquisadores têm afirmado que a solidão é uma das principais causas de morte nos Estados Unidos e um fator de risco importante relacionado a doenças cardíacas. Um número cada vez maior de pesquisas bem elaboradas envolvendo centenas de milhares de pessoas em todo o mundo está concluindo que a solidão não só nos fere física, emocional e espiritualmente, mas também pode matar.

Amor, apoio social, intimidade, segurança, satisfação, relacionamentos e comunidade, todos esses termos têm relação com um tema comum na literatura médica. Faz sentido. Quando nos sentimos amados, alimentados, estimados, valorizados, cuidados e apoiados, temos muito mais chance de ser mais felizes e saudáveis. As pessoas que evitam a solidão correm risco bem menor de ficar doentes e, se ficarem, têm maior probabilidade de sobreviver. Se você quer ser uma pessoa altamente saudável, não se esqueça de que *seus relacionamentos são importantes*. São muito importantes.

Deus conhece os problemas que podem resultar da solidão. No primeiro livro da Bíblia, lemos: "O Senhor Deus formou o homem do pó da terra e soprou em suas narinas o fôlego de vida, e o homem se tornou um ser vivente" (Gn 2.7). Alguns versículos adiante, Deus disse: "Não é bom que o homem esteja só" (Gn 2.18).

A palavra hebraica *lebad*, traduzida por "só", tem nuanças de separação e até de alienação, um sentido de incompletude — até a idéia de que o indivíduo sozinho (solitário) é *incapaz* de sentir-se completo. A palavra transmite a idéia de estar separado de alguém ou de algo essencial. Muitos hebreus, antigos e modernos, consideram a vida solitária o oposto da vida autêntica. Para eles, viver exige relações sociais positivas em família e na comunidade. A verdadeira vida não é individual, mas é social. É viver com os outros.

Esse registro antigo de sabedoria atualmente está sendo comprovado por pesquisas modernas. O tipo de isolamento mencionado no texto bíblico é uma forma de doença, e hoje sabemos por estudos médicos que a solidão pode causar distúrbios psiquiátricos e problemas mentais, bem como outras doenças e a morte prematura. A convicção hebraica era de que os seres humanos só vivem verdadeiramente se estiverem relacionados dentro de seu ambiente com outras pessoas, com quem compartilhem a vida e o amor, com quem sirvam a Deus, à família e à comunidade.

Mas seria impossível dizer isso a Sam Cunningham. Sam era um solitário e, como a maioria dos solitários, tendia a ser irado, hostil e cético. Era sozinho, muito sozinho.

Sam foi levado de ambulância ao pronto-socorro do Swain County Hospital. O casal vizinho tinha começado a sentir um odor desagradável que vinha da casa dele. Os Millers normalmente não incomodavam Sam. Ele não se mostrava amigável, nunca retribuía nenhuma gentileza que os Millers fizessem, nem quando lhe deixavam na porta um vasinho de flores ou uma deliciosa torta da sra. Miller. Sam jamais enviara nem sequer um bilhete de agradecimento a eles e devolvia o vaso ou o prato na soleira da porta deles sem pelo menos lavá-los. Nas raras ocasiões em que ele e os Millers se encontravam, Sam apenas fazia um ar zombeteiro ou grunhia para responder aos cumprimentos deles. Por tudo isso, eles relutaram em bater à porta dele. Mas o mau cheiro os obrigou.

Depois de terem batido pela quinta vez, Sam finalmente abriu a porta. Tanto sua aparência quanto seu cheiro eram terríveis. Ele estava confuso e vestido em trapos. O pé estava enrolado num farrapo, mas encharcado de pus. Parece que Sam não os tinha notado. Depois começou a rir de modo estranho e de repente bateu a porta. Os Millers ligaram para o resgate. O delegado e a ambulância chegaram num instante.

Sam estava obeso e imundo. Era o que os médicos chamam de "sujeira crônica". Cada ruga sua estava encardida por uma grossa camada de sujeira. As unhas dos pés estavam espessas, compridas e viradas para baixo, o que deixava as pontas dos dedos nojentas. Mas o pior era o dedão direito. Estava com gangrena.

Sam estava tendo alucinações, provavelmente por causa da infecção que se espalhava pelo corpo. A pressão arterial e o nível de glicose no sangue estavam completamente fora dos níveis normais. Trabalhamos depressa e com afinco para estabilizar seu estado, mas suas doenças acabaram nos vencendo no final.

"Código Azul, pronto-socorro", ouvi no sistema de alto-falantes do hospital enquanto examinava as radiografias de Sam no departamento de radiologia. Corri para o pronto-socorro. O coração dele começara a fibrilar, batendo rápida e descompassadamente. Em seguida, ele teve uma parada cardíaca. Fizemos a reanimação cardiopulmonar por um bom tempo, mas não adiantou.

Quando preenchi o atestado de óbito, escrevi que a causa da morte fora ataque cardíaco exacerbado por obesidade, hipertensão, arteriosclerose, abuso de tabaco, alcoolismo, diabete, septicemia e gangrena. Mas, para falar a verdade, Sam morreu de solidão.

Sam, aos 29 anos, era um solitário patológico. Era o exemplo extremo do isolamento negativo mencionado pelos hebreus antigos. Conto essa história para voltar à seguinte questão: a solidão pode matar.

Não estou falando de pessoas naturalmente introvertidas, que obtêm energia da capacidade e da possibilidade de passar bom tempo pensando e lendo sozinhas. Sem dúvida nenhuma, os introvertidos saudáveis compreendem e valorizam relacionamentos íntimos. Estou falando de pessoas que não conseguem perceber que, se não tomarem a iniciativa de cultivar relacionamentos significativos e saudáveis, estão aumentando o risco de ficar doentes. As pessoas altamente saudáveis evitam a solidão como a uma praga.

Geny, que com 79 anos é ágil, vigorosa e a pechincheira do século, está sempre se movimentando: para o supermercado ou para o *shopping*. Seus armários estão lotados de compras maravilhosas, que ela "simplesmente não podia deixar passar" — apesar de já viver sozinha há quase duas décadas e de que nunca conseguirá usar as quarenta caixas de saquinhos de sanduíche enfurnadas na despensa. Comprar presentinhos para os parentes é sua atividade favorita — e seus filhos e netos adoram sua generosidade —, mas Geny é solitária.

Geny e o marido se mudaram de uma base para outra durante a longa carreira dele no exército, criaram cinco filhos e se deleitaram com a estreita convivência em família. Mas as crianças cresceram e foram embora de casa para formar suas próprias famílias. O marido de Geny morreu de repente, aos 61 anos. E ela, em vez de procurar propósito e divertimento em sua nova vida, passou os últimos dezoito anos tentando retomar o passado. Os filhos todos já têm por volta de 50 anos, e o primeiro bisneto acabou de nascer. Mesmo assim, Geny continua sendo somente uma coisa: mãe. Ela morre de preocupação com o que pode acontecer com suas "crian-ças" e gasta quase todas as horas do dia concentrando energia para ser "mãe", função que a família já há décadas pedira que abandonasse.

Apesar de continuar ativa e alegar que tem muita fé, Geny se recusa terminantemente a se engajar em qualquer outro relacionamento que não seja com os membros da família, os quais não podem passar com ela todo o tempo que Geny tem disponível. Em vez de fazer novas amizades ou prestar serviço voluntário empregando suas muitas habilidades e seu encanto pessoal a serviço da comunidade, ela prefere passar, dia após dia, a maior parte do tempo sozinha, morrendo pela companhia de suas "crianças".

Geny reclama que não se sente bem, aludindo freqüentemente ao "fato" de não ser mais para este mundo. Mas os *check-ups* de Geny sempre indicaram grau normal de saúde física para sua idade. Ela poderia facilmente ter mais dez ou até vinte anos de vida vibrante — se *optasse* por isso. Mas, em vez de viver de verdade, infelizmente ela está morrendo lentamente, vítima de uma assassina silenciosa: a solidão. Se a pesquisa for confiável, ela não vai viver tanto — ou tão bem — como poderia se decidisse evitar a solidão, optando por construir relacionamentos afetuosos e relevantes em sua comunidade. Seus filhos, como é correto e saudável, seguiram em frente — com seus cônjuges e as pessoas que amam. Geny, infelizmente, ficou presa no passado.

O PODER DA LIGAÇÃO HUMANA

Ao contrário de Geny, a maioria das pessoas tem consciência da necessidade de amigos e de apoio social. Num livro de reflexões diárias, o bispo Edmond Lee Browning escreve o seguinte:

> Há pouca oferta de vida em comunidade nos nossos dias. Nós aspiramos por essa vida: inventamos cidadezinhas que nunca existiram, as exibimos em programas de TV e desejamos ardentemente viver nessas cidades. Queremos companheirismo. Onde moro, a maior parte das livrarias também são cafés, e as pessoas, com efeito, vão lá encontrar-se. Temos consciência de nossa solidão.

George Barna, pesquisador americano da atualidade, cuja empresa de pesquisa de mercado tem fornecido informações e análises sobre tendências culturais desde 1984, aponta na mesma direção:

> Em termos gerais, esta pesquisa pinta o quadro de uma nação cujos adultos se mantêm ocupados, de modo que não precisem enfrentar carências importantes [...] A maioria das pessoas reconhece a falta de relacionamentos e de significado em sua vida. Esses dois fatores são fundamentais para ter alegria e satisfação. A solução comum é manter-se ocupado e estimular-se com uma série de experiências novas. Desse modo, a tendência é não sentir a dor desses vazios fundamentais em nossa vida. As pessoas descobriram que, se preencherem os espaços com compromissos e uma vida intensa, terão menos probabilidade de sentir o vazio da solidão e da falta de objetivo. Sem dúvida, essa atitude apenas adia o desespero interno que, no final, não se consegue mais reprimir.

Ao longo das últimas décadas, a pesquisa médica tem expandido nosso conhecimento sobre a importância dos relacionamentos positivos e da socialização em nossa saúde mental, física e espiritual. O veredicto parece claro: as pessoas que não cultivam regularmente relacionamento pessoal significativo com Deus e com os outros — ou que têm relacionamentos desprovidos de amor e dedicação — têm forte tendência a ter níveis mais baixos de saúde. As pessoas solitárias têm mais risco de sofrer ataque cardíaco, insuficiência cardíaca, úlcera, derrame cerebral, doenças infecciosas, distúrbios mentais, diabete, muitos tipos de câncer, doenças pulmonares, moléstias auto-imunes e outros problemas que ameaçam a vida.

Por que isso? Há várias explicações na literatura médica.

Um estudo (com quase doze mil indivíduos) examinou um grupo de homens japoneses que moravam no Japão e os comparou a grupos de homens japoneses que se mudaram para o Havaí e para a Califórnia. Os pesquisadores levaram em conta tabagismo, dieta, exercícios físicos, níveis de colesterol e apoio social (a manutenção de redes sociais e laços com a família ou a comunidade). O grupo com o menor apoio social (o da Califórnia) apresentou aumento de três a cinco vezes no risco de doenças cardíacas. Os pesquisadores concluíram que as redes sociais e as relações íntimas com os familiares ajudam a proteger de doenças e da morte prematura.

Pesquisadores da University of Texas avaliaram pacientes que tinham sofrido cirurgia de coração aberto. Constataram que os indivíduos que não tinham atividade regular em grupos sociais organizados (o que se traduz por roda relacional achatada) apresentavam risco quatro vezes maior de morrer. Os sujeitos que relataram que não obtinham força de sua religião (o que significa roda espiritual achatada) tinham tendência três vezes maior de morrer até seis meses após a cirurgia. Entretanto, esses riscos eram cumulativos, já que as pessoas que não se engajavam em atividades sociais organizadas *e* não obtinham força de sua religião (rodas relacional *e* espiritual achatadas) tinham tendência *sete* vezes maior de morrer em até seis meses após a cirurgia.

Outra pesquisa demonstrou forte associação entre a falta de apoio social e os baixos níveis de colesterol HDL. Esse tipo de colesterol é conhecido como o bom, ou saudável, que protege o coração. As pessoas solitárias tendem a ter níveis muito baixos do colesterol HDL, o que não se explica pela dieta, pelos exercícios físicos, pelo abuso de álcool, pela menopausa nem pelo tabagismo. Pesquisadores suecos demonstraram que mulheres com pouco apoio social têm doença coronária mais grave.

Muitos pesquisadores da área de ciências sociais estão atualmente afirmando que, além da genética, o fator mais influente na previsão de morte prematura e doenças é a falta de apoio social. Os pesquisadores examinaram vários indicadores de relacionamentos como, por exemplo, a percepção de ser aceito e amado por outros, ou a consciência de ter acesso ao apoio e à ajuda de outros. Quase todos esses estudos médicos concluem que o apoio social afeta a saúde de forma positiva. As pessoas que acreditam que ninguém se importa com elas, que não se sentem íntimas de ninguém, ou que acham que não têm ninguém com quem se abrir ou que possa ajudá-las em algum problema, têm tendência de *três a cinco vezes* maior de sofrer morte prematura ou doenças.

Alguns estudos indicam risco ainda maior. Um dos motivos é que a pessoa solitária tende mais a ter hábitos insalubres, tais como abusar do fumo, do álcool, da comida ou de drogas. Entretanto, isso corresponde a apenas uma parte do risco. Ira, depressão, trabalho com altos níveis de estresse, baixa condição socioeconômica e falta de apoio social em geral caminham lado a lado com a tragédia evitável da solidão. Quando esses fatores de risco estão juntos numa única pessoa, seus efeitos se combinam e podem ser extremamente perigosos para a sua saúde.

A boa notícia: reduzir a solidão, criando e expandindo as relações de amizade, ajuda a melhorar a saúde geral. A pessoa não precisa de um grupo grande de amigos; um grupo pequeno já é suficiente. Mesmo um ou dois amigos muito próximos, com quem a pessoa compartilhe interesses e afeição, podem resolver o problema.

Alan vinha todos os anos se consultar comigo e fazer exame físico. Numa dessas visitas, falou rapidamente do final de semana terrível que tivera. Um colega — que tinha sido bom amigo durante mais de vinte anos — lhe enviara um *e-mail* "bomba", um míssil de má intenção que fez Alan entrar em parafuso. (A tecnologia moderna facilitou mais que nunca a proximidade das pessoas, que podem ficar conectadas regularmente, mas alguns a utilizam para evitar a intimidade, não para aumentá-la.)

Alan não contou os detalhes da mensagem, mas contou como lidou com ela depois. A princípio, ficou furioso. Mas esse mecanismo de defesa logo deu lugar a uma profunda sensação de dor e vergonha, apesar de a maior parte da mensagem ser besteira que devia ser ignorada. E Alan sabia disso.

— Eu me vi quase paralisado fisicamente olhando para a tela do computador — contou-me. — Senti o intestino dar nós dentro de mim e de repente percebi que não estava conseguindo respirar. Fiquei mortificado. Queria que o chão se abrisse e eu caísse no buraco e me escondesse por uns dez anos — disse com um sorriso pesaroso.

Alan ficou chateado mais de um dia. Recriminava-se e ficava formulando mentalmente respostas para Thomas até ficar quase louco. Não atendia o telefone. Quando finalmente conseguiu dormir à noite, foi atormentado por pesadelos. No dia seguinte, Alan percebeu que estava afundando e precisava de uma corda de salvação. Reconheceu seu velho hábito de se isolar quando se sentia magoado e ofendido. Antigamente, ele seria capaz de passar muitas horas solitárias em sua prisão auto-imposta. Agora não queria repetir isso. Também lembrou-se do que o ajudara antes. Mesmo sendo uma pessoa *muito* ocupada, ele reservou um tempo para cuidar da própria saúde. Fazendo uma breve caminhada num parque perto de sua casa, aspirando o ar puro e fresco, ele começou a se sentir livre e leve, capaz de apreciar um dia bonito.

Alan sabia o que mais precisava fazer para manter-se altamente saudável. Pegou o telefone. "O fone pesava uns trezentos quilos", contou-me com um riso abafado. Ligou para um amigo em quem podia confiar, alguém cujos conselhos sempre eram sábios e úteis. Os dois conversaram acerca da situação e da reação de Alan. A conversa foi cordial e relevante, e dentro de dez minutos Alan já estava de novo pisando em terreno saudável. Tinha chutado a vergonha para fora do coração e a solidão para fora de seu mundo. Estava de novo conectado.

Se Alan tivesse preferido guardar esse sofrimento consigo — usar a solidão como defesa, *não* procurar o consolo e o conselho de um amigo e confidente de longa data —, ele continuaria descendo na espiral espiritual sozinho, e sua saúde teria sofrido.

Encontre um amigo

Evite a solidão como se ela fosse uma praga. Envolva-se espontaneamente em vários relacionamentos sociais positivos e saudáveis com pessoas que você aprecia e admira — e que estão dispostas e aptas a se preocupar com você.

Converse com seu pastor e seus amigos. Procure pessoas e situações sociais diferentes. Se você não se sentir à vontade depois de uma tentativa, sacuda a poeira dos sapatos e tente outra vez. Poderá surpreender-se com a rapidez que encontrará indivíduos ou um grupo com quem pode relacionar-se.

Uma dica: não espere que os outros façam tudo. Quanto mais você oferece a seus amigos e seus grupos sociais, mais você receberá de volta.

OS LAÇOS DE PAI E FILHO OU DE MÃE E FILHO

Embora a saúde e mesmo a expectativa de vida de Geny sejam afetadas negativamente por sua falta de disposição de buscar relacionamentos fora do círculo familiar, ela compreendeu bem algo importante nos anos em que seus filhos eram pequenos. Mãe ou pai amoroso é essencial para o bem-estar de uma criança. Os pesquisadores descobriram que crianças criadas em lares de mães ou pais sozinhos ou em lares em que se cometiam abusos são significativamente menos saudáveis que as que cresceram em famílias com pai e mãe amorosos. Não é de surpreender que os padrões saudáveis de cuidado social comecem no início da infância. Parece que aqueles de nós que tiveram a bênção de ser criados numa família saudável com pai e mãe presentes colhem frutos por muito tempo. Eu e Barb fomos criados por pais que deram o máximo de si e ainda se amam depois de mais de cinqüenta anos de casamento. Com base em pesquisas científicas, o relacionamento entre pai e mãe e destes com os filhos melhora a saúde das crianças.

Na década de 1950, pesquisadores de Harvard escolheram aleatoriamente 126 homens saudáveis, aos quais aplicaram um questionário sobre o que achavam de seus pais. Os registros médicos desses homens foram analisados 35 anos depois. Os resultados foram impressionantes. Dos homens que achavam que não tinham relacionamento amigável com a mãe, 91% apresentavam diagnóstico de alguma doença grave, como doença da coronária, pressão arterial alta, úlcera duodenal ou alcoolismo. O mesmo quadro foi observado em apenas 45% dos que relataram ter relacionamento amigável com a mãe.

Dos participantes do estudo que relataram ter relacionamento ruim com o pai, 82% tinham doenças, ao passo que apenas 50% dos homens que tinham relacionamento positivo com o pai apresentaram quadro semelhante. O resultado mais surpreendente foi que esse efeito era cumulativo. *Todos* os homens que classificaram seu relacionamento com a mãe e o pai como frio e distante foram diagnosticados com doenças, ao passo que apenas 47% dos que classificaram seu relacionamento com pai e mãe como íntimo e amigável apresentaram o mesmo resultado.

Com base nessa pesquisa, crescer numa família amorosa, na qual o indivíduo se sente íntimo e amado do pai e da mãe, aumenta sua chance de ser uma pessoa altamente saudável. Os pesquisadores concluíram que "a própria percepção do amor [...] pode acabar se transformando num importante [...] amortecedor e reduzir o impacto negativo dos fatores causadores de estresse e patologias, e promover a função de imunização e cura".

Outros estudos revelam descobertas semelhantes. Na década de 1940, os pesquisadores criaram uma escala de "proximidade dos pais" e a aplicaram a seus alunos saudáveis. Cinqüenta anos depois, os registros médicos dos participantes foram analisados. Os alunos que depois tiveram câncer tinham tendência consideravelmente maior de ter relatado falta de proximidade com os pais. Surpreendentemente, os pesquisadores demonstraram que o valor preditivo dessa escala não diminuía ao longo do tempo. Nesse estudo, os indivíduos que tinham mais probabilidade de terminar com câncer eram os que haviam relatado a menor pontuação na escala de proximidade pai—filho.

Homens e mulheres que preferem passar a maior parte do tempo no trabalho e pouco ou nenhum tempo com os filhos, em geral, não compreendem quanto essa atitude pode ser prejudicial para a saúde das crianças. Embora a maioria desses pais e dessas mães acredite sinceramente que o dinheiro gerado por esse trabalho extra beneficia seus filhos, esses benefícios são irrisórios em comparação aos que se obtêm quando os pais dedicam tempo aos filhos. Sempre disse a meus pacientes que tempo de qualidade com os filhos só pode ocorrer com quantidade de tempo.

Quando nossos filhos eram menores, li um livro do dr. Richard Swenson, médico de família, intitulado *Margin: restoring emotional, physical, financial and time reserves to overloaded lives* [*Margem*: *restaurando as reservas emocional, física e financeira a vidas sobrecarregadas*]. Nesse livro, o dr. Swenson explica como as famílias estão sendo destruídas por pais (principalmente o homem) que não deixam margem no tempo para os filhos e os terríveis efeitos disso, não apenas no relacionamento entre pais e filhos, mas também na saúde das crianças.

Depois de ter lido esse livro e ponderado suas verdades com muita reflexão e oração, fui falar com meu sócio sobre a possibilidade de eu dedicar uma tarde toda semana para cada um de meus filhos. Minha programação típica consistia em visitas matinais ao hospital, seguidas de consultas na clínica durante seis horas por dia (das 9h às 12h, e das 14h às 17h) — rotina que deixava pouca margem para passar um tempo com meus filhos, do tipo só papai e Kate, ou só papai e Scott.

Meu sócio, o dr. John Hartman, e eu criamos uma programação diferente: eu atenderia os pacientes das 8h às 14h, nas terças e quintas. Nesses dias, eu podia chegar em casa às 15h para encontrar um de meus filhos no ponto de ônibus (a tarde e o começo da noite das terças-feiras eram para Kate — e só para ela; as quintas-feiras eram de Scott). Fazíamos a tarefa de casa juntos. Fazíamos longas caminhadas e conversávamos de tudo. Andávamos de bicicleta. Íamos pescar. Tomávamos *milk-shake*.

Foi genial. Passei a conhecer e amar meus filhos de um jeito que nunca poderia ter acontecido em nenhuma outra situação. Aprendi em primeira mão que o tempo de qualidade *só pode* ocorrer com quantidade de tempo.

Em 1998, eu e Kate (naquela época com vinte anos) fomos a uma conferência para os médicos e as esposas. Eu fora incumbido de apresentar o dr. Richard Swenson. Pedi a Kate que o apresentasse em meu lugar. Ela disse algo mais ou menos assim: "Senhoras e senhores, quando eu era pequena, meu pai leu um livro que o dr. Swenson escreveu. O título do livro é *Margem*, e nele meu pai aprendeu que, se quisesse que eu tivesse o máximo de saúde possível, ele tinha de passar algum tempo comigo — um bom tempo. Ele precisaria criar uma margem para mim no horário e no mundo dele. Então meu pai reservou um tempo de seu trabalho e começou a passar todas as terças-feiras à tarde e à noitinha comigo. Jamais ganhei dele um presente mais maravilhoso. Nunca me esquecerei das recordações que tenho daqueles dias".

Ela virou-se para o dr. Swenson e disse: "Dr. Swenson, quero lhe agradecer o que ensinou a meu pai. Por causa do que ele fez, eu nunca serei a mesma".

Depois dirigiu-se mais uma vez à platéia. "O dr. Swenson vai falar hoje sobre a criação de filhos. Incentivo vocês a ouvirem, como meu pai ouviu, para que vocês possam mudar a vida de seus filhos como meu pai mudou a minha."

E foi sentar-se, depois disso. Não me envergonho de contar que Dick Swenson e eu ficamos com os olhos cheios de lágrimas.

Pais, fiquem atentos a isto: crianças altamente saudáveis dependem de seu relacionamento com a mãe e o pai. Os pais que dedicam amor *e* tempo às crianças proporcionam-lhes chance muito maior de virem a ser altamente saudáveis. Se seus próprios pais não lhes deram esse presente, vocês têm a oportunidade de quebrar o ciclo com seus filhos. Ah, e se seus filhos já são crescidos, talvez vocês possam influenciá-los no relacionamento deles com seus netos. O esforço vale a pena!

Retornos melhores que os do mercado de ações

Invista tempo de qualidade e também quantidade de tempo em seu relacionamento com os familiares mais próximos — seu cônjuge e seus filhos. Crie um plano específico para aumentar os laços pais-filhos e ponha-o em prática, independentemente dos custos. Se seus filhos são crescidos, pense em quanto a saúde e o bem-estar deles poderão ser beneficiados se eles se sentirem na prática profundamente valorizados e apoiados por vocês, os pais deles. Nunca é tarde demais para proporcionar a seu companheiro ou companheira e a seus filhos o amor que cura.

O PODER DE UM CASAMENTO SAUDÁVEL

Outro exemplo de que evitar a solidão e cultivar relacionamentos amigáveis e acolhedores podem ter impacto na saúde se observa na pesquisa sobre pessoas cujo casamento é feliz. Essas pessoas não só tendem a viver mais do que as não casadas, mas também parece que vivem uma vida muito mais saudável. Elas tiveram aumento na quantidade e na qualidade de vida. Tenho visto numerosas e convincentes evidências científicas e práticas de que o esforço que investimos para fazer nosso casamento ser bem-sucedido gera benefícios importantes para nossa saúde e também para a saúde de nosso companheiro.

Pesquisadores da Case Western Reserve University em Cleveland, Ohio, publicaram um estudo feito com quase dez mil homens casados que não tinham histórico de dores no peito. Os homens com fatores de risco elevado de doença cardíaca, como colesterol alto, hipertensão, diabete, idade avançada e alterações no eletrocardiograma, tiveram propensão acima de vinte vezes maior a ter angina (dor no peito) nos cinco anos do estudo. Entretanto, os que responderam "sim" à pergunta "Sua mulher demonstra amor por você?" tiveram incidência significativamente menor de angina. Os homens com os mesmos fatores de risco que responderam "não" tiveram duas vezes mais angina. Os pesquisadores chegaram à seguinte conclusão: "O amor e o apoio da mulher são um importante fator de equilíbrio que, ao que parece, reduz o risco de angina peitoral, mesmo na presença de fatores de alto risco".

Outro estudo pesquisou 8 500 homens sem histórico de úlcera do duodeno. Os homens que mencionaram baixo grau de amor e apoio da mulher tiveram duas vezes mais úlcera do que os homens que sentiam que a cônjuge os amava e apoiava. Os que relataram que a mulher não os amava tiveram três vezes mais úlcera do que os que se sentiam amados pela companheira.

O companheirismo, o amor e o apoio proporcionados pelo casamento estão associados com índice de mortalidade menor por quase todas as principais causas de morte, pelo menos quando se comparam as pessoas casadas com as solteiras, separadas, divorciadas ou viúvas. As pessoas casadas não apenas tendem a viver mais, mas também estão mais satisfeitas com a vida e parece que sobrevivem mais a várias doenças. Um estudo demonstrou que a porcentagem de sobreviventes de câncer era significativamente mais alta entre as pessoas casadas, em comparação com as não casadas, em quase todas as categorias de sexo, idade e estágio da doença. Outro estudo constatou que os casados têm três vezes mais probabilidade de sobreviver cinco anos após um ataque cardíaco do que os solteiros.

Depois de examinar informações sobre mais de doze mil adultos, dois pesquisadores da Inglaterra cogitaram que a mulher pode reduzir o estresse de um homem e incentivá-lo a ter um estilo de vida saudável. Mas havia também outros fatores. "Como exatamente o casamento realiza sua mágica ainda não se sabe", escreveram eles no relatório. "Talvez o relacionamento pessoal sólido melhore a saúde mental e ajude o indivíduo a afastar as doenças físicas. Certamente, é necessário mais pesquisas nesse aspecto."

Entretanto, não deveria ser surpresa o fato de casamentos doentios fazerem *mal* à saúde. Os casais casados que discutem constantemente não chegam nem sequer perto da saúde dos que aprenderam técnicas de comunicação que reduzem ou eliminam os eternos atritos. Num estudo com casais casados há 42 anos em média, os que discutiam constantemente tinham o sistema imunológico mais fraco do que os casais que discutiam menos. Um estudo com recém-casados demonstrou que os casais que tinham comportamentos mais negativos e hostis durante uma discussão de trinta minutos sobre problemas conjugais apresentavam as funções imunológicas evidentemente diminuídas, bem como aumento da pressão arterial.

Com base nisso, podemos concluir que quem tem casamento ruim deve divorciar-se? De jeito nenhum. Na verdade, estudos médicos mostram que, na maioria dos casos, os efeitos a longo prazo do divórcio podem ser maléficos para a saúde não apenas do casal, mas principalmente dos filhos. Muita gente acha que no caso de um mau casamento há duas opções: permanecer casado e infeliz ou divorciar-se e ficar mais feliz. Entretanto, em 2002 foi publicado o primeiro estudo acadêmico a testar essa hipótese. As descobertas foram surpreendentes. Os pesquisadores não encontraram nenhuma evidência de que as pessoas infelizes no casamento e que optaram pelo divórcio eram caracteristicamente mais felizes do que as pessoas que também não eram felizes no casamento mas permaneciam casadas. O mais notável é que os pesquisadores também constataram que dois terços das pessoas infelizes no casamento e que permaneciam casadas relataram que cinco anos depois o casamento delas ficou mais feliz. O mais surpreendente mesmo foi que os casamentos mais infelizes deram reviravoltas mais espetaculares. Entre os que classificaram o próprio casamento como muito infeliz, quase oito entre dez que evitaram o divórcio relataram que o casamento passara a ser feliz cinco anos depois.

Minha receita para combater um casamento infeliz é não amputar o companheiro, mas curar o casamento. Isso exige esforço mútuo e um compromisso firme, mas sem dúvida vale a pena.

Avalie sua felicidade conjugal

Se seu casamento é feliz, alegre-se! Enquanto acrescenta potencialmente anos à vida de seu cônjuge e lhe diminui os riscos de doença, separe um tempo para pensar em formas específicas de você melhorar ainda mais seu relacionamento. Nunca ache que um casamento saudável é comum, mas crie um plano para fazer seu cônjuge se sentir ainda mais apoiado e estimado.

Se seu casamento está dando sinais de enfermidade, entre em ação imediatamente! Assuma a responsabilidade de fazer sua parte para curar o casamento, melhorando suas habilidades de comunicação, resolvendo a raiva e o ressentimento, e buscando ajuda pessoal e profissional para dar a seu casamento oportunidade de prosperar.

A BÊNÇÃO DA COMUNIDADE

Suponha que sua vida familiar não tenha sido saudável, ou que ela não seja saudável atualmente. Como você pode superar essa falta? Pesquisas realizadas na Suécia podem oferecer-lhe alguma esperança. Num estudo sobre os benefícios do apoio social para a saúde, os pesquisadores suecos constataram a existência de dois aspectos desse apoio. O primeiro está ligado aos relacionamentos primários dentro da rede mais íntima: o núcleo da família. Mas o segundo aspecto do apoio social tem a ver com o grau de integração do indivíduo com as pessoas que não fazem parte do círculo familiar: uma rede composta por amigos, vizinhos e colegas de trabalho, ou ainda qualquer grupo social que ofereça apoio e acolhimento.

Embora os laços familiares estreitos tenham papel essencial na formação de nossa identidade, auto-estima e capacidade de confiar nos outros, as amizades chegadas com colegas, vizinhos, amigos e grupos de apoio ou religiosos também podem ter algum efeito sobre a saúde das pessoas. Conseqüentemente, você pode dar a si mesmo o benefício de relacionamentos sólidos com outras pessoas agora e no futuro. Como eu gostaria que Geny, a viúva solitária que mencionei no início deste capítulo, tivesse seguido essa recomendação.

Depois de examinar dezenas e dezenas de estudos, fico surpreso de ver a incrível diferença que os relacionamentos dedicados podem fazer na saúde de alguém. Atos simples, como conversar com um amigo (principalmente *escutar* um amigo com atenção), prestar serviço numa comunidade, amar os pais, falar abertamente de seus sentimentos, dedicar tempo ou dinheiro a alguém que passa necessidade e abrir o coração para as pessoas, tudo isso pode contribuir diretamente para a pessoa que deseja ser altamente saudável. Parece que o apoio social, expressão empregada na literatura médica, é essencialmente *desempenhar ações* que levam outra pessoa a acreditar que alguém a ama e a estima, que ela é um membro valioso de uma rede de relacionamentos (família, igreja, vizinhança, clube etc.).

Um estudo de quase trinta anos desenvolvido em Alameda, na Califórnia, constatou que pessoas com menos apoio social (menos laços sociais comunitários, sem filiação a comunidades ou clubes, quase nenhuma ou nenhuma freqüência à igreja) tinham mais probabilidade de morrer de doença cardíaca ou outras doenças como derrame cerebral ou câncer. Os pesquisadores não conseguiram explicar os resultados apontando outros fatores de risco conhecidos ou outras doenças físicas. Apenas conseguiram concluir que uma pessoa altamente saudável tende muito mais a ter ligações firmes e estáveis com outras pessoas.

Os cardiologistas da Columbia University descobriram que indivíduos com doença coronariana que viviam sozinhos tinham duas vezes mais probabilidade de morrer de ataque cardíaco ou de sofrer outro problema do mesmo tipo. Os pesquisadores do

Centro Médico da Duke University constataram que 50% das vítimas de ataque cardíaco que sobreviveram ao primeiro ataque e eram isoladas socialmente (aquelas pessoas que vivem sozinhas ou não têm ninguém com quem "desabafar") morriam num período de cinco anos. Entretanto, no grupo de sobreviventes de ataque cardíaco cujos integrantes tinham relacionamentos sociais (viviam com o cônjuge ou tinham alguém com quem "desabafar"), apenas 17% morreram no mesmo espaço de tempo de cinco anos.

Mais de quarenta anos atrás, descobriu-se que os índices mais altos de tuberculose (TB) ocorriam em indivíduos que tinham pouco ou nenhum apoio social — independentemente da posição econômica do paciente. Estudos recentes feitos na Carnegie-Mellon University e na University of Pittsburgh examinaram voluntários saudáveis inoculados propositadamente com o vírus da gripe comum. Antes de infectar esses sujeitos, os pesquisadores perguntaram a cada um sobre seus relacionamentos sociais e sobre o número de pessoas com quem eles conversavam (por telefone ou pessoalmente) pelo menos a cada duas semanas. Quando o número de relacionamentos sociais aumentava, o risco de ter sintomas da doença diminuía. Os voluntários que mencionaram de um a três relacionamentos tiveram risco quatro vezes maior de contrair gripe, se comparados àqueles que relataram seis ou mais relacionamentos. Em resumo, o apoio social aumenta a resistência do indivíduo à gripe comum!

Outros estudos descobriram que a maioria dos relacionamentos positivos e de apoio desenvolvidos por idosos americanos fora da família ocorre com pessoas que eles conhecem na igreja. Um estudo sobre participação na igreja e atitude mental, publicado em 1987, baseou-se em entrevistas aleatórias feitas por telefone com 2 872 pessoas acima de 55 anos habitantes do Estado de Washington. Entre os homens, a freqüência a reuniões religiosas estava significativa e positivamente relacionada ao ânimo melhor, depois que os pesquisadores controlaram essa variável em relação a outras dez. Nesse estudo, o aumento da freqüência à igreja estava relacionado à diminuição da solidão entre homens e mulheres.

O estudo indica que a menor freqüência a reuniões religiosas aumentava a solidão, já que causava diminuição do número de amigos e de envolvimentos em funções sociais.

É interessante observar, entretanto, que os benefícios da fé religiosa (discutida extensivamente no capítulo seguinte) são muito mais evidentes nos indivíduos que oram e cultuam juntos do que nos que moram ou cultuam isoladamente. Por exemplo, de acordo com o *Manual of religion and health* [*Manual de religião e saúde*], parece que as pessoas cuja atividade religiosa se limita a ouvir o rádio ou ver a TV são menos saudáveis do que as que buscam relacionamentos sociais numa comunidade de fé. A pesquisa revisada no livro demonstra que a maioria das pessoas tem mais saúde quando participa de uma comunidade ativa, algum grupo social. O autor da carta aos Hebreus, no Novo Testamento, confirma a importância da comunidade espiritual quando escreve acerca do apoio espiritual e da oração: "Não deixemos de reunir-nos como igreja, segundo o costume de alguns, mas procuremos encorajar-nos uns aos outros..." (Hb 10.25). Atualmente, existem muitas evidências médicas que apóiam essa antiga sabedoria hebraica!

Portanto, seja na igreja ou na sinagoga, seja num clube de *bridge* ou de assistência, como o Rotary ou os kiwanis, seja num grupo de ginástica, num clube do livro, seja em qualquer outro grupo ou associação, os relacionamentos vividos nesses ambientes e a oportunidade que eles proporcionam de doar e servir aumentam a probabilidade de a pessoa tornar-se e manter-se altamente saudável.

Cultive os relacionamentos como a um jardim

Vamos, mexa-se! Não espere que o telefone ou a campainha toque. A responsabilidade é sua. A responsabilidade — e o privilégio — de envolver-se na vida das outras pessoas. Comece fazendo uma lista de seus amigos, não apenas conhecidos, mas pessoas que realmente o conhecem e amam e com quem você se relaciona semanalmente. Se sua lista for pequena, comece outra lista de coisas que você pode fazer para ser um amigo melhor. Recomendo a meus pacientes que façam contato todo dia, pelo menos por telefone, com alguém próximo a eles. Pense em seus relacionamentos como um jardim que precisa ser regado diariamente — e faça isso!

Se você não está engajado em algum grupo de apoio social, escolha um em sua comunidade (talvez seja preciso pesquisar um pouco) e apareça. Mesmo que não seja uma pessoa gregária, você tem mais chances de ser altamente saudável se sentir-se integrado e útil à sua comunidade. Mãos à obra!

O MELHOR AMIGO DO HOMEM — E DA MULHER

Durante muitos anos, tratei de pacientes em asilos e casas de repouso. Eu adorava as tardes que passava com eles. Fazia questão de os tocar e abraçar. Eu tentava iluminar o dia deles com uma história engraçada ou alguma coisa que nos fizesse rir juntos. Geralmente orávamos juntos. Com freqüência, eu levava um de meus filhos comigo. Os pacientes adoravam ver as crianças e conversar com elas. Para a maioria de meus pacientes, parece que nossa visita era um dos pontos altos da semana.

Um dia, eu e meu filho, Scott, fomos visitar Rosie. Ela sempre parecia feliz em nos ver. Aproximamos nossa cadeira da cadeira de rodas dela.

— É bom ver vocês — exclamou.

Ela desarranjou o cabelinho estilo militar de Scott e gritou (era meio surda):

— E aí, Magrelo? (essa era a expressão predileta dela para a constituição franzina dele.)

— É bom vê-la também, Rosie. Quais são as novidades? — perguntei.

Ela olhou ao redor e depois se inclinou em nossa direção.

— Meninos — cochichou com um sorriso maroto —, arrumei um novo amor pra minha vida, um novo homem, entenderam? E ele me faz sentir tão jovem!

Enquanto eu imaginava os prováveis candidatos da casa de repouso, vi Rosie jogar a cabeça para trás. Pôs dois dedos na boca e soltou um assobio que poderia ter acordado os mortos.

— Aqui, Rusty!

Dava para ouvir o ruído das unhas dos pés dele quando veio a galope pelo corredor até o quarto de Rosie. O enorme cão de caça apoiou as patas no braço da cadeira de rodas, inclinando-a um pouco para trás. Começou a lamber o rosto de Rosie, que ria sem parar.

Rusty transformou aquela casa de repouso. Melhorou a saúde geral de Rosie e mudou minha opinião sobre bichos de estimação em estabelecimentos de tratamento de saúde.

Alguns anos atrás, eu e Barb estávamos visitando uma casa de repouso no *campus* do Truman East Medical Center em Kansas City, no Missouri. Um grande amigo, o dr. Paul Williams, estava nos mostrando suas realizações. Por ter sido médico do interior, Paul conhecia por instinto o valor dos animais e o efeito positivo que eles podem ter na saúde das pessoas. Sua casa de repouso não só era impecavelmente limpa, mas também tinha funcionários cuidadosos e atenciosos. Além disso, o lugar era banhado pela luz do sol e tinha dois gatos, um cachorro e um bando de pintassilgos, todos como "funcionários". Ver os animais interagindo com os moradores e os funcionários era um prazer. Quem era dono de quem não era fácil saber. Mas parece que todos — funcionários, pacientes e bichinhos — eram muito saudáveis, ou pelo menos muito felizes!

Vários estudos médicos demonstraram que as pessoas que têm animais de estimação são mais saudáveis do que outras que não têm — mesmo quando os demais fatores são iguais. Em um estudo sobre doença cardíaca, apenas 1,1% das pessoas que tinham cachorro morreram durante a pesquisa, em comparação com 5,7% das que não tinham nenhum animal. Em outro estudo, que acompanhou durante um ano pacientes de ataque cardíaco depois de terem tido alta do hospital, 6% dos donos de animaizinhos de estimação morreram nesse período, em comparação com 28% dos que não tinham animal. Em ainda outro estudo, as pessoas assistidas pela Medicaid[1] que tinham algum animal de estimação iam menos ao consultório médico ou ao hospital do que os beneficiários que não tinham nenhum bichinho em casa.

Para minha alegria, existe um ramo novo da medicina chamado "pet-terapia", ou "terapia com animal de estimação". Voluntários treinados levam seus animaizinhos para visitar pessoas doentes e internadas — em casa ou em clínicas ou hospitais. Esse é mais um meio de ajudar as pessoas a se tornarem altamente saudáveis.

Paparicar um animalzinho de estimação faz bem à saúde

Se você já tem a companhia de um bichinho de estimação, já está seguindo uma receita para aumentar sua saúde e felicidade. Se não tem nenhum bichinho, não fique esperando que um especialista em pet-terapia lhe traga algum numa casa de repouso algum dia! Se dispuser de tempo, habilidade e um lugar adequado para manter um animal, considere a possibilidade de ir a um canil público ou outra instituição que lhe ofereça um bichinho para cuidar e amar. Se você não quer ter nenhum bicho, siga o exemplo de minha amiga Cintia, voluntária nos finais de semana num abrigo para animais. O enorme sorriso que se abre no rosto dela toda vez que fala do trabalho no abrigo me leva a acreditar que sua dose semanal de "amor animal" está fazendo dela uma pessoa bem mais saudável.

LIGUE-SE!

A conclusão de dezenas de estudos em todo o mundo é simplesmente esta: relacionamentos saudáveis são importantes. Lembre-se, a solidão pode matar. Você a tem evitado como a uma praga? Caso não esteja fazendo isso, está disposto a dar um passo à frente

[1]Assistência médica gratuita para os mais pobres nos EUA. (N. do E.)

e tomar providências para seguir uma ou mais das receitas que recomendei? Ou você está pensando: "Será que isso tudo faz mesmo diferença?". Boa pergunta. Os pesquisadores têm a resposta.

Uma equipe de psicólogos da McGill University escolheu um grupo de sobreviventes de ataque cardíaco que recebia alta do hospital. Os indivíduos foram separados em dois grupos, que tiveram ambos os melhores cuidados de cardiologistas e médicos de família. Entretanto, um dos grupos (o grupo de intervenção) recebia um telefonema mensal dos pesquisadores. Se os pesquisadores percebessem algum problema psicossocial, uma enfermeira especializada ia até a casa do paciente. Essa simples melhoria de relacionamento resultou em redução de 50% do índice de mortalidade de pacientes após um ano. Proporcionar contato com uma única pessoa que dava apoio ligando uma vez por mês, mas que estava disponível para ajudar se fosse necessário — *uma única* pessoa preocupada e atenciosa —, contribuiu para estender o tempo de vida dos pacientes estudados.

E aqui vem a parte triste: se alguma pílula proporcionasse o mesmo resultado, os laboratórios estariam faturando milhões de dólares com ela, e *todas* as vítimas de ataque cardíaco estariam exigindo que seu plano de saúde pagasse esse tratamento. Apesar disso, a pesquisa dessa equipe — e sua maravilhosa conclusão — é praticamente desconhecida. Imagine o impacto se todas as igrejas ou sinagogas oferecessem esse tipo de atendimento a seus fiéis! Dá para imaginar os resultados se os hospitais oferecessem esse atendimento aos pacientes aos quais dão alta?

Em outro estudo, pesquisadores de Stanford designaram aleatoriamente mulheres com câncer de mama metastático para receber atendimento comum ou atendimento comum acompanhado de reuniões semanais com um grupo de apoio, incumbido de ajudar as mulheres a lidar com o estresse e melhorar seus relacionamentos. Sabe o que aconteceu? As pacientes que freqüentaram o grupo de apoio viveram *duas vezes* mais! Na UCLA, um grupo de pacientes com melanoma maligno que participaram de apenas seis sessões de noventa minutos com um grupo de apoio, que também dava instruções sobre relacionamentos, teve redução de 50% nas mortes e recidivas em comparação com os pacientes que receberam atendimento comum. Ao longo dos seis anos desse estudo, o grupo de controle teve três vezes mais mortes que o grupo que recebeu apoio.

Escutar — escutar *de verdade* — também melhora a saúde. Alguns pesquisadores da University of Maryland demonstraram que a pressão arterial de uma pessoa diminui significativamente quando ela escuta. Entretanto, se o "ouvinte" em vez de ouvir está pensando no que vai dizer em seguida, sua pressão não abaixa.

Finalmente, *dar* apoio aos outros melhora sua saúde. Num estudo realizado com mais de setecentos idosos, quanto mais amor e apoio eles ofereciam a outras pessoas, mais a saúde deles melhorava. Para que os relacionamentos sejam altamente saudáveis, deve haver reciprocidade — a decisão mútua de dar e receber amor e apoio. As pessoas que ficam apenas do lado que recebe e nunca retribuem têm muito menos probabilidade de ser saudáveis.

Alguns pesquisadores na área de ciências sociais falam mais em redes e ligações sociais do que em apoio social, embora reconhecendo que, com o passar do tempo, os relacionamentos ficam recíprocos. Nem sempre o que se obtém é que importa, mas o que se *dá*, principalmente quando as pessoas envelhecem. O que quase sempre dá força aos idosos para prosseguirem é o reconhecimento de que eles têm algo profundamente valorizado para oferecer.

Uma das primeiras coisas que prescrevo para os pacientes que sofrem de saúde precária e ao mesmo tempo de solidão é que se engajem em algum trabalho voluntário. Sempre tive uma lista de oportunidades de trabalho voluntário para meus pacientes escolherem o que lhes interessasse. Quase invariavelmente, quando seguiam a receita, quando começavam a se doar, a mudança na aparência deles e no curso da doença era notória.

Quando Alice se mudou para nossa cidadezinha e me escolheu como médico, sua lista de problemas de saúde era longa. Mas, à medida que a fui conhecendo melhor, o que mais me preocupou foi sua solidão. Eu conversava com ela sobre as muitas oportunidades que nossa comunidade oferecia para ela usar seus talentos e habilidades. Ela se recusava a tentar qualquer uma delas.

Então chegou o dia da consulta decisiva. Dei-lhe a notícia ruim logo no início.

— Alice, tenho de lhe pedir que procure outro médico.

Ela ficou me olhando com uma expressão que era um misto de choque e sofrimento. — O senhor deve estar brincando. Está deixando a cidade, como meu outro médico?

— Não, senhora. Não estou deixando a cidade. Mas mesmo assim preciso lhe pedir que procure outro médico.

— Então está me despedindo?

— Sim, estou despedindo você.

— Por quê?

— Porque você não se envolve. Alice, a pura verdade é que essa solidão a está matando. Você precisa se dispor a ajudar outras pessoas, não porque elas precisam de você, mas porque *você* precisa delas. Essa doação para elas vai melhorar a sua saúde. A não ser que se disponha a começar a ajudar os outros — nesta semana —, estou lhe dando o bilhete azul.

— O senhor está me chantageando?

— Não, estou cuidando de você, porque me preocupo de verdade com você. E se quer que eu a continue atendendo, precisa seguir essa sugestão e começar a cuidar de outra pessoa. Se não estiver disposta a começar esta semana, vou ajudá-la a encontrar outro médico.

— Bom... — disse Alice, deixando a cabeça cair — Hummm...

O silêncio se arrastou.

— Meus meninos ficam falando que preciso sair. O pastor fica me falando que preciso sair. Agora o senhor está me dizendo para sair de seu consultório se não começar a sair.

Fiquei aguardando. Houve mais um minuto de silêncio.

— Bom, é tão difícil começar tudo outra vez com outro médico que eu acho que vou fazer uma tentativa com essa idéia tola do senhor. Por onde devo começar?

Dei-lhe a lista e discutimos as opções. Parece que um centro vocacional perto de sua casa lhe despertou interesse. Era um local onde pessoas com deficiências mentais recebiam formação profissional e emprego.

Três semanas depois, recebi um telefonema da diretora do centro.

— A melhor coisa que aconteceu aqui pra gente foi a velha Alice — disse a diretora. — A risada dela faz tremer os caibros. Ela é um canhão de energia: chega na hora em que abrimos e eu quase tenho de pô-la pra fora à noite. Ela agitou este lugar pra valer. As crianças a adoram. Os funcionários também. Eu adoro a Alice. Obrigado por ter-me mandado ela, doutor.

Duas semanas depois, Alice estava em meu consultório para um *check-up.*

— Alice, sua pressão está melhor, sua pulsação está mais lenta, seu nível de açúcar no sangue melhorou, você perdeu um pouco de peso e sua aparência melhorou. O que está acontecendo? O que você tem feito para melhorar tanto?

— Ah, doutor, acho que estou fazendo um pouco de ginástica, como o senhor me disse. Estou comendo um pouco melhor. Isso tudo talvez esteja fazendo alguma diferença. Mas *não* aquela coisa idiota que o senhor *me obrigou* a fazer: ir trabalhar de voluntária no centro. Quero dizer, não é *tão mal assim* ir lá, mas não acho que é por isso que estou melhor. Só estou fazendo isso para não ter de mudar de médico.

Eu sorri para ela. Acho que ela correspondeu ao sorriso. Quando deixei de trabalhar em Kissimmee, na Flórida, Alice ainda estava no centro, praticamente dirigindo tudo. E ela estava muito mais saudável do que eu jamais imaginara que pudesse ficar.

QUAL É SEU QI DE RELACIONAMENTOS?

Seus hábitos de relacionamento predizem um alto grau de saúde? Ou será que suas habilidades de relacionamento tendem a afetar negativamente sua saúde? Os doutores Virginia e Redford Williams, da Duke University, elaboraram um extenso questionário que se transformou num dos meus meios favoritos de avaliar esse aspecto com meus pacientes. Conheci esse casal quando o entrevistei em meu programa de televisão, logo depois que lançaram o livro *Lifeskills* [*Técnicas de vida*]. Eu já era fã deles depois de ter lido seu excelente livro *Anger kills* [*A ira mata*] e havia adotado seus princípios em minha prática médica.

O "Questionário dos relacionamentos" criado por eles baseia-se em vários instrumentos padronizados, entre eles a Lista de Avaliação de Apoio Interpessoal (criada pelo psicólogo Sheldon Cohen, da Carnegie-Mellon) e a escala CES-D (elaborada pelo Centro de Estudos Epidemiológicos do National Institute of Mental Health). O casal Williams também credita o desenvolvimento desse questionário a Ilene Siegler e Robert Karasek.

O questionário é fácil de responder e aparece no Apêndice 1 deste livro, com a permissão dos autores e de seu editor. Conceda a si mesmo 30 minutos mais ou menos para fazer o teste. Leia cada questão sem pressa e com atenção e marque V para "verdadeiro" e F para "falso". Se as duas respostas parecerem prováveis, escolha a que tiver maior probabilidade de estar correta. Lembre-se, você deve escolher a resposta que mais tende a refletir seus verdadeiros sentimentos. Evite escolher a resposta que tende mais a refletir o que você pensa que *deveria* sentir ou fazer. (Se você não quer fazer marcas neste livro, pegue uma folha de papel, nela numere de 1 a 114 e escreva sua resposta ao lado de cada número. A tabela de pontuação está no final do questionário.)

O que você deve fazer se sua pontuação for anormal em alguma das partes do questionário? Em primeiro lugar, lembre-se de que se trata apenas de testes de *avaliação*. Não diagnosticam nada. Nenhum teste de auto-avaliação é totalmente preciso. Mas muitos oferecem informações úteis para qualquer pessoa que possa ter algum problema. Se sua pontuação for anormal, procure alguém que o ajude a descobrir o que os resultados significam *realmente*. Não importa se essa pessoa for seu médico de família, um profissional ou conselheiro pastoral, ou um psiquiatra ou psicólogo. Procure ajuda. Ligue hoje mesmo.

Analise, estude sua roda relacional e dê a pontuação dela

Passe algumas horas estudando seus resultados do "Questionário dos relacionamentos". Pense na possibilidade de escrever num diário o que você descobriu sobre você mesmo e sobre seus relacionamentos. Mais importante, discuta os resultados — e todas as preocupações que lhe venham a ocorrer — com alguém em cujo aconselhamento sábio e coração bondoso você confie. Pode ser um amigo íntimo, um ministro religioso ou um conselheiro. Veja quais tipos de solução vocês podem encontrar juntos.

Evitar a solidão e procurar relacionamentos saudáveis pode aumentar a probabilidade de você tornar-se uma pessoa altamente saudável. Concentre-se nos relacionamentos que você já tem e procure melhorá-los. O fato é que, melhorando seus relacionamentos, você pode melhorar a saúde das pessoas com quem você se preocupa. Quando você cria técnicas de comunicação, trata os outros com compaixão e respeito, demonstra graça e compromisso, sua bondade em relação às pessoas e seu relacionamento com elas ajudam-nas a melhorar a saúde delas próprias. É parecido com uma doença infecciosa. Quando você dissemina graça para os outros, e eles "pegam", eles também tendem a disseminá-la.

A ausência de solidão, a promoção da socialização e dos relacionamentos saudáveis e o desenvolvimento de uma comunicação gentil e construtiva podem aumentar não só a probabilidade de você se tornar altamente saudável, mas também de ocorrer o mesmo com pessoas à sua volta.

Espero que tenha aprendido que, se você é furioso e hostil, você pode afastar as pessoas e aumentar sua solidão pessoal. Se está pessimista ou deprimido, tende a se afastar dos outros e aumentar sua solidão pessoal. Se tem relacionamentos frouxos e se recusa a socializar-se, você pode sofrer terríveis conseqüências no que concerne à sua saúde.

Se alguma dessas situações se aplica a você, garanto-lhe que existe esperança. Para prosseguir na jornada em direção a ser altamente saudável, siga algumas prescrições deste capítulo a fim de formar relacionamentos mais fortes e saudáveis. Quando fizer isso, também vai evitar a solidão como se evita uma praga que ameaça a vida.

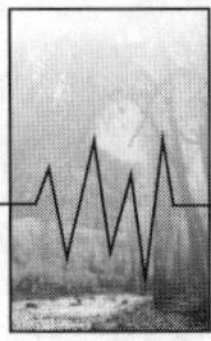

OITO

Cultive a espiritualidade verdadeira

O HÁBITO DO BEM-ESTAR ESPIRITUAL

Encontrei o dr. Jerry num congresso de medicina em que fiz uma apresentação sobre como as mais recentes pesquisas continuavam confirmando o que venho testemunhando em minha própria prática há anos, ou seja, que o *bem-estar espiritual* de uma pessoa tem impacto significativamente positivo em sua saúde física, emocional e relacional.

Jerry me convidou para almoçar com ele um dia, e fiquei fascinado com seus comentários em relação à espiritualidade. Logo ficou claro que estávamos falando de duas coisas muito diferentes!

"Não tenho a intenção de questionar nada do que você contou de seus achados relacionados a espiritualidade e saúde, Walt", disse-me, "mas devo lhe dizer que simplesmente não encontrei esses tipos de resultados na minha prática. Como você, faço um balanço com muitos de meus pacientes, principalmente os que têm problemas crônicos de saúde. Eu os incentivo a ir à igreja, apresentarem-se como voluntários em alguma instituição de caridade, associar-se a um clube de serviço ou comunidade. Alguns seguem meu conselho, mas não posso dizer que os vi se tornarem muito mais saudáveis ou mais felizes. Na verdade, um paciente, que há muito tempo é membro de uma das mais antigas igrejas da cidade, veio até mim seis meses atrás e reclamou de insônia e depressão em alto grau. Prescrevi-lhe os medicamentos adequados, mas não parece que ele está melhorando. Eu gostaria de acreditar que as atividades espirituais melhorassem a situação dele, mas não vejo evidências. O que você acha?"

Contei-lhe o caso de Fran, uma paciente que me serviu de inspiração em mais de uma década, até morrer aos 92 anos. Fran freqüentava a igreja regularmente e sempre que podia fazia trabalho voluntário para ajudar outras pessoas de sua comunidade (ela praticou as duas atividades durante mais de 75 anos!). Era uma mulher de profunda fé. Raramente visitava meu consultório mais que uma ou duas vezes por ano, mas quando vinha, sempre fazia alguma referência a seu amor por Deus e ao compromisso com sua jornada espiritual.

Na sua última consulta, ela me disse:

— Sei que não vou viver para sempre, mas quem desejaria isso? Estou muito bem agora, mas vou ficar extremamente feliz quando vir meu Criador face a face — seu rosto se encheu de luz. — Há um período equivalente ao dobro de sua vida inteira, doutor, tenho desfrutado a companhia do Senhor e agradecido sua fidelidade em me ajudar a ser a pessoa que acredito ele quer que eu seja. Converso com Deus o tempo todo e posso lhe garantir: ele escuta! A vida tem sido boa, é muito bom andar de mãos dadas com Deus e com outras pessoas que o conhecem como eu conheço.

Jerry parecia perplexo. — Puxa, nunca ouvi esse *meu* paciente dizer nada assim! Na verdade, uma das frustrações dele resulta de sentir-se tão pressionado com todos esses compromissos da igreja; acho que ele é diácono ou coisa parecida. Francamente, ele me parece muito infeliz, embora seja muito dedicado e cumpridor de seus deveres. Talvez eu precise questioná-lo mais a fundo da próxima vez que o encontrar, sabe, vou tentar descobrir o que a religião realmente representa para ele. Sei que ele pode usufruir um pouco da alegria e da paz que sua paciente teve em tantos anos.

Ficou claro que esse médico tinha feito a associação entre o tipo de espiritualidade de que eu falava e quanto ela afeta o bem-estar geral de uma pessoa. Existe grande diferença entre a verdadeira espiritualidade e uma religião exterior, em que as pessoas cumprem formalidades e obrigações religiosas mas não têm relacionamento pessoal com Deus. Espero que aquele membro de igreja tenha por fim encontrado um relacionamento pessoal e significativo com Deus e se transformado numa pessoa altamente saudável.

DE QUE TIPO É A SUA ESPIRITUALIDADE?

Antes de refletirmos mais na espiritualidade verdadeira, é importante você pensar em sua filosofia de vida. Quase todos nós adotamos uma destas duas hipóteses fundamentais: 1) encaramos o universo como um acidente e nossa existência neste planeta como questão do acaso, ou 2) presumimos uma inteligência divina além do espaço e do tempo que não apenas dá ao universo forma e ordem, mas também dá sentido e propósito à vida. O nosso modo de vida, a atitude com que encaramos o final de nossa vida, o que entendemos, como interpretamos o que percebemos, como lidamos com o bem-estar, a doença e o sofrimento, tudo isso deriva consciente e inconscientemente de uma dessas duas suposições básicas. Se você considera essas duas opiniões dois pólos opostos — duas extremidades de um *continuum*, se preferir assim —, é fácil imaginar muitas cosmovisões, filosofias ou crenças entre esses dois extremos.

Numa extremidade estão aqueles que acreditam que os seres humanos são produto do acaso, que existem em um tempo breve num universo impessoal, que lhes determina o destino, ou que decidem eles mesmos o próprio destino. Estes acreditam que "a coisa certa" — o casamento certo, o emprego ideal, filhos bem criados, dinheiro, casa, boas roupas e carro bom — traz felicidade, paz e satisfação e que a tecnologia cada vez mais sofisticada proporcionará cura e respostas para os problemas mais desesperadores do mundo.

Na outra extremidade estão os que acreditam que os seres humanos foram criados e formados individualmente por um Criador pessoal e amoroso, onipotente, onipresente e onisciente (palavras eruditas para todo-poderoso, presente em todos os lugares sempre e ao mesmo tempo e conhecedor de tudo). O livro-texto que expressa esse conceito — a Bíblia — afirma que podemos escolher confiar em nosso Criador e viver de acordo com o propósito que ele criou para cada um de nós ou, em vez disso, confiar em nossos planos e esforços finitos. Temos uma escolha.

A Bíblia também promete que se preferirmos permitir que nosso Criador nos preencha a alma e nos dê poder, produziremos um fruto espiritual resistente, sejam quais forem as circunstâncias ou nosso estado de saúde física, emocional ou relacional. Não há dúvida de que a tecnologia tem potencial para proporcionar cura e respostas a alguns de nossos problemas desesperadores, mas *não* a nossos problemas mais básicos. E todas essas "coisas boas da vida" — casamento certo, emprego certo, filhos certos, dinheiro, casa, roupas e carro bom — podem apenas ser *acrescentadas* ao mais importante elemento de bem-estar, ou seja, buscar, conhecer e agradar a nosso Criador. Se acreditamos em Deus e confiamos nele, se fazemos do relacionamento íntimo com ele nossa prioridade, se ele controla e fortalece nossa vida e se perseguimos nosso propósito no seu grande projeto, vamos viver a plenitude do mais profundo de nosso ser.

Agostinho, teólogo do século IV, expressou essa verdade em uma que talvez seja a mais conhecida de suas frases: "Criaste-nos para ti, e o nosso coração vive inquieto enquanto não repousa em ti". E o bispo Edmund Lee Browning pergunta: "O que é preciso para ser feliz?". Responde em seguida: "Acho que somos mais felizes quando sabemos que estamos no serviço de Deus, concentrados numa realidade maior que nós mesmos. Isso é verdade mesmo quando esse serviço é difícil, o que acontece muitas vezes. Nenhuma inconveniência nem esforço algum nos podem tirar essa alegria; é por isso que estamos aqui".

Examine suas convicções num microscópio

Pare alguns minutos para pensar nesses dois pontos de vista em relação à origem do universo — e em qualquer outro intermediário. Uma extremidade do leque acredita que não existe Deus. O meio do leque (a visão religiosa) acredita que Deus quer relacionar-se conosco, mas que precisamos conquistar ou merecer esse relacionamento. Muitos religiosos do mundo, e até muitos cristãos, vêem o mundo e a si mesmos através dessas lentes.

A outra extremidade do leque acredita que Deus quer ter relacionamento pessoal com os seres humanos e que não há nada que possamos fazer para conquistar ou merecer seu favor ou seu amor. Por causa das decisões erradas que tomamos, ficamos aquém da medida de Deus que nos permitiria conhecê-lo pessoalmente. Essa é a má notícia. Mas a boa notícia é esta: Deus tornou possível o relacionamento pessoal para cada um de nós enviando seu Filho, Jesus, para viver uma vida perfeita e exemplar e sacrificar essa vida para pagar o preço por todos os nossos erros. De acordo com essa visão, tudo o que temos de fazer é aceitar o amor de Deus. Entretanto, ele não nos força. Somos livres para escolher.

Copie em seu diário a ilustração abaixo. Marque um X no ponto em que você localizaria suas convicções atualmente. Não se apresse. Pense em como você realmente pensa e vive — não apenas o que lhe foi ensinado ao longo dos anos — e seja sincero acerca de como enxerga a si mesmo, a Deus e a vida. Depois pergunte-se em que ponto dessa escala você deseja estar no futuro. Assinale esse ponto da escala com um círculo para representar esse desejo. Escreva a data de hoje ao lado da escala.

Não tenho nenhum relacionamento pessoal com Deus	Meu relacionamento pessoal com Deus é distante e formal	Tenho um relacionamento pessoal muito importante com Deus

A FÉ QUE FUNCIONA

Existem várias definições de espiritualidade, algumas contêm elementos que, para mim, são claramente nocivos. Como existem várias definições para palavras relacionadas (como, por exemplo, fé, moralidade e religião), para os propósitos deste livro vou sempre dizer *espiritualidade verdadeira* quando me referir à roda da saúde espiritual.

A espiritualidade verdadeira distingue-se dos termos mais genéricos (fé, moralidade e religião) porque implica um relacionamento pessoal e autêntico com Deus em constante desenvolvimento. Esse relacionamento não se restringe a raça, etnia, nem condição socioeconômica. Ele promove o bem-estar dos outros e de nós mesmos. Inclui as convicções e os valores pelos quais um indivíduo vive; resulta no fruto espiritual visível de amor, alegria, paz, paciência, bondade, amabilidade, fidelidade, mansidão e domínio próprio (v. Gl 5.23). Esse conceito, expresso claramente na Bíblia, em geral é definido pelos teólogos cristãos como *espiritualidade verdadeira.*

Os pesquisadores demonstraram que as pessoas que internalizam os ensinamentos bíblicos — que oram com freqüência, põem em prática o que a Bíblia ensina, acreditam que têm um relacionamento íntimo com Deus e vivem o que pregam — têm altos níveis de satisfação na vida, sensação de bem-estar e felicidade geral. A espiritualidade verdadeira também tem mais probabilidade de associar-se com uma grande variedade de efeitos positivos na saúde física e emocional.

As pesquisas indicam que esses benefícios não são tão relevantes quando o indivíduo apenas cumpre formalidades da tradição religiosa. As pessoas que simplesmente freqüentam os cultos de adoração e os programas de sua comunidade religiosa tendem a viver uma fé externa menos relacionada a resultados positivos físicos e mentais. Desde a década de 1960, os pesquisadores nos informam que algumas pessoas utilizam a religião de modo utilitarista, visando a seus próprios interesses. "As pessoas com essa orientação", afirmam, "podem considerar a religião útil para várias finalidades: proporcionar segurança e consolo, *status*, sociabilidade e distração e autojustificação. Para essas pessoas, adotar um credo é um gesto sem maiores conseqüências, quando não o moldam de maneira seletiva para adequar-se a necessidades mais básicas. Da perspectiva teológica, o tipo exteriorizado volta-se para Deus, mas sem se desprender de si mesmo".

De acordo com o dr. Dale Matthews, professor da Escola de Medicina da Georgetown University, para essas pessoas a religião é um "meio de obter outro fim: saúde, segurança, *status*, apesar de talvez não terem consciência de seus motivos mais profundos". Em seu livro *The faith factor* [*O fator fé*], Mathews diz que aqueles que usam sua religião para os próprios propósitos (fazendo uma paráfrase invertida das palavras de John F. Kennedy) "perguntam não o que eles podem fazer por sua religião, mas o que sua religião pode fazer por eles".

Como você pode imaginar, as pessoas com pontuação mais alta na escala de "espiritualidade verdadeira" (em comparação com as que têm "religião externa") têm mais probabilidade de obter benefícios para a saúde mental e física — benefícios importantes, na verdade. Por exemplo, foi demonstrado que uma depressão grave pode ser curada completa e mais rapidamente nas pessoas com espiritualidade alta. Também foram observados nessa pesquisa redução da pressão arterial, melhores resultados cirúrgicos, menos uso de drogas e período mais longo de sobrevivência.

De acordo com o pesquisador George Barna, os homens e as mulheres com espiritualidade verdadeira são os mais satisfeitos com sua vida atual (91%) — disposição mental otimista que pode estar relacionada ao fato de serem os que menos mencionaram ser solitários (8%), ter dívidas grandes (9%) ou sentir-se estressados (16%). A porcentagem de indivíduos que reconheceram altos níveis de estresse foi menor que a metade do valor obtido entre adultos ligados a fés extrínsecas (33%), ou entre os ateus ou agnósticos (42%).

Essa pesquisa realizada por Barna em 2002, com três mil adultos escolhidos aleatoriamente nos Estados Unidos, constatou que "embora correspondam a pouco menos de 8% da população norte-americana adulta, os ateus e os agnósticos têm percepções de si mesmos nitidamente diferentes das dos cidadãos que têm algum tipo definível de preferência de fé. O segmento dos sem-fé teve a pontuação mais alta dos cinco nichos ao mencionar estresse (42%), preocupação com o futuro (68%) e solidão (14%). Também é o grupo que está menos satisfeito com a vida (68%) e menos preocupado com o estado moral do país (60%)".

Não se pode deixar de mencionar que em alguns estudos não existe correlação entre a saúde espiritual e a saúde física ou mental, e em alguns casos observou-se efeito negativo. Entretanto, esses resultados representam uma pequena minoria na totalidade dos estudos, e a maioria deles tem limitações significativas. Alguns foram mal estruturados — formulando perguntas superficiais, do tipo "Você freqüenta igreja?". Apesar disso, parece claro que as pessoas que raramente freqüentam cultos religiosos ou cuja fé pessoal não vai além da aparência têm risco maior de sofrer alguma doença.

Certas crenças e atividades religiosas podem afetar de forma adversa tanto a saúde física quanto a mental. Algumas formas de fé, espiritualidade e religião podem ser repressoras em vez de libertadoras e promotoras de melhoria de vida. Infelizmente, a religião muitas vezes é utilizada para justificar a hipocrisia, a presunção, o ódio, o assassínio, a tortura e o preconceito. Uma religiosidade externa que separe as pessoas da comunidade e da família, que incentive dedicação e obediência cegas a um único líder carismático, ou que promova tradições espirituais e religiosas como prática de cura em total detrimento das pesquisas médicas e científicas, tende com o passar do tempo a afetar a saúde de forma adversa e pode até *impedir* que a pessoa seja saudável.

A espiritualidade verdadeira pode ajudar o indivíduo a reconhecer suas limitações sem ficar desesperado com as circunstâncias. Algumas pesquisas mostram que as pessoas quando ficam doentes, na sua maioria, apóiam-se firmemente em crenças e práticas religiosas para aliviar o estresse, manter o senso de controle e alimentar a esperança e a noção de significado e propósito na vida.

Por exemplo, um estudo feito com pacientes idosos em vias de submeter-se a uma cirurgia cardíaca eletiva mostrou que a falta de força e de consolo da religião associava-se ao risco de morte no período de seis meses após a cirurgia, independentemente de outros fatores. Outro estudo com idosos pobres forçados a sair de casa mostrou que os que tinham compromisso religioso mais forte tiveram duas vezes mais probabilidade de sobreviver num período de dois anos do que as pessoas sem esse compromisso de fé. A variável mais influente do estudo era a força e o consolo obtidos da religião.

Os primeiros dois pacientes vítimas de ataque cardíaco de quem cuidei em meu primeiro ano de experiência profissional tinham visões opostas da religião. Nosso hospital de quarenta leitos em Bryson City, na Carolina do Norte, era simples, mas ali dávamos um excelente atendimento. Tínhamos quatro leitos na Unidade de Terapia Intensiva, e foi nessa unidade que internei os dois homens, ambos sofrendo o primeiro ataque do coração.

Eles eram bastante parecidos. Tinham esposa e família dedicadas e amorosas. Tinham apenas um ano de diferença de idade e histórico clínico semelhante, exceto o fato de Bob ser fumante e Earle não. Ambos tinham condicionamento físico relativamente bom antes do ataque cardíaco. Se eu tivesse de desenhar suas rodas física, espiritual e emocional, elas teriam aparência muito semelhante.

Entretanto, suas rodas espirituais eram significativamente diferentes. Bob era um homem de fé profunda e duradoura, que transmitia muita paz interior. Parecia otimista em relação a "o que Deus vai me ensinar com isso tudo". Nas visitas matinais, eu o encontrava lendo a Bíblia. Ele me contava com entusiasmo o que Deus lhe estava ensinando nesse dia. Tanto sua mulher quanto seu pastor eram testemunhas de que Bob vivia o que dizia. Quando eu fazia as rondas vespertinas, encontrava pessoas à cabeceira da cama dele — amigos, vizinhos e colegas — que declaravam ter conhecido a Deus de forma pessoal por causa do testemunho de Bob e da vida que ele vivia.

Earle, por outro lado, era muito negativo. "Doutor", dizia com ar carrancudo, "não consigo entender por que Deus fez isso comigo!" Parece que estava com ódio de Deus — e estendia esse ódio para todos os funcionários do hospital. Apesar disso, Earle era *mais* "religioso" que Bob, se a medida forem apenas os parâmetros externos. Earle freqüentava a igreja nos domingos de manhã e à noite e nos cultos de quarta-feira e "ia pras reuniões" das terças. Não perdia nenhuma reunião ou atividade da igreja. Era diácono e professor da escola dominical. Mas sua família se encolhia quando ele gritava com eles, e os funcionários do hospital tentavam evitá-lo o máximo possível.

Os eletrocardiogramas e os níveis sangüíneos de enzimas cardíacas revelaram que Earle e Bob tinham sofrido um ataque cardíaco semelhante quanto à localização e à extensão. O estado clínico dos dois homens, no entanto, era completamente diferente. A recuperação de Bob não teve complicação alguma, e ele deixou o hospital no quinto dia após a internação. Earle viveu um período bem mais tempestuoso. Teve piora da lesão no coração e vários episódios assustadores de arritmia cardíaca. Quando deixou o hospital 12 dias após ter sido internado, seu coração jamais seria o mesmo. Ele nunca se recuperou física nem emocionalmente. Morreu em casa, vítima de um infarto extenso, um mês depois.

Refletindo no exemplo desses dois pacientes, julgo que é correto afirmar que Bob tinha um alto nível de espiritualidade verdadeira. Earle, por sua vez, praticava uma religião exterior e negativa. Quando as pessoas vinham visitá-lo, ele vestia a máscara de piedoso, mas quando iam embora, seu lado nefasto reaparecia.

Agora, atenção, leitor. *Não* estou dizendo que o relacionamento pessoal com Deus é uma apólice de seguro, ou garantia, contra doenças. Mas as pesquisas médicas são claras quando afirmam que quanto mais profunda é a fé espiritual genuína, mais probabilidade o indivíduo tem de ter resultados melhores de saúde física e mental. A tendência de lidar bem com a doença e recuperar-se dela é muito maior. Earle foi meu primeiro paciente a demonstrar que o que as pesquisas indicam é pura verdade.

Avalie sua espiritualidade – a que categoria você pertence?

Você considera sua fé pessoal a expressão de espiritualidade verdadeira ou expressão de religião externa? Você é tão coerente quanto gostaria de ser no que diz respeito a praticar a fé na vida diária? Por que sim ou por que não? Agora, pense em uma ou mais coisas que você pode fazer, a começar de hoje, para transformar sua fé e fazer dela a expressão da espiritualidade mais forte e verdadeira. Passe algum tempo registrando seus pensamentos em seu diário ou numa folha de papel.

Não ceda à tentação de pular esse teste. Se você não avaliar honestamente sua roda espiritual, você não vai conseguir melhorar o calibre e o balanceamento dela.

QUE DIZ A CIÊNCIA SOBRE A ESPIRITUALIDADE?

Se a saúde espiritual é essencial para o indivíduo vir a ser e manter-se altamente saudável, então temos de encontrar provas disso na literatura médica. Existem muitas!

Em seu livro *The relaxation response* [*A reação do relaxamento*], o dr. Herbert Benson, da Harvard Medical School, fala dos vários estudos que demonstram que as disciplinas espirituais, como a oração e a meditação, podem reduzir as reações estressantes (pressão arterial elevada, pulsação e respiração). Um estudo nacional realizado com adultos em 1991 pelo sociólogo Christopher Ellison constatou que a freqüência com que as pessoas oravam e iam a cultos religiosos tinha impacto significativo em seu estado de saúde, independentemente da idade. Quanto mais envolvidos com a religião ou em atividades religiosas, melhores eram seus resultados de saúde física, emocional e social. (Ellison também publicou um estudo nacional feito em 1989 mostrando que tanto a freqüência a cultos religiosos quanto a intensidade da devoção estavam associadas a níveis mais altos de satisfação com a vida.)

O *Handbook of religion and health* [*Manual de religião e saúde*] analisa as relações entre religião e saúde documentando mais de 1 600 pesquisas e artigos de revisão médica que exploraram esse tema da atividade religiosa e espiritual e sua relação com resultados emocionais, sociais e físicos. A grande maioria desses estudos demonstrou que as crenças religiosas e espirituais de um paciente podem ser clinicamente benéficas e ter papel relevante no processo do indivíduo para lidar com a doença e recuperar-se. A seguir estão apenas alguns resultados positivos:

Vida mais longa

Entre 1987 e 1995, um estudo nacional realizado com mais de 21 mil adultos constatou que as pessoas que freqüentavam cultos religiosos mais de uma vez por semana tinham sete anos acrescidos à sua expectativa de vida, em relação às pessoas que nunca iam a essas cerimônias.

Pressão arterial mais baixa

Um estudo realizado com 401 homens na Geórgia, e publicado pelos pesquisadores da Duke em 1989, demonstrou níveis mais baixos de pressão arterial (e menos hipertensão) nas pessoas que consideravam a religião muito importante *e* freqüentavam a igreja regularmente.

Melhores resultados cirúrgicos

Em 1995, os pesquisadores de Dartmouth publicaram um estudo revelando que pacientes para os quais a fé era importante tinham três vezes mais probabilidade de estar vivos seis meses após uma cirurgia de coração aberto do que os pacientes para os quais a fé não tinha importância.

Menos tempo de internação hospitalar

Num estudo realizado em 1998, os pesquisadores da Duke demonstraram que as pessoas que iam à igreja semanalmente eram não só menos propensas a ser hospitalizadas do que as que não freqüentavam a igreja regularmente, mas também ficavam menos tempo no hospital quando internadas.

Melhor saúde mental

De acordo com um estudo de 1997 realizado pela Duke University com mais de quatro mil adultos de mais de 60 anos de idade, os freqüentadores de cultos de adoração tinham índices significativamente mais baixos de ansiedade e depressão.

Bem-estar geral

O epidemiologista Jeff Levin realizou em 1994 uma pesquisa que demonstrou que adultos com sessenta anos de idade ou mais que se consideravam religiosos tinham menos problemas de saúde. Levin classificou o estado geral dessas pessoas melhor do que o das que se consideravam não religiosas. Os autores do *Handbook of religion and health* chegam à seguinte conclusão: "As pessoas com compromisso religioso mais profundo têm menos probabilidade de usar álcool e drogas; têm menos hipertensão, doença cardíaca, derrame cerebral, câncer e invalidez, além de viverem mais. As melhores condições físicas invariavelmente se traduzem no nível mais alto de bem-estar, em virtude da forte associação entre a saúde física e a mental".

O QUE GERTRUDE PODE ENSINAR-NOS SOBRE A RODA ESPIRITUAL

Gertrude é um exemplo perfeito do impacto positivo que a espiritualidade ou a religiosidade pode ter na saúde mental e física. Quando a conheci, ela não tinha espaço para a espiritualidade em sua vida. Vinha às consultas por uma infinidade de problemas crônicos físicos, emocionais e relacionais. Fazendo tentativas com aconselhamento e medicações, fomos tocando o barco. Gertrude não piorava, mas nunca melhorava.

Quando perguntei-lhe de seu histórico religioso, descobri que, embora tendo crescido na igreja, ela considerava as pessoas desse ambiente hipócritas. Assim que pôde, saiu de casa e abandonou a igreja. Tentou realizar-se em três casamentos, cada um pior que o anterior. Lutava contra uma depressão crônica, ataques de pânico e ansiedade. Tinha constantes dores nas costas. Os efeitos do álcool e do tabaco tinham-lhe deixado marcas irreparáveis no fígado e nos pulmões. Suas relações no trabalho eram quase sempre tensas. Em resumo, ela estava péssima.

Com o passar dos anos, eu a incentivei a dar atenção especial a sua roda espiritual, que estava murcha. Ela ria e comentava que as outras três não estavam muito melhores. "Mas", eu lhe dizia, "acho que elas podem ficar, na verdade *vão ficar,* melhores, se você desse alguma atenção a Deus."

Ela sempre sorria. "Dr. Larimore, por favor, não desista de mim. Mas, por enquanto, não estou interessada em coisas espirituais."

Tudo mudou quando fiz o parto de seu primeiro neto. As crianças, principalmente os bebês, têm o dom de orientar o coração da família de volta para o lar, e para Deus. Gertrude, que estava presente quando o bebê nasceu, me acompanhou na oração de agradecimento pela gravidez e pelo parto seguros. Foi Gertrude que incentivou o filho e a nora a voltarem para a igreja, agora que tinham um filho. E ela começou a testemunhar neles a manifestação de uma espiritualidade que lhes estava transformando a vida. Viu o casamento deles melhorar e o sofrimento crônico de seu filho, que tinha problemas de irritabilidade intestinal, simplesmente desaparecer. Lentamente, o coração de Gertrude começou a amolecer para as coisas espirituais.

Um dia, no final da consulta, ela *pediu* que eu orasse por ela, isso depois de dez anos recusando-se a permitir que eu orasse por ela quando terminava nossa consulta! Foi um passo importante na jornada espiritual dela. Naquele dia, com efeito, orei por ela. Em seguida perguntei se ela estava disposta a permitir que eu examinasse seu nível de espiritualidade.

— Existe exame de sangue pra isso? — perguntou.

Abafei o riso.

— Não, mas você pode responder a um rápido questionário que ajudaria a ambos. Que tal?

Ela concordou.

A melhor nota possível era 1, que demonstrava níveis bem altos de espiritualidade verdadeira. Infelizmente, mas não de admirar, a pontuação de Gertrude ficou perto da mínima.

— Que preciso fazer? — perguntou, num tom que me fez lembrar uma criancinha.

— Bom — aconselhei —, acho que seria ótimo fazer uma consulta.

Parecia que estava chocada. — *Uma consulta?* Com quem?

Eu sorri. — Gertrude, ao longo dos anos, formamos uma equipe de consulta espiritual composta de homens e mulheres que têm um sólido relacionamento pessoal com Deus. Eles adoram ajudar outras pessoas a encontrar o próprio caminho espiritual.

— Eles cobram? — perguntou, acrescentando em seguida: — Meu plano de saúde cobre esse tipo de atendimento?

— Infelizmente, a maioria dos planos de saúde não cobre o atendimento espiritual — respondi. — Mas essas pessoas adoram prestar esse tipo de atendimento. Ninguém cobra nada.

Pedi a uma mulher mais ou menos da idade de Gertrude que começasse a passar algum tempo com ela. Gertrude começou a mudar — devagar no início, depois cada vez mais rápido. O notável para mim, para meus sócios e meus funcionários foi que Gertrude, quando iniciou o relacionamento pessoal com Deus — quando se tornou ativa na igreja, quando passou a orar e a estudar a Bíblia, a trabalhar como voluntária em sua comunidade —, descobriu uma nova habilidade de lidar com muitos problemas que tinha em suas outras três rodas e até de superá-los.

Gertrude estava aprendendo que a roda espiritual é na verdade a principal — a mais importante, a que está associada com a "potência do motor".

"EVIDÊNCIAS" DIVULGADAS ATUALMENTE PELA MÍDIA

Os médicos e os cientistas não são os únicos fascinados pelo papel da fé na cura física e emocional. Nos últimos dez anos, tem sido cada vez mais comum ler algum artigo em publicações leigas tratando dessa ligação.

Por exemplo, a edição americana do *Reader's Digest* de maio de 2001 trazia um artigo intitulado "Por que os médicos agora acreditam que a fé cura? Porque estão encontrando evidências científicas". O *U.S. News & World Report* observou que quase dois terços das 125 escolas de medicina dos Estados Unidos atualmente incluem uma disciplina sobre questões espirituais. Em 1993, apenas três faculdades ofereciam disciplinas semelhantes! O *Atlantic Monthly*, leitura conhecida dos intelectuais, destacou os resultados de um estudo apontando a oração intercessória capaz de ajudar na recuperação de outra pessoa.

Vários jornais respeitados em todo o território norte-americano também noticiaram o poder de cura da fé religiosa e da oração. No final de 2001, o *Seattle Times* publicou os resultados de um estudo de trinta anos realizado com 2 600 pessoas mostrando que os que freqüentavam cultos religiosos semanais tinham vida mais saudável e hábitos gerais mais salutares do que as pessoas que freqüentavam menos a igreja.

A convicção de que a oração e a fé podem ter papel importante na saúde pessoal também está chamando a atenção de grandes organizações médicas. Um recente artigo no *Milwaukee Journal Sentinel* comentava que a Joint Commission on Accreditation of Healthcare Organizations — instituição amplamente respeitada — agora propõe perguntas e orientações para a avaliação espiritual de todos os pacientes que dão entrada em hospitais ou unidades ambulatoriais.

De acordo com um artigo no *Los Angeles Times*, o falecido dr. David Larson, ex-presidente do National Institute for Healthcare Research de Rockville, Maryland, observava que existe um arquivo crescente de evidências de que a maioria das pessoas que estão doentes receberia de bom grado algum tratamento para a alma juntamente com o da doença física. Insinuando que a crença religiosa e a comunidade de fé podem ajudar a fortalecer os mecanismos do indivíduo para lidar com doenças, Larson afirmava que a oração e a fé religiosa são tão importantes quanto a medicina convencional. Acredito que ele estava certo.

A televisão também noticiou essa pesquisa. O *The Early Show* da CBS e o *Good Morning America* da ABC apresentaram em 2001 seções sobre os benefícios da oração e da fé pessoal. Na CBS, o dr. Harold Koenig confirmou estudos que dizem que as "pessoas religiosas" tendem a viver em média sete anos a mais do que as que não se identificam com nenhuma fé.

Essa onda de interesse dos meios de comunicação confirma o fato de que as pessoas estão interessadas no que a pesquisa demonstra acerca de um fator negligenciado do atendimento clínico, ou seja, a avaliação e o apoio espiritual.

Entretanto, tendo indicado tudo isso, devo estimulá-lo a exercitar sua sabedoria perante as informações dessas pesquisas. Por quê? Bem, o simples fato de uma prática estar relacionada com a boa saúde não garante que todos que a adotarem vão ser saudáveis. Por outro lado, só o fato de uma atitude estar relacionada com saúde ruim não garante que todos que tiverem essa atitude perderão a saúde.

Millie é um bom exemplo do segundo caso. A maioria das pessoas tem consciência de que o tabagismo é um importante fator de risco de câncer. O uso de derivados do tabaco está associado à redução da qualidade e do tempo de vida. Os fumantes, por exemplo, são mais suscetíveis que os não-fumantes a ter câncer de pulmão e doença cardíaca. A vida dos fumantes em geral é menos saudável e mais curta que a vida dos não-fumantes. Mas para Millie não foi assim. Ela estava com 94 anos quando saí de Bryson City. Quase todos os dias era possível vê-la na cadeira de balanço, na entrada de sua casa. Se não estivesse fumando seu cachimbo de sabugo de milho, estava cheirando rapé. Ela ainda era forte — e permaneceu forte até morrer, com 99 anos.

O outro lado da medalha era Cláudia. Aos dez anos de idade, era uma pessoa profundamente religiosa — uma menina genuinamente boa. Era ativa na fé e mesmo assim foi acometida de leucemia antes de seu aniversário de onze anos. Cláudia era uma das exceções. De acordo com muitas pesquisas médicas, quando grandes grupos de pessoas são examinados ao longo do tempo, o compromisso religioso profundo está quase sempre associado a pessoas altamente saudáveis que em geral vivem mais tempo e com mais saúde.

AVALIE SUA RODA DA SAÚDE ESPIRITUAL

Qual é a aparência de sua roda da saúde espiritual? Cheia de ar e rodando em equilíbrio e balanceamento adequados? Ou meio murcha? Talvez você não faça a manutenção dela há muito tempo, e ela acabou se prejudicando com os pregos que você encontrou ao longo da estrada da vida. Ou talvez, quando examinou com atenção o "carro" da sua saúde, acabou percebendo que ele tem apenas três rodas — simplesmente não tem a roda espiritual.

As tensões ou crises espirituais ocorrem quando as pessoas não conseguem encontrar significado, esperança, alegria, satisfação, amor, paz, consolo, força nem laços na vida, ou quando ocorrem conflitos entre sua crença e o que está acontecendo na vida delas. Os estudos médicos são bem claros ao indicar que a tensão pode ter efeito negativo ou destruidor na saúde física, mental e relacional.

Estou convencido de que Deus quer que sejamos o mais saudáveis possível nos aspectos físico e emocional. Ele quer que tenhamos relacionamentos saudáveis com as outras pessoas. Acima de tudo, quer que tenhamos um relacionamento saudável com ele. A melhor maneira de vir a ser uma pessoa altamente saudável é desenvolver uma espiritualidade verdadeira, que resulte na mais importante e duradoura forma de saúde e vitalidade.

Você precisa de um mapa da estrada para iniciar a viagem? Recomendo o teste simples a seguir, criado por George Barna e auto-aplicável. As perguntas servem para ajudar você a determinar como está indo em sua viagem espiritual. Com base em pesquisas realizadas por Barna em duas décadas, focalizando o desenvolvimento e a plenitude espiritual das pessoas, essas perguntas destacam os principais fatores implicados na saúde espiritual. Embora nenhum teste avalie perfeitamente cada aspecto de sua vida espiritual, suas respostas podem fornecer uma idéia de como vai sua espiritualidade. Seja sincero. O valor do questionário está em ajudá-lo a identificar os pontos fortes e frágeis, o que depois poderá levá-lo a uma jornada espiritual mais centrada e significativa.

AVALIAÇÃO DE JORNADA ESPIRITUAL DE BARNA

Criado e distribuído por George Barna, Barna Research Group, Ventura, Califórnia

Complete as proposições abaixo com o número que melhor expressa a sua situação.

1 = De jeito nenhum ou nunca

2 = Não muito ou raramente

3 = Um pouco ou eventualmente

4 = Bastante ou normalmente

5 = Completamente ou sempre

1. Seu grau de respeito, adoração, humildade e gratidão em relação a Deus é profundo — em reconhecimento à superioridade e à perfeição dele. _____
2. Você fala de maneira convincente da substância de sua fé com as pessoas que se interessam por ela. _____
3. Você ora pelas necessidades e pelo futuro dos outros. _____
4. As escolhas que você faz e as decisões que toma baseiam-se em seus princípios e valores espirituais. _____
5. O que você fala e seu comportamento agradam a Deus. _____
6. Quando ora, você fala com Deus e também o escuta. _____
7. O culto de adoração não é só um acontecimento para freqüentar; você procura viver sua vida como um ato de adoração a Deus. _____
8. Você é considerado responsável moral e espiritualmente pelas pessoas que o conhecem e se preocupam com você. _____
9. Doa tempo, talento e dinheiro na forma de sacrifício em prol dos necessitados. _____
10. Você combate a injustiça e a desigualdade. _____
11. Você se esforça para pôr em prática a “regra de ouro”: amar os outros como quer que eles amem você. _____
12. Suas atitudes, seus valores e seus pensamentos agradam a Deus. _____

Some seus pontos. Uma pontuação de 48 para cima indica que você tende a ser saudável espiritualmente; um resultado de 24 pontos ou menos indica que no momento da avaliação você não está saudável espiritualmente. Registre sua pontuação em seu diário, de modo que possa comparar a pontuação atual com pontuações futuras.

Avalie sua pontuação no questionário de Barna

Sua pontuação no questionário de Barna o surpreendeu? Se estiver abaixo do que você esperava ou queria que estivesse, procure duas ou três coisas que pode fazer, começando hoje, para aumentar seu quociente de saúde espiritual.

Se você não consegue pensar em nada, verifique se existe algum conselheiro pastoral que o possa aconselhar nessa área? Se houver, ligue para esse conselheiro hoje mesmo e marque um encontro para conversarem. Essa pessoa terá prazer em oferecer aconselhamento e orientação.

Os testes auto-aplicáveis como o teste de Barna são apenas o primeiro nível de verificação de sua roda espiritual. Considero altamente recomendável uma avaliação detalhada para cristãos desenvolvida pelo pastor Randy Frazee e sua equipe, na Pantego Bible Church em Fort Worth, no Texas. O Christian Life Profile (CLP) [Perfil de Vida Cristã] é utilizado por consultores de igrejas e líderes religiosos em todo o mundo e, de acordo com Frazee, sua aplicação ideal se dá no contexto da comunidade bíblica ou num grupo pequeno de cristãos.

O pastor Frazee trabalhou comigo bondosamente para adaptar seu abrangente questionário a um formato bem mais simples e acessível aos leitores. Denominamos essa adaptação de Perfil da Vida Espiritual. Sua abordagem deriva de Lucas 10.27, em que Jesus observa que os dois elementos essenciais da vitalidade espiritual são amar a Deus e amar ao próximo como a si mesmo. Usando esses dois elementos essenciais da saúde espiritual, esse instrumento de auto-avaliação produz um perfil de sua vida espiritual do ponto de vista bíblico.

As questões que avaliam seu amor a Deus oferecem um exame detalhado do raio vertical de sua roda espiritual; as que avaliam seu amor ao próximo oferecem uma visão mais detalhada de seu raio horizontal. Medir esses raios ajuda você a avaliar onde você pode comparar-se ao que considero ser o perfil ideal: o de Jesus.

O Perfil da Vida Espiritual foi criado para ajudar você a descobrir as áreas mais fortes de sua vida espiritual e também as áreas em que existem as maiores falhas. Talvez você já tenha uma noção preliminar de sua roda espiritual com base no "exercício do raio" apresentado no capítulo 2 (v. p. 63-66). Mas as ferramentas deste capítulo permitem que você faça uma análise mais abrangente dessa roda — talvez de diferentes ângulos e com uma lente de aumento mais poderosa.

Investir tempo para responder honestamente ao PVE vai ajudá-lo a identificar áreas especificas de sua vida espiritual que gostaria de desenvolver. Agora é hora de você começar a trabalhar de novo. Você encontrará o PVE no Apêndice 2.

Faça o seu Perfil da Vida Espiritual – PVE

Reserve cerca de uma hora para trabalhar nessa avaliação. Não se trata de uma avaliação para ser feita rapidamente. Enquanto responde a cada questão, pergunte-se: "Como posso melhorar ou crescer nessa área?". Lembre-se: seja sincero. Não preencha o questionário como você acha que deveria ser, nem da maneira que os outros acham que você deveria ser. Indique onde você esteve espiritualmente nos últimos meses. Onde você estava no ano passado ou nos dez últimos anos não é relevante para o que você pode precisar fazer agora para aumentar a saúde de sua roda espiritual.

O PVE é dividido em um conjunto de dez crenças e práticas principais e dez virtudes principais. Dessas, dez permitem que você avalie seu amor a Deus, e dez referem-se a seu amor pelo próximo. O PVE avalia primeiro como você ama a Deus medindo três convicções (p. ex., num Deus pessoal, na compaixão e na administração de dons) e sete práticas (quanto você dedica de seu tempo, seus bens e seus talentos, entre outros). Depois o teste avalia quanto você ama seu próximo, analisando dez virtudes ou o fruto do Espírito Santo (amor, alegria e paz). O teste permite que você se compare com o modelo apresentado pela Bíblia, mas sem endossar nem recomendar nenhuma doutrina ou denominação religiosa particular.

Revise seu PVE uma vez por dia

Nas próximas semanas, passe um tempo todos os dias analisando seus resultados obtidos no Perfil de Vida Espiritual. Considere a possibilidade de escrever num diário tudo que está descobrindo sobre você mesmo e sobre seu relacionamento com Deus e com a comunidade de fé. E, mais importante, discuta os resultados com alguém em cujo conselho e bondade você confia. Discuta qualquer preocupação com um amigo íntimo, um ministro religioso ou um conselheiro com orientação religiosa. Veja que tipos de soluções vocês podem encontrar juntos para "arrendondar" sua roda espiritual.

Depois de terminar essa avaliação, acho que você vai identificar algumas deficiências. Esta *não* é a hora de desanimar. Vou deixar claro: o primeiro passo para ser altamente saudável é identificar honestamente as áreas em que você acha que existe necessidade de melhora.

Imagine uma ferida que vai infeccionando e acumulando pus até que você se preocupe com ela e vá ao médico para lancetar o abscesso. Claro que esse procedimento é desagradável, mas se a infecção não for tratada, se o pus não for drenado, os tecidos não se recuperam e não ficam saudáveis. Sem saber que áreas precisam de tratamento, você não poderá melhorar sua roda espiritual.

A perseverança vale a pena

A menos que seja um super-herói, você deve estar sentindo-se um pouco desestimulado. Isso é perfeitamente normal. Mas não desista. Sua saúde e a saúde de sua família dependem de perseverança.

Ninguém disse que essa jornada seria fácil. Mas, sem se dar conta, você estará avançando no caminho de ser uma pessoa altamente saudável.

Para as áreas de sua roda espiritual em que você sente necessidade de crescimento, procure alguém que você admire e respeite espiritualmente para discutir estratégias para tornar-se mais saudável. Ligue para seu pastor (se você não tem pastor, encontre uma igreja de fé bíblica e telefone para o escritório do pastor) e marque um encontro em que possam estudar as avaliações de sua roda espiritual. Lembre-se: a perseverança vale a pena!

A espiritualidade verdadeira é o caminho para a plenitude espiritual. Para quase todos nós, é uma busca que dura a vida inteira. A roda espiritual saudável é o fundamento da esperança, da saúde e do bem-estar que todos desejamos. Como poderíamos contentar-nos com menos?

NOVE

Veja-se como seu Criador o vê

O HÁBITO DA AUTO-IMAGEM POSITIVA

Ela era, sem sombra de dúvida, a paciente mais triste que eu já atendera.

Suzie tinha um sorriso bonito e uma gargalhada gostosa que, quando ela estava bem, se derramava e contagiava a todos. Era uma dedicada professora de nível médio. Seus alunos a adoravam. Aqueles com quem conversei achavam que era sorte tê-la como professora. Os colegas de Suzie a respeitavam e a admiravam. O diretor da pequena escola particular onde ela trabalhava falava dela com entusiasmo:

— Uma das melhores professoras que já tive — exclamava.

Parece que sua obesidade mórbida não era obstáculo para seus relacionamentos sociais. Mas, mesmo com apenas vinte e poucos anos, Suzie lutava contra diabete e asma muito graves. Tinha dificuldade para manter a dieta restrita que os diabéticos precisam seguir e recusava-se inflexivelmente a fazer exercícios físicos.

Seu problema médico mais sério era a asma. Nos primeiros tempos em que cuidei dela, ela havia sido internada de quatro a seis vezes por ano com crises agudas. Tinha tomado todos os medicamentos possíveis e mesmo assim enfrentava crises freqüentes de asma. As consultas a vários especialistas em doenças pulmonares e alergias foram inúteis.

Suzie garantia que a fé espiritual era importante para ela, por isso freqüentava com regularidade os cultos e era ativa na igreja. No entanto, toda vez que tinha tempo para bater um papo durante as consultas, ela confessava que se sentia idiota e digna de pena, uma pessoa sem valor próprio que não merecia amor nem respeito. Talvez por causa da auto-imagem negativa, Suzie não se preocupava em se vestir bem e raramente usava maquiagem. Perguntei-lhe uma vez se o fato de não se maquiar se devia a motivos religiosos.

— Não — suspirou com ar de abandono. — Simplesmente não vejo por quê.

Procurei cuidadosamente a origem dessa terrível auto-imagem. Haveria algum ódio recalcado? Seria um caso de maus-tratos na infância? Abuso sexual? Pais excessivamente rigorosos? Será que ela fora viciada em pornografia ou drogas? Tinha depressão crônica? Ela negava terminantemente todas essas possibilidades.

Finalmente, Suzie concordou em consultar um psicólogo.

O psicólogo me ligou após algumas sessões com ela.

— Walt, nunca conheci uma pessoa como Suzie. Ela tem a pior auto-imagem de todos os pacientes que já atendi. Vai ser um caso espinhoso.

No fim, acabou não conseguindo ajudar Suzie.

Durante anos, Suzie passou por vários conselheiros pastorais e terapeutas. Ninguém conseguiu promover nenhuma grande mudança nela. Ela ia a retiros espirituais, mas de nada adiantava.

Eu e ela orávamos juntos nas consultas. Parece que se esforçava muito para lidar com suas doenças, mas a asma e a diabete pioravam sistematicamente. Suzie foi piorando cada vez mais até que, com 31 anos de idade, morreu.

Quando tive de preencher o atestado de óbito, minha vontade era registrar que a causa da morte fora: *péssima auto-imagem* e, como causa secundária, *ela se odiava*. Em vez disso, escrevi: "Insuficiência respiratória secundária a asma, cetoacidose diabética e septicemia, agravadas por cardiomiopatia e obesidade mórbida". Todas essas moléstias na verdade tinham se agravado (se não causadas) pela péssima auto-imagem da paciente: seu ódio por si mesma.

Com base em seus sintomas físicos e emocionais, estou convencido de que Suzie fora vítima de um grave abuso na infância. Quem quer que tenha abusado dela — física, sexual, emocional, espiritualmente, ou talvez das quatro maneiras — sem dúvida a convenceu de que um mal tremendo — talvez até a morte — lhe sobreviria se ela revelasse esses fatos. Talvez ela tenha enterrado isso tão fundo no inconsciente que a lembrança não era mais acessível à mente racional. Mas, independentemente da causa, o efeito do ódio que Suzie sentia por si própria era óbvio e acabou sendo fatal.

Ao longo de minha vida profissional, tratei de dezenas de pacientes que padecem de auto-imagem ruim. Embora a maioria não acabe morrendo dessa doença, muitos sofrem seus efeitos. Na verdade, essas pessoas sofrem muito física, mental, relacional e emocionalmente. Em seu livro *Happiness is a choice* [*A felicidade é uma escolha*], os psiquiatras Paul Meier e Frank Minirth escrevem: "Acreditamos que há três fontes primárias de sofrimento emocional. Uma é a *falta de amor próprio* (baixo autoconceito)".[1]

A Bíblia também tem muito a dizer sobre nossa auto-estima e deixa claro que nossa capacidade de amar a Deus e aos outros (os dois mandamentos principais) está diretamente relacionada ao modo que nos vemos e nos tratamos.

Um mestre da religião judaica certa vez perguntou: — De todos os mandamentos, qual é o mais importante?

— O mais importante — respondeu Jesus — é este: "Ouve, ó Israel, o Senhor, o nosso Deus, o Senhor é o único Senhor. Ame o Senhor, o seu Deus, de todo o seu coração, de toda a sua alma, de

[1]Grand Rapids: Baker, 1994, p. 51.

todo o seu entendimento e de todas as suas forças". O segundo é este: "Ame o seu próximo como a si mesmo". Não existe mandamento maior do que estes.[2]

Esse ensinamento enfatiza o que considero as necessidades espirituais e emocionais mais básicas de todos:

1. Relacionamento positivo com Deus.
2. Relacionamento positivo consigo mesmo.
3. Relacionamentos positivos com os outros.

Se uma pessoa não tem amor por si mesma, como pode amar seu próximo como a si mesma? E como uma pessoa pode amar a si mesma de modo saudável se não estiver apoiada no amor de Deus? Saber como Deus nos enxerga é fundamental para construir nossa auto-imagem positiva e amar a ele e aos outros com o coração pleno e seguro.

Comece a examinar sua auto-imagem

Como você se vê? E como acha que seu Criador vê você? Reflita com seriedade nisso e escreva (e date) suas respostas às seguintes perguntas:

- *Eu gosto de mim mesmo? Por que sim ou por que não?*
- *Acho-me digno de amor? Por que sim ou por que não?*
- *Quando penso em Deus, qual minha reação mais intensa: conforto ou desconforto?*
- *O que eu acho que Deus acha de mim? O que ele diria de mim e quais seus sentimentos para comigo?*
- *Em que baseio minha auto-estima? Essa base é boa? Por que sim ou por que não?*

[2]Mc 12.28-31. Observe que o Perfil da Vida Espiritual (v. p. 371) baseia-se nesse preceito.

CADA UM DE UM JEITO — PARA DETERMINADO PROPÓSITO

Afirma-se que foi Alfred Adler, o reconhecido teórico da personalidade, quem cunhou a expressão *complexo de inferioridade*. O complexo de inferioridade pode causar ou ser causado por auto-imagem ruim. Entretanto, todas as pessoas que atendi que sofriam de complexo de inferioridade tinham algo em comum: sua inferioridade era conseqüência de se compararem com os outros. Isso não só é um hábito incorreto, mas também é altamente nocivo.

Por quê? De acordo com a Bíblia, somos projetados por nosso Criador para *não* sermos iguais às outras pessoas — para ninguém ser igual a nenhuma outra pessoa jamais nascida! Ninguém em toda a história é semelhante a nenhum de nós. Ninguém teve ou terá os mesmos genes, nem as mesmas impressões digitais, nem as mesmas ondas cerebrais, nem exatamente a mesma experiência e a mesma perspectiva de vida.

Davi, um dos reis do antigo Israel, descreveu de modo eloqüente a mão de Deus em nossa criação:

> Senhor, tu me sondas
> e me conheces.
> Sabes quando me sento e quando me levanto;
> de longe percebes os meus pensamentos.
> Sabes muito bem quando trabalho e quando descanso;
> todos os meus caminhos são bem conhecidos por ti.
> Antes mesmo que a palavra me chegue à língua,
> tu já a conheces inteiramente, Senhor.
>
> Tu me cercas, por trás e pela frente,
> e pões a tua mão sobre mim.
> Tal conhecimento é maravilhoso demais
> e está além do meu alcance;
> é tão elevado que não o posso atingir.
>
> Para onde poderia eu escapar do teu Espírito?
> Para onde poderia fugir da tua presença?
> Se eu subir aos céus, lá estás;

se eu fizer a minha cama na sepultura, também lá estás.
Se eu subir com as asas da alvorada
e morar na extremidade do mar,
mesmo ali a tua mão direita me guiará e me susterá.

Mesmo que eu diga que as trevas me encobrirão,
e que a luz se tornará noite ao meu redor,
verei que nem as trevas são escuras para ti.
A noite brilhará como o dia,
pois para ti as trevas são luz.

Tu criaste o íntimo do meu ser
e me teceste no ventre de minha mãe.
Eu te louvo porque me fizeste de modo especial e admirável.
Tuas obras são maravilhosas!
Digo isso com convicção.
Meus ossos não estavam escondidos de ti
quando em secreto fui formado
e entretecido como nas profundezas da terra.
Os teus olhos viram o meu embrião;
todos os dias determinados para mim
foram escritos no teu livro
antes de qualquer deles existir.

Como são preciosos para mim os teus pensamentos, ó Deus!
Como é grande a soma deles!
Se eu os contasse, seriam mais do que os grãos de areia.
Se terminasse de contá-los, eu ainda estaria contigo.[3]

É de nossa natureza humana comparar-nos com os outros. E isso quase sempre resulta em sentimento de inferioridade. Na minha opinião, uma das mulheres mais bonitas e de mais classe do século passado foi a princesa Diana (ou "Di", como a chamava a multidão de admiradores). Ao que parece, grande parte do mundo

[3]Sl 139.1-18.

de língua inglesa também tem a mesma opinião. Entretanto, alguém não concordava com essa idéia: a própria princesa. Era notório que ela sofria de um caso grave de baixa auto-estima.

Acho que a princesa Diana, como qualquer um de nós que comete o erro de comparar-se com os outros, acreditava numa mentira: a de que, de alguma forma, valemos menos se não somos "iguais" ou "melhores que" as pessoas que admiramos, ou as que julgamos "merecer" aprovação e amor dos outros e de Deus.

Os adolescentes são particularmente vulneráveis a esse problema de "compare e se desespere", sendo afetados por ele. Quem dentre nós, na adolescência, não se sentiu diferente ou desajeitado ou estranho? Praticamente todos os adolescentes se sentem inferiores, principalmente se não sabem como Deus os fez e os vê em toda a gloriosa singularidade de cada um. Em vez de apreciar sua singularidade e comemorar o quanto são especiais aos olhos de Deus, os adolescentes acreditam que precisam amoldar-se, acreditam que não ser como todo mundo é um problema que precisam resolver. Essa pressão é tão grande na infância e na adolescência que quem ousa ser autêntico e diferente é quase sempre isolado, ameaçado, ridicularizado ou abandonado.

Os psiquiatras Frank Minirth, Paul Meier, Richard Meier e Don Hawkins escreveram um livro intitulado *The healthy Christian life* [*A vida cristã saudável*],[4] em que usam o acrônimo A-V-I-Ã-O para definir algumas maneiras mais comuns de os adolescentes lidarem com seu sentimento de inferioridade. Veja se você reconhece tendências suas nessa lista — mesmo que já esteja "completamente crescido"!

- **A = Acanhamento** — "Se eu ficar como um mísero camundongo, talvez ninguém saiba que eu existo. Se eu abrir a boca ou tomar alguma iniciativa, posso cometer um erro, e as pessoas vão rir de mim. Não posso correr o risco."
- **V = "Viagem"** — "É impossível afastar o sofrimento, logo vou me esconder nas drogas e no álcool."

[4]Grand Rapids: Baker, 1988, p. 102-3.

- **I = Imitação** — "Posso me esconder sendo como todos os outros. Não devo ser diferente na aparência nem no comportamento."
- **Ã = Atuação** — "Vou ser um palhaço. Vou fazer coisas bobas e as pessoas vão rir, principalmente de mim. Quando rirem, não vou achar que estão rindo de mim por qualquer motivo, mas porque eu as faço rir. Sinto-me importante quando as pessoas estão felizes por minha causa."
- **O = Obstinação** — "Vou fingir que sou durão e cruel. Posso fazer todo o mundo pensar que sou confiante porque desrespeito os outros e os trato feito lixo."

Embarque no AVIÃO e viaje dentro de você mesmo

Você percebe o adolescente que existe em você em algum desses traços? Considere cada um deles e pense numa época do ano passado em que você usou algum desses mecanismos de defesa. Utilizou algum deles porque se sentiu inferior a alguma outra pessoa? Por que você se sentiu assim? Quando você consegue reconhecer essas tendências em si mesmo já começa a superá-las. Você faz progressos no caminho de ser uma pessoa altamente saudável.

COMO INFLAR A AUTO-IMAGEM MURCHA

Você pode estar pensando: "Estou ouvindo o que você diz, mas não tenho certeza se é verdade. Não *sinto* o amor de Deus. Não sinto a aceitação dele. Não me sinto único nem especial. Não me sinto como ele me vê — de jeito nenhum!".

Bom, devo lembrar você de que as convicções sólidas *nunca* começam com sentimentos. Nunca! Na verdade, *a fé não é um sentimento.* A crença começa com uma escolha — um ato consciente da vontade, uma decisão. Você sabe que os sentimentos (as emoções) estão sempre mudando, não sabe? Os fatos, entretanto, não mudam (as verdades eternas e imutáveis da Bíblia, por exemplo). Se você preferir depositar sua fé em sentimentos, vai ter problemas, pois seus sentimentos estão sempre sujeitos a mudanças, bem como sua fé.

Sua fé é tão sólida quanto a base que a sustenta. Não se trata apenas de um ato de crença; *aquilo em que você acredita* determina seu grau de saúde. Por exemplo, se você deposita enorme fé numa fina camada de gelo de um lago congelado, acreditando que ela vai suportar seu peso enquanto caminha sobre a superfície, apesar do tamanho e da qualidade dessa fé, você certamente vai se molhar e ficar resfriado. Em contrapartida, mesmo um pouquinho de fé depositada numa camada *espessa* de gelo será recompensada. Você poderá atravessar o lago em segurança. Se você está disposto a depositar sua fé naquilo que Deus diz a seu respeito e no que você significa para ele, então as emoções positivas — e os níveis mais altos de auto-estima que acompanham essa fé — virão.

Se sua auto-estima é baixa, o que você pode fazer para aumentar as chances de vir a ser altamente saudável? Ao longo dos anos, desenvolvi uma folha de aconselhamento, uma lista de recomendações, para ajudar os pacientes que sofrem de auto-imagem ruim. Os oito itens são fundamentados na Bíblia e nas pesquisas científicas.

1. Ponha a relação com Deus no centro de sua vida

Há evidências científicas relevantes de que nossa fé em Deus está associada com um grande número de efeitos positivos na saúde física e mental.

Na semana em que eu estava escrevendo este capítulo, recebi um *e-mail* de uma jovem que tinha sido atendida em nosso serviço anos atrás. Ela lutava com vários problemas emocionais e relacionais, que se traduziam por estresse físico. Era uma neurótica clássica aos quinze anos!

Nos anos em que eu havia sido seu médico, tentei estimulá-la a desenvolver algum tipo de vida espiritual: prestar atenção na sua roda da saúde espiritual e encontrar uma estratégia para inflá-la e balanceá-la. Ela não se mostrava aberta a essas sugestões. A garota mudou de cidade para fazer faculdade e não ouvi falar mais dela até que chegou esta mensagem:

> Prezado dr. Walt, preciso lhe contar minhas novidades. Em primeiro lugar, quero que saiba que nunca estive melhor que agora. Nunca me senti melhor. Estou seguindo seus conselhos sobre nutrição, exercícios e sono. E sem dúvida isso está fazendo uma tremenda diferença. Na verdade, lembro-me de o senhor dizer que minha dieta era um "antro de iniqüidade alimentícia". Bem, as coisas estão melhores nesse departamento!
>
> A parte mais difícil de seguir de seu conselho foi a de iniciar um relacionamento pessoal com Deus. Acho que nunca pensei que ele ia querer me conhecer. Com certeza, nunca me imaginei sendo alguém que lhe interessasse.
>
> Aqui na universidade, conheci algumas garotas muito legais em meu alojamento. Elas me disseram que conhecem Deus pessoalmente — que ele tinha mudado a vida delas. Uma delas me disse que Deus me amava, que ele me criou exatamente do jeito que sou. Disse-me que ele queria se relacionar comigo, dar-me alegria e paz, que tinha um plano especial só para mim.
>
> Bem, dr. Walt, sei que o senhor me disse algumas dessas coisas. Mas acho que eu ainda não estava pronta para ouvi-las — ou aceitá-las — até agora. Este ano comecei aquele relacionamento pessoal com Deus. Colocá-lo no centro de minha vida pôs tudo em equilíbrio. Sinto-me uma nova pessoa!

Que estimulante ouvir essas novidades! Espero que isso lhe sugira um modo de você também tornar-se mais saudável. Acredito que a verdade subjacente de nossa vida é que fomos criados por um Deus amoroso — à própria imagem desse Deus — e que conhecê-lo, servir-lhe, satisfazê-lo e adorá-lo, tudo isso realiza nosso propósito principal na vida e na eternidade. Em resumo, fomos projetados para satisfazer e glorificar a Deus em tudo o que pensamos, dizemos e fazemos.

Reflita na sua criação

O primeiro passo na direção de enxergar-se como seu Criador o enxerga é entender a opinião dele de quem você é. Reserve um momento para refletir no fato de que ele formou você no útero de sua mãe, que ele o conhece e deseja ter um relacionamento pessoal com você. Como você se sente diante disso? Melhor, espero!

- *Faça uma lista de seus talentos e de como você os está utilizando. Existem maneiras de usá-los de forma mais eficaz?*
- *Faça uma lista de como você está utilizando seus bens. Existem maneiras de você se transformar no melhor administrador de seu patrimônio?*
- *Faça uma lista de como você emprega efetivamente seu tempo. Depois relacione tudo que você acredita que lhe está fazendo perder tempo. Que providências você pode tomar nesta semana para fazer melhor uso de seu tempo?*

Comece hoje a agradecer a Deus quem você é e os muitos dons que ele lhe concedeu. Essa atitude de gratidão abre a porta para você ficar sabendo ainda mais a respeito de como ele o enxerga.

2. Leia e memorize passagens da Bíblia e medite nelas diariamente

Há anos tenho dado a meus pacientes uma tarefa: memorizar passagens bíblicas relevantes para o problema de saúde que estão enfrentando e meditar nesses textos. Vários estudos demonstraram que as pessoas que dedicam tempo lendo a Bíblia e refletindo nela todos os dias têm melhores resultados de saúde. Um pesquisador examinou a relação entre o estudo da Bíblia e um casamento saudável. Constatou que 59% dos casais que liam a Bíblia regularmente e a aplicavam aos desafios de seu casamento mencionavam altos níveis de felicidade conjugal. O pesquisador concluiu: "Existe uma relação bem forte entre a prática de orar e de ler a Bíblia e a harmonia conjugal", e "o compromisso com práticas e ideais religiosos pode aumentar a estabilidade conjugal". [5]

Outros estudos constataram que a leitura diária da Bíblia estava associada com maior satisfação de vida para médicos e seus pacientes[6] e também com maior grau de esperança.[7] A leitura da Bíblia também pode estar associada à proteção contra o alcoolismo[8] e sintomas depressivos.[9]

Betsy vinha sofrendo de distimia — uma forma de depressão crônica moderada — havia algum tempo. A mãe e a irmã dela tinham o mesmo problema, e as três estavam sendo tratadas com a medicação antidepressiva adequada. Betsy chegou um dia dizendo que sua depressão estava muito pior.

Ficamos algum tempo falando de alguns acontecimentos recentes de sua vida que podiam ter tido importância no agravamento da depressão. Discutimos a opção de mudar o medicamento, alterar a dieta e talvez acrescentar suplementos alimentares, que aliviam a depressão em alguns pacientes. Falei de alguns estudos médicos que indicam que tomar a quantidade suficiente de luz e aumentar os exercícios físicos poderiam diminuir os sintomas dela. Por último, mas não menos importante, perguntei se ela estava disposta a memorizar uma passagem da Bíblia que eu julgava útil para pessoas que lutam com a depressão, e depois meditar nesse texto. Ela se mostrou interessada. Então escrevi a receita: "Memorizar o salmo 1 e meditar nele durante quinze minutos duas vezes por dia". Também lhe dei amostras (e uma receita) de um antidepressivo que podia funcionar melhor no caso dela.

[5]L. GRUNER, The correlation of private, religious devotion practices and marital adjustment, *Journal of Comparative Family Studies*, 16:47-59, 1985.

[6]H. AYELE et al., Religious activity improves life satisfaction for some physicians and older patients, *Journal of the American Geriatrics Society*, 47(4): 453-5, Apr. 1999.

[7]E. BENZEIN, A. NORBERG & B. I. SAVEMAN, *Hope:* future imagined reality. The meaning of hope as described by a group of healthy Pentecostalists, *Journal of Advanced Nursing*, 28(5): 1063-70, Nov. 1998.

[8]H. G. KOENIG et al., Religious practices and alcoholism in a southern adult population, *Hospital and Community Psychiatry*, 45(3): 225-31, Mar. 1994.

[9]H. G. KOENIG et al., Modeling the cross-sectional relationships between religion, physical health, social support, and depressive symptoms, *American Journal of Geriatric Psychiatry*, 5(2): 131-44, Spring 1997.

Recebi Betsy no consultório cerca de um mês depois. Quando entrei na sala de exames, a Betsy "normal" me cumprimentou. Seus olhos faiscavam.

"Puxa!", exclamei.

— Com certeza, você está ótima. O novo remédio deve ter ajudado mesmo.

— O senhor está se referindo a este aqui? — perguntou, passando-me as amostras de remédio que não tomara e a receita que não mandara aviar.

— Você não experimentou o novo remédio?

— Não. Fiquei com o antigo. Mas a receita que ajudou mais foi memorizar aquele salmo — e começou a recitar todo o salmo, palavra por palavra!

— Doutor — disse —, essa foi uma das coisas mais eficazes que já experimentei. Aprendi tanto com esses versículos. Devo decorar outros?

Tive imenso prazer de receitar várias outras passagens da Bíblia que eu julgava úteis para levantar o ânimo e aumentar a auto-estima.

Muitas coisas surpreendentes acontecem a pessoas que se comprometem com a prática de ler a Bíblia e memorizar passagens para refletir sobre elas em momentos de meditação. Uma das coisas mais maravilhosas que podem acontecer é a renovação total do modo de pensar do indivíduo. Na verdade, a Bíblia nos diz: "Não se amoldem ao padrão deste mundo, mas transformem-se pela renovação da sua mente".[10] A auto-imagem ruim pode ser transformada em auto-estima positiva à medida que descobrimos quanto Deus realmente nos ama e com que intensidade ele quer que nossa vida seja plena e relevante.

Muitos de meus pacientes que sofrem de auto-estima baixa foram programados desse modo (assim como um computador) quando jovens. Talvez essa programação tenha sido feita por pais

[10]Rm 12.2.

repressores ou negligentes demais, ou por irmãos e colegas de classe cruéis. Esse tipo de programação negativa invariavelmente resulta num pensamento defeituoso. Pode nos fazer acreditar que somos maus. Distorce nossa autopercepção e pode impedir que experimentemos o amor de Deus e recebamos sua graça. Pode nos deixar preocupados e cheios de dúvidas, autocríticas e autocondenações. Pode fazer que duvidemos da existência de Deus e mais ainda do fato de ele nos amar e se preocupar conosco. Em resumo: pensamento errado, ou reflexão errada, pode impedir-nos de ser altamente saudáveis.

Não podemos controlar a programação anterior de nossa mente. Entretanto, a boa notícia é que, independentemente da causa da programação inicial — e desse condicionamento passado ter quase sempre efeito na maneira que sentimos, pensamos e agimos —, podemos aprender novas formas de pensar e de nos comportar. Nosso Criador nos projetou com essa capacidade!

A "renovação" de nossa mente é um processo gradual e pode ser incrementado por leitura e memorização, seguidas de meditação de passagens da Bíblia. O rei Davi comparou a pessoa altamente saudável a uma árvore que cresce na margem de um rio:

> Como é feliz aquele
> que não segue o conselho dos ímpios,
> não imita a conduta dos pecadores,
> nem se assenta na roda dos zombadores!
> Ao contrário, sua satisfação está na lei do Senhor,
> e nessa lei medita dia e noite.
> É como árvore plantada à beira
> de águas correntes:
> Dá fruto no tempo certo
> e suas folhas não murcham.
> Tudo o que ele faz prospera![11]

[11] Sl 1.1-3.

Procure ânimo na Bíblia

Muitas edições da Bíblia contêm uma lista de versículos para ler e meditar acerca de problemas ou questões especiais. Se você visitar uma livraria cristã, o atendente pode ajudá-lo a escolher uma Bíblia que satisfaça suas necessidades.

Por exemplo, a "NVI Encouragement Bible" tem apêndices com versículos que respondem a muitas perguntas fundamentais que todo ser humano alguma vez já fez. Eis algumas:

- *Por que às vezes me sinto distante de Deus?*
- *Como crescer em meu amor a Deus?*
- *Quem consegue entender a profundidade de minha tristeza?*
- *Será que Deus vê meu sofrimento e escuta meu pedido de ajuda?*
- *De que maneira meus conflitos podem ser usados por Deus para ajudar os outros?*
- *Como devo lidar com minha ansiedade? Com o medo? A ira? A solidão? A depressão?*
- *Como devo lidar com o desespero? A amargura? O sofrimento?*

Você também pode encontrar livros que tratam de assuntos específicos e citam versículos bíblicos que ajudam nessas questões. Por exemplo, a filha do dr. Billy Graham, Anne Graham Lotz,[12] *republicou o clássico Daily light devotional [A luz de todo dia], de Samuel Bagster, e incluiu alguns de seus versículos favoritos com a sabedoria da Bíblia sobre assuntos específicos.*

3. Reserve um tempo diário para meditação e oração

Momentos a sós com Deus em oração são prioridade na vida de pessoas altamente saudáveis. Orar é simplesmente conversar com

[12]Nashville: Countryman, 1998.

Deus. Meditação é concentrar-se deliberadamente e ouvir com os ouvidos espirituais o que Deus já revelou nas Escrituras e o que o Espírito Santo comunica a nosso espírito durante a conversa.

Para mim, essa conversa espiritual começa logo que acordo de manhã. Por isso programo o despertador para pelo menos meia hora antes de começar meus compromissos diários. Quando acordo, Deus é o primeiro de meus pensamentos. Antes mesmo de me levantar da cama, agradeço-lhe a noite de descanso e a graça do novo dia à minha frente. Rogo especificamente que em tudo o que eu faça nesse dia eu venha a conhecê-lo mais a fundo e honrá-lo mais completamente.

Vários estudos na área médica[13] tratam dos efeitos da oração — tanto nos que oram diariamente quanto naqueles para os quais se ora. Um dos estudos demonstrou[14] correlação positiva entre atividades religiosas como oração e leitura da Bíblia e a satisfação de viver.

Os pesquisadores acreditam que o tempo passado em meditação e oração, principalmente se acompanhadas de estudo bíblico, afasta a pessoa de uma possível concentração patológica em si mesma, enfoque este que não só diminui a auto-estima, mas também reduz a satisfação de viver e o bem-estar. Concentrando-nos em nós mesmos e em nossos problemas e deixando de enxergar o "plano geral" de qualquer sofrimento que estamos atravessando, podemos com efeito contribuir para nossa própria destruição.

Investir apenas cinco ou dez minutos por dia em meditação e oração pode começar a mudar sua vida.

Reserve um tempo para você

Eis um fato assombroso: a maioria dos homens e das mulheres investe muito pouco tempo em si. Mas os que reservam um tempo toda manhã para a oração e a meditação — seja em companhia da

[13]V. p. ex., V. Carson & K. Huss, Prayer, an effective therapeutic and teaching tool, *Journal of Psychiatric Nursing and Mental Health Services*, 17(3): 34-7, Mar. 1979.

[14]H. Ayele et al., Religious activity improves life satisfaction for some physicians and older patients, *Journal of the American Geriatrics Society*, 47(4): 453-5, Apr. 1999.

Bíblia ou de uma xícara de café à mesa da cozinha, seja fazendo uma breve caminhada ao ar livre — invariavelmente relatam que se sentem mais bem preparados para o dia.

Estudos médicos demonstram que pequenos intervalos distribuídos ao longo do dia de trabalho podem aumentar sua energia, sua produtividade e sua satisfação. As pessoas que investem numa soneca restauradora de dez minutos toda tarde tendem a ter desempenho melhor no trabalho.

Se você nunca considerou a hipótese de investir tempo em você mesmo, chegou a hora de começar. Programe seu despertador para quinze minutos mais cedo. Levante-se da cama e desfrute o prazer de um período a sós com o Criador.

4. Evite a reflexão negativa

Ser excessivamente crítico com você mesmo — dar-se uma surra regularmente — piora cada vez mais a auto-estima ruim. As pessoas podem melhorar o ânimo, as atitudes e a saúde geral mudando o modo de pensar e o que dizem a si acerca de si mesmas, acerca da vida e de Deus. O que pensamos é o que declaramos a nós mesmos na intimidade de nossa mente. O que *é* o poder do pensamento positivo?

Uma grande revisão da literatura médica concluiu que, enquanto uma atitude otimista faz maravilhas pela recuperação dos pacientes, as atitudes negativas e a autocrítica muito severa diminuem a probabilidade de o indivíduo ser altamente saudável. Os pesquisadores revisaram dezesseis estudos (ao longo de trinta anos) que focalizavam especificamente as atitudes de pacientes após cirurgias. Dentro de uma gama muito variada de condições clínicas, de dores na coluna lombar até cirurgia cardíaca, os pacientes que achavam que iam se sair bem na recuperação realmente obtinham esse resultado. Os pacientes cuja atitude era negativa e que falavam da cirurgia de forma negativa — tinham medo ou eram pessimistas quanto à recuperação — não se recuperavam tão rápida ou tão plenamente quanto os otimistas.[15]

O apóstolo Paulo escreveu:

> Tudo o que for verdadeiro, tudo o que for nobre, tudo o que for correto, tudo o que for puro, tudo o que for amável, tudo o que for de boa fama, se houver algo de excelente ou digno de louvor, pensem nessas coisas. Ponham em prática tudo o que vocês aprenderam, receberam, ouviram e viram em mim. E o Deus da paz estará com vocês.[16]

O que pensamos e como pensamos — e como "conversamos" com nós mesmos acerca do que pensamos — têm impacto direto em nossa paz mental. O tipo de pensamento que Paulo tem em mente melhora nosso ânimo, nossa imunidade e, portanto, nossa saúde.

Até onde seu copo está cheio?

Se você tem o hábito de conversar com você mesmo de modo muito crítico, ou se tende a ter expectativa pessimista da vida (achando que o copo está meio vazio, e não meio cheio), decidir conversar com um pastor ou conselheiro que o ajude a mudar seu jeito de pensar pode ser uma intervenção altamente saudável a seu favor.

Você vai gostar de ler o livro Unbreakable bonds [Laços indissolúveis], escrito pela psicóloga Cheryl Meier e seu pai, o psiquiatra Paul Meier.[17] Os autores tratam de várias estratégias excelentes para superar a reflexão negativa. (Eu e minha filha, Kate, tivemos o privilégio de escrever o prefácio desse livro.)

[15]M. V. Mondloch, D. C. Cole & J. W. Frank, Does how you do depend on how you think you'll do? A systematic review of the evidence for a relation between patient's recovery expectations and health outcomes, *Canadian Medical Association Journal*, 165(2): 174-9, 24 Jul. 2001.

[16]Fp 4.8,9.

[17]Grand Rapids: Baker, 2002.

5. Crie intimidade familiar

Muitos dos meus pacientes — talvez a maioria — com baixa auto-estima também têm relações familiares ruins. A experiência de amor e aceitação na família é mais importante para a saúde do que muita gente imagina.

Se você tem família, pode começar a melhorar sua saúde melhorando a qualidade de sua vida em família. Você conhece o ditado: "O importante não é a quantidade de tempo que você passa com alguém, mas a qualidade"? Bem, isso é uma enorme besteira. O tempo de qualidade *só é possível* com quantidade de tempo. O tempo de qualidade não pode ser programado. Acontece apenas quando estamos dispostos a passar quantidades adequadas de tempo com as pessoas que amamos.

Para os casais casados, recomendo uma saída com sua cara-metade pelo menos uma vez por semana. Eu e Barb começamos essa deliciosa prática quando entrei na escola de medicina, cerca de trinta anos atrás, e a conservamos até hoje. Atualmente, nosso encontro semanal consiste em sair para tomar café da manhã um dia por semana quando já não estamos viajando juntos a negócios. Também saímos juntos em um ou mais finais de semana românticos por ano. Além disso, uma vez a cada dois ou três anos procuramos congressos de final de semana para melhorar nossas habilidades conjugais. Barb e eu consideramos esses acontecimentos e o tempo que passamos juntos — tempo focalizado um no outro e em como podemos crescer pessoalmente e edificar um ao outro — essenciais para nossa saúde individual, nossa auto-estima, nosso casamento e nossa vida em família. É o *nosso* tempo de conversar e ouvir, de nos comunicar e de aplainar nossas diferenças.

Se você é pai ou mãe, decida passar tempo em quantidade e com qualidade com seus filhos *todos* os dias. Isso pode significar estar em casa para o jantar pelo menos quatro noites por semana. Pode incluir ler para os filhos pequenos, reservar um tempo maior para os rituais da hora de dormir, ou planejar encontros semanais com cada filho individualmente (seja qual for a idade deles), de modo que você possa ouvir com atenção tudo que esteja no coração deles.

O dia em que Kate, minha filha mais velha, completou seis anos, eu estava conversando com meu pai pelo telefone.

— Walt, parabéns! — disse ele.

— Por quê? — perguntei, meio surpreso.

— Ora, um terço de sua vida com Kate já acabou.

Demorou um pouco para eu perceber o que ele estava querendo me dizer. Kate provavelmente iria embora de casa com 18 anos. De fato, um terço de meu tempo de relacionamento próximo e íntimo com minha filha já se fora. "É isso", pensei comigo. "Não vou deixar esse tempo escorrer pelos dedos." Então, naquele momento, resolvi passar mais tempo com meus filhos — enquanto eu pudesse.

Depois de conversar sobre o assunto com Barb, assumimos o compromisso de jantar com toda a família pelo menos cinco noites por semana — não em frente à televisão, nem em nenhum restaurante de comida rápida, tampouco pedindo pizza em casa, mas íamos cozinhar a refeição *juntos,* sentar e comer *juntos.* Preferindo *jantar* em vez de simplesmente nos alimentar, decidimos estar presentes plenamente uns com os outros, comer devagar, conversar, rir e curtir de verdade uns aos outros.

Essa prática é altamente saudável? Pode ter certeza disso! De fato, segundo o escritor *freelancer* Charles Downey,

> as famílias comem menos quando comem reunidas, porque conversam, e isso diminui a velocidade da ingestão dos alimentos, dando ao estômago oportunidade de emitir sinais de saciedade. Mesmo depois da ingestão de pequenas quantidades de comida, o estômago começa a emitir sinais de saciedade dentro de vinte minutos.[18]

As crianças que jantam com os pais tendem a ter dieta mais saudável que as que não fazem isso. Mas essa não é a única razão para dar importância às refeições em família. Os especialistas[19]

[18]Helping your child avoid obesity; na *web* em www.scoutingmagazine.org/archives/9901/d-famt.html

[19]Para mais informações sobre os benefícios das refeições em família, v. Say "yes" to family meals; na *web*, em www.extension.iastate.edu/Publications/PM1842.pdf

dizem que sentar juntos é uma das atividades mais importantes da vida em família, ambiente em que compartilhar informações e notícias pessoais deve ser prioridade. Nesse tipo de ambiente, as crianças têm mais condições de crescer e se desenvolver de maneira saudável.

Uma pesquisa publicada no *Journal of Epidemiology and Community Health* estudou mais de duzentos adolescentes que moravam com os pais. Os jovens desse grupo que precisavam de atendimento de saúde mental faziam uma refeição com a família em casa menos de cinco vezes por semana (em média). Os jovens mais saudáveis faziam refeições com os pais pelo menos seis vezes por semana. Os pesquisadores concluíram que "compartilhar refeições diariamente é um ritual de união que promove a saúde mental dos adolescentes".[20]

Em 1997, a Associação Americana de Psicologia publicou um estudo que demonstrava o papel fundamental da refeição familiar na vida dos adolescentes. O estudo constatou que os adolescentes mais bem ajustados — com relacionamento melhor com seus pares, mais motivação na escola e poucos problemas (se é que houvesse) com drogas e depressão — jantavam com a família pelo menos cinco noites por semana. Outra pesquisa feita pela University of Minnesota e pela University of North Carolina obteve resultados semelhantes: uso de drogas, atividade sexual, violência e estresse emocional eram menos prováveis em famílias cujos pais estavam presentes em momentos essenciais, principalmente durante as refeições.[21]

Por fim, já que nossa auto-estima está tão relacionada com o amor e a aceitação de nossos pais (e outros familiares próximos), vale a pena qualquer esforço para tentar a reconciliação com os familiares com quem temos questões não resolvidas e relacionamento ruim. Além disso, como filhos adultos, devemos decidir

[20]E. COMPAN et al., Doing things together: adolescent health and family rituals, *Journal of Epidemiology and Community Health*, 56(2): 89-94, Feb. 2002.

[21]Erinn FIGG, Return to the family meal. Eating together puts communication back on your menu, na *web*, em www.nsc.org/pubs/fsh/archive/win00/commun.htm

passar boa quantidade de tempo com nossos pais, se possível. A Bíblia diz: “Honra teu pai e tua mãe, a fim de que tenhas vida longa”.[22] Passar tempo com nossos pais é a melhor forma de honrá-los, e Deus promete abençoar-nos por esse comportamento.

Reserve um tempo para seu cônjuge e para seus filhos

Sua tarefa é: tenha um bloco de notas e uma caneta em seu criado-mudo. Toda noite, durante as duas próximas semanas, anote o número de minutos que você ficou a sós, apenas ouvindo ou conversando, com seu cônjuge ou com cada filho que mora com você em casa — sem contar o tempo de ver tevê nem o tempo passado em casa juntos. Conte apenas o tempo que passaram conversando olho no olho. (Talvez se assuste quando descobrir quão pouco tempo vocês dedicam um ao outro.) No final das duas semanas, faça uma reunião familiar. Criem estratégias que os ajudem a passar mais tempo juntos.

6. Passe um tempo toda semana com pessoas altamente saudáveis

O impacto dos relacionamentos no seu processo de tornar-se altamente saudável não pode ser subestimado. Salomão, considerado um dos mais sábios mestres de todos os tempos, deu bons conselhos sobre como escolher nossos amigos: “Assim como o ferro afia o ferro, o homem afia o seu companheiro” e “O coração bem disposto é remédio eficiente, mas o espírito oprimido resseca os ossos”.[23] Em outras palavras, escolher bons amigos pode melhorar sua saúde!

Quantos amigos bastam? É possível ter amigos de mais? É possível tê-los de menos? Há um perigo em ter apenas um amigo íntimo.

[22]Êx 20.12.
[23]Pv 27.17; 17.22.

Se esse amigo tivesse de se mudar ou por algum motivo o deixasse, o vazio da ausência dele seria difícil de preencher. Ter amigos de mais, por outro lado, nem sempre é muito saudável. Salomão escreveu: "Quem tem muitos amigos pode chegar à ruína, mas existe amigo mais apegado que um irmão".[24] Frank Minirth e Paul Meier concordam: "O necessário é a intimidade [...] não a quantidade".[25]

Tome uma dose de amizade animada

Considerando os princípios que mencionamos — jantar com seus filhos, melhorar o relacionamento com seus pais e passar mais tempo com pessoas altamente saudáveis —, identifique a área mais fraca no seu caso. Que área você pode melhorar? Estabeleça pelo menos uma medida que você pode tomar — e vai tomar — para melhorar sua saúde, ou a de sua família nessa área.

7. Faça o que lhe dá alegria e prazer

Nutrir as esperanças e os sonhos dados por Deus é fundamental para as pessoas que querem ser altamente saudáveis. Por quê? Porque essas aspirações trazem alegria e satisfação verdadeiras. É isso que tem maior probabilidade de aumentar sua auto-estima.

Acho surpreendente o fato de pessoas infelizes e descontentes, que têm péssima auto-imagem, continuarem — todo terrível dia — fazendo aquilo (quase sempre atividades autodestrutivas ou pelo menos não gratificantes) que só as faz sentir-se pior. Elas se recusam a fazer as coisas que praticamente lhes garantem melhorar a auto-imagem e aumentar a sensação de satisfação e bem-estar. Dão desculpas. Para mim, é sintomático quando elas dizem: "Não posso..." ou "Eu tentei, mas...". Preencha as reticências.

[24]Pv 18.24.
[25]*Happiness is a choice*, p. 144.

Só consigo interpretar essas frases como desculpas, puras e simples desculpas.

Toda vez que encontro alguém que tenta dar uma dessas desculpas — para evitar a responsabilidade por seus atos —, eu o interrompo no meio da frase e faço que mude seus "não-posso" e "não-vou". Em *Happiness is a choice*, os autores escrevem: "Se um indivíduo muda todos os seus 'não-posso' ou 'não-vou', ele pára de evitar a verdade, deixa de enganar a si próprio e começa a viver na realidade".[26]

Henrique é um ótimo exemplo. Ele trabalhava na empresa da família entregando água engarrafada. Ganhava bem, mas não havia sido criado para aquilo. Sentia um vazio, uma insatisfação que o corroía por dentro. O que Henrique apreciava mesmo era cultivar orquídeas.

Finalmente, com várias experiências e o incentivo da mulher, Henrique decidiu abandonar a empresa de água engarrafada e comprar um orquidário numa cidade próxima. Ele fez a pesquisa, verificou as referências e negociou uma mudança de propriedade, o que reduziu seu risco de fracasso e permitiu que os proprietários lhe ensinassem as técnicas do novo negócio.

Encontrei Henrique e Helena quando estavam estabelecidos em sua nova empresa. Para mim, eles são exemplo: eles *adoram* o que fazem, o que se manifesta em alegria e saúde.

Para completar, Henrique conhecia um corretor de valores chamado Don, que ganhava um monte de dinheiro mas se sentia muito infeliz. Depois de alguns anos ajudando Henrique no orquidário aos sábados, Don decidiu deixar o mundo das finanças e se transformou num orquidófilo ao lado do amigo.

Recentemente visitei Henrique e Don no orquidário deles na região central da Flórida. Valeu a pena vê-los. Embora não sejam os homens mais ricos do mundo financeiramente, estão entre os mais ricos em muitos outros aspectos e, acima de tudo, são altamente saudáveis.

[26] MINIRTH & MEIER, p. 132.

8. Ajude os outros

As pessoas de auto-estima saudável não são ensimesmadas. Na verdade, sentir-se à vontade na própria pele lhe permite servir aos outros e doar-se a eles de fato: exatamente como Jesus mandou que fizéssemos. Amar nosso próximo como a nós mesmos é uma virtude de primeira ordem. No entanto, os que praticam essa disciplina sempre afirmam que "se obtém mais do que é dado". As pessoas que estabelecem como prioridade servir aos outros têm maior probabilidade de tornar-se altamente saudáveis.

Steve Wilson, psicólogo que se autoproclama "alegrólogo", afirma:

> Existe um tipo de infelicidade que não pode ser curada obtendo coisas, porque exige doação. Existe um tipo de insatisfação, de desapontamento e ausência de alegria remediado quando doamos algo, quando fazemos algo pelos outros [...]. A felicidade é um trabalho interno que consiste em desfazer a ilusão de que a aquisição material é uma medida do valor do adquirente, em lembrar que se é realmente (alguém precioso), em encontrar a própria origem, em rir sempre, em servir com amor.[27]

Cientistas estudaram 2 153 pessoas idosas no Japão e descobriram um padrão fascinante.[28] O estado de saúde relatado pelo próprio sujeito entre os homens tendia a ser mais alto nos que ajudavam os outros — e quanto mais esses homens ajudavam os outros, melhor a saúde deles. Os que estavam mais envolvidos na prática de ajudar os outros (e tinham nível mais alto de saúde) também eram homens que se engajavam em práticas religiosas pessoais. Uma possível explicação dessa descoberta é que ter laços sociais fortes e uma sensação de satisfação com a vida melhora as funções imunológicas da pessoa.

[27]Happiness is an inside job; na *web*, em www.stevewilson.com./esteem3.html

[28]N. KRAUSE et al., Religion, social support, and health among the Japanese elderly, *Journal of Health and Social Behavior*, 40(4): 405-21, Dec. 1999.

Tome uma dose da sensação de contentamento

Reserve alguns momentos para refletir em sua vida nos últimos anos. Você tem a sensação de contentamento quando pondera o que tem sido sua vida? Tem o compromisso de ajudar ou servir a outras pessoas? Vê ligação entre ajudar os outros e a sensação pessoal de satisfação?

Se você tende a passar a maior parte de seu tempo indo atrás dos próprios objetivos e interesses, incentivo-o a procurar maneiras específicas de fazer da ajuda aos outros alta prioridade. O que você vai fazer de diferente no próximo mês para tornar-se altamente saudável nessa área?

Pense num local de sua comunidade ou numa igreja onde você pode ajudar. Comprometa-se a ajudar numa central de arrecadação de alimentos, num abrigo para os sem-teto, num hospital, num centro de atendimento a idosos, numa organização humanitária. Há centenas de opções. Escolha uma, qualquer uma. Mas escolha um local e um período para doar seu tempo e seu talento a pessoas menos afortunadas. De certo modo, sua saúde depende disso.

UMA OLHADA NO ESPELHO

Como você se vê? Quando olha no espelho ou pensa em como tem vivido sua vida, você tem sentimentos positivos ou negativos? Sente-se saudável ou sem saúde?

As pessoas altamente saudáveis quase sempre têm imagem positiva de si mesmas. *Não* estou dizendo que são convencidas nem que o ego delas é inflado, mas que elas conseguiram aceitar-se a si próprias, com os lados positivos e negativos, e se respeitar.

Se você sofre de auto-imagem murcha, está na hora de dar outra olhada no espelho. Veja-se como Deus o vê. Ele projetou e criou a pessoa que você vê refletida ali. Você foi projetado para viver uma vida plena, com significado e cheia de bem-estar. Deus criou você para viver e oferecer — todo dia — amor (e não desprezo por você mesmo); alegria (não desapontamento); paciência (não petulância); generosidade (não avareza); bondade (não maldade); confiança (não desconfiança); gentileza (não grosseria); e domínio próprio (não voltado para si).

Vai ser preciso investir muito tempo e esforço nas receitas e nos conselhos que ofereci neste capítulo. É trabalho — trabalho duro! Jim Rohn, que faz palestras motivacionais, escreveu: "Temos de travar uma batalha intensa e interminável contra o impulso negativo. Se relaxarmos, as ervas daninhas e os vermes do negativismo vão invadir o jardim e levar tudo que tem valor".[29] À medida que esse fruto espiritual cresce em sua vida, você se torna cada vez mais estável e pleno. Os dividendos são literalmente do outro mundo.

Considere isto: vendo a si mesmo como seu Criador o vê e aprendendo a incorporar o projeto e o plano dele a seu modo de vida e ao que você faz, você vai conquistar o poder de realizar o propósito que Deus estabeleceu para sua vida. Acredito que seu Criador projetou você para um propósito muito específico. Permanecer fiel a esse propósito resulta em alegria e satisfação genuínas.

Nosso propósito muitas vezes se reflete em nossos mais profundos sonhos, desejos e esperanças. Quais são os seus? Vou falar desse assunto no próximo capítulo.

[29]Overcoming negative thinking; na *web* em www.foreclosures.com/forecast/ff_oct01/default.asp?topic=great

DEZ

Alimente suas esperanças e seus sonhos

O HÁBITO DE DESCOBRIR O PRÓPRIO FUTURO

Um dos meus lugares favoritos no vilarejo de Bryson City, Carolina do Norte, onde comecei a trabalhar como médico, é o Hemlock Inn, nos arredores da cidadezinha numa pequena montanha acima do riacho que leva o nome de Galbreath. A estalagem simples e agradavelmente rústica serve uma deliciosa comida caseira montanhesa. Seu restaurante fica invariavelmente lotado no café da manhã e na hora do jantar, quando as refeições são servidas ao estilo familiar em grandes mesas redondas com uma grande tábua giratória no centro, onde são colocadas as travessas de comida.

Por causa da disposição das mesas, os clientes puxam conversa uns com os outros — e fazendo isso, quase sempre procuram coisas em comum. "De onde você é?", "Com que você trabalha?", "Tem filhos?","É a primeira vez que vem aqui?" Não poucas vezes esse tipo de pergunta leva à descoberta de um amigo comum, um fato ou interesse semelhante na vida, além de ser o ponto de partida para uma conversa mais profunda.

Em 1979, quando estivemos pela primeira vez no Hemlock Inn, eu e minha mulher tínhamos por volta de trinta anos, ao passo que a maioria dos clientes compunha-se de aposentados. Uma coisa em comum em todas as pessoas que conhecemos era que só naquela época, no crepúsculo da vida, é que estavam começando a viver seus sonhos. Quase todos ali adiaram décadas para fazer algo que ansiavam poder fazer. Um estava começando a pintar com aquarela. Outra estava começando a aprender a tocar xilofone. Um deles tinha começado a escrever e outro ainda a viajar. Outras pessoas estavam desenvolvendo trabalho voluntário ou missionário. Praticamente todos estavam lendo mais, passeando mais, comendo melhor e, acima de tudo, vivendo o que eles definiam como "saúde melhor", ainda que o corpo estivesse, na maioria dos casos, já em declínio.

Barb e eu encontramos dezenas de homens e mulheres que estavam abertos à mudança — e vivendo mudanças —, que estavam começando a descobrir o poder de cura de perseguir as esperanças e os sonhos que Deus lhes dera, deixando de apenas obedecer aos ditames de outros. Estavam começando a descobrir seu futuro — seu destino, por assim dizer —, mas ironicamente numa época em que os anos que tinham à frente eram poucos. Alguns estavam pensando em nova carreira: algo com que sempre sonharam, mas nunca tinham realizado por ter escolhido um caminho diferente ou (talvez seja mais exato dizer) ter seguido um caminho escolhido para eles ou esperado deles.

Em outras palavras, muitos tinham passado grande parte da vida procurando satisfazer os outros em vez de seguir o caminho que Deus projetara para eles. Sim, a maioria deles ganhou muito dinheiro, usava as melhores roupas, tinha belos carrões e casas de veraneio. Mas, afinal, faltava-lhes paz interior.

Estou convencido de que essas pessoas lhe diriam para descobrir e desenvolver, alimentar e nutrir, *agora*, o caminho de vida que lhe foi destinado, um caminho que resultará em muita saúde e satisfação.

VIVER DE ACORDO COM O PROJETO

Acredito de coração que cada um de nós foi criado meticulosamente por um Projetista Mestre. Existimos por uma razão e somos amados por nosso Criador além do que nossa imaginação mais desenfreada possa ir. Fomos projetados para um propósito. Jesus afirmou que veio à terra para que todos "tenham vida, e a tenham plenamente" (Jo 10.10).

Comentando os excelentes benefícios do relacionamento pessoal com Deus, os autores Frank Minirth, Paul Meier, Richard Meier e Don Hawkins observam que "o crente tem a oportunidade de encontrar sentido e finalidade para sua vida". Escrevem: "Para os crentes, propósito e sentido na vida é reconhecer que não somos donos de nós mesmos, mas sim pertencemos [a Deus]". Fazem a cada um de nós a seguinte pergunta: "Você entregou sua vida a Deus, para o que quer que ele deseje?". Se fez isso, "você vai descobrir sua identidade interior de servo e embaixador de Deus, e vai procurar oportunidades ocupacionais que lhe permitam ter cada vez mais liberdade de expressar quem você é pela glória de Deus".[1]

Numa carta aos cristãos de Roma, o apóstolo Paulo escreveu: "Portanto, irmãos, rogo-lhes pelas misericórdias de Deus que se ofereçam em sacrifício vivo, santo e agradável a Deus; este é o culto racional de vocês. Não se amoldem ao padrão deste mundo, mas transformem-se pela renovação da sua mente" (Rm 12.1,2). A palavra grega *syschemmatizom,* traduzida por "amoldar", significa "ser modelado por forças externas", enquanto "transformado" (*metamorphoom* — raiz de "metamorfose") significa "ser transformado de dentro para fora".

Quando Jesus ensinou sobre alimento e roupa — necessidades da vida —, disse: "Busquem, pois, em primeiro lugar o Reino de Deus e a sua justiça, e todas essas coisas lhes serão acrescentadas" (Mt 6.33). Para que nossa vida seja repleta de satisfação, significado, propósito, esperança e alegria, a Bíblia nos diz que isso só pode acontecer se conhecermos Deus pessoalmente e optarmos por servir-lhe e agradar-lhe diariamente, que é seu propósito para nós. Em contrapartida, preferir viver fora do propósito para o qual fomos

[1] *The healthy Christian life*, Grand Rapids: Baker, 1988, p. 25-6.

criados inevitavelmente resulta em falta de plenitude, escassez de paixão e de bênçãos e insatisfação — simplificando, resulta em "*des*conforto".

O tratamento para esse "*des*conforto" tem dois componentes. O primeiro já foi mencionado aqui, ou seja, conhecer Deus e desenvolver um relacionamento pessoal vital com ele. O segundo implica viver as esperanças e os sonhos concedidos por ele de acordo com os propósitos que ele, nosso Criador, determinou para nossa vida.

Em seu livro *The power of purpose* [*O poder do propósito*], Richard Leider observa: "Propósito não é uma coisa. Não é jamais uma condição estática que podemos conservar. Propósito é uma atividade contínua, perguntas que fazemos repetidamente. É um processo que vivemos todos os dias. É o processo de ouvir e dar forma a nossa história de vida".[2] Julgar que sua história de vida é essencial para atingir um alto grau de saúde não é só o que importa. Também é preciso descobrir seu papel na história de Deus. (Para saber mais sobre isso, recomendo uma fonte maravilhosa oferecida por Kurt Bruner, intitulada *The divine drama: discovering your part in God's story*[3] [*O drama divino: descobrindo seu papel na história de Deus*].)

Décio era um homem que viveu a maior parte de sua vida sem propósito. Por isso, ele não conseguia concentrar-se nas coisas mais importantes que precisava fazer. Nos últimos dois anos de sua vida, ele finalmente adquiriu tanto propósito quanto visão. Descobriu as esperanças e os sonhos que Deus lhe concedera e começou a vivê-los. Pena que não tenha começado antes.

Paciente meu de Bryson City, Décio fora um homem de negócios bem-sucedido, admirado e respeitado por quase todos de sua cidade. Parecia que tinha tudo: poder, prestígio e posição. Era atraente e muito inteligente. Tinha os três elementos que o mundo admira: beleza, cérebro e dinheiro.

[2]San Francisco: Berrett-Koehler, 1997, p. 30.
[3]Wheaton: Tyndale House, 2002.

Eu tinha ouvido falar de Décio, até assistira a uma palestra sua no Rotary clube. Parecia que tinha conseguido tudo. Um dia veio a uma consulta para um exame físico. Fiz a anamnese cuidadosa, examinei-o da cabeça aos pés e depois verifiquei os resultados de seus exames de laboratório, as radiografias e o eletrocardiograma. Dei-lhe o que julguei ser uma boa notícia. Estava em perfeita forma, a não ser pelo ligeiro excesso de peso.

A reação de Décio foi surpreendente.

— Odeio minha vida. Detesto meu emprego. Detesto meu casamento. Deus me perdoe, mas detesto até minhas filhas. Não sei o que fazer com essa situação.

Enquanto me dizia isso, seus olhos se encheram de lágrimas.

Eu me sentei e conversamos um pouco. Décio era agnóstico, mas chegara a um ponto da vida em que sentia profunda necessidade de saber se Deus existe e se havia algo mais na vida além de ganhar e gastar. Encaminhei-o a um psicólogo da cidade, que também era pastor. Eles fizeram várias sessões juntos, mas o dr. Larson me disse mais tarde:

— Décio decidiu não mudar. Preferiu conti-nuar em seu caminho atual.

Não muito depois, Décio mudou-se para outra cidade a fim de ocupar um cargo mais prestigioso numa empresa maior. Perdi o contato com ele durante quase vinte anos. Dois anos atrás, porém, eu estava no aeroporto quando vi a mulher de Décio se aproximar. Fomos nos sentar um pouco num pequeno café e pôr as notícias em dia.

— Como está o Décio? E as crianças?

Joana ficou em silêncio por um momento depois abriu um sorriso triste. — Faleceu no ano passado, com 54 anos de idade.

— O que aconteceu?

— Walt, eu acho que ele se encaminhou para a morte. Depois que saímos de Bryson City, ele continuou subindo nos negócios. Nunca ficava em casa. Nosso relacionamento desmoronou. As crianças passaram a odiá-lo e se rebelaram contra mim. Embora ele achasse péssimo o trabalho que fazia, preferiu continuar, destruindo com isso a família e a si próprio.

— Que triste ouvir isso!

— Bom, o final foi um pouco feliz.

— Um pouco?

— É — fez uma pausa e tomou um gole de café. — Uns dois anos antes de morrer, ele percebeu que ele — e nós — estava em péssimo estado. Um colega de trabalho começou a conversar com ele sobre a possibilidade de ter um relacionamento pessoal com Deus. Décio decidiu se abrir a essa possibilidade. A mudança foi notável, quase instantânea. Ele se filiou a uma igreja pequena e se engajou num grupo de estudo bíblico. Eu e as meninas não conseguíamos acreditar no que estávamos vendo. Na verdade, no começo pensamos que ele estivesse fingindo. Mas, à medida que o tempo foi passando, descobrimos que era verdade. Ele nos pediu que lhe perdoássemos — o que, devo confessar, foi bem difícil, principalmente para nossa filha mais velha. Mas acabamos perdoando, e ele voltou para casa. E nos chocou.

— O que aconteceu? — perguntei.

— Ele abandonou o emprego. Disse que sempre quisera ser técnico de um time. Queria ajudar crianças. Por isso, abandonou a carreira e assumiu um cargo de técnico na ACM local.

— Vocês tinham condições financeiras para isso?

— Na verdade, não. Mas decidimos fazer a coisa funcionar. Tivemos de vender nossa casa e nossos carros caros. Diminuímos os gastos em todas as áreas. Mas, Walt, nunca fizemos nada melhor. Décio era um novo homem. Ele encontrou seu propósito na vida. Amava o que estava fazendo e se apaixonou por mim e pelas meninas — talvez pela primeira vez.

— Deve ter sido uma transformação notável!

— Foi mesmo. Mas, então, veio o ataque cardíaco. Nós o levamos para o hospital, mas ele morreu no dia seguinte. — Joana abaixou a cabeça e as lágrimas começaram a rolar.

Dei-lhe um lenço. Ela enxugou o rosto e respirou fundo, depois me olhou.

— A noite antes de ele morrer, passamos juntos momentos preciosos. Ele me disse quanto amava as meninas e a mim. Contou-me quanto lamentava todo o mal que tinha causado. Mas, Walt, ele lamentava acima de tudo algumas escolhas que fizera na vida, escolhas que o impediram de descobrir mais cedo quem ele realmente era, qual era seu propósito na vida, o que ele deveria realizar.

Conversamos mais um pouco, depois cada um foi tomar seu avião. Quando meu avião decolou, peguei-me lembrando de como Décio se debatera com a falta de objetivo e até com o desespero. Foi terrível para mim não ter conseguido ajudá-lo quando fui seu médico. Desejei tanto usar uma varinha mágica e abrir os olhos dele para o potencial que Deus nos dá e a alegria que uma pessoa sente quando corresponde a essas bênçãos. Não ter tido êxito foi muito frustrante para mim vinte anos atrás, mas fiquei tão satisfeito em saber que ele tinha passado pelo menos alguns anos de alegria e com consciência de propósito.

Às vezes, mais frustrante ainda é ver meus pacientes que têm relacionamento pessoal com Deus e aceitam os ensinamentos bíblicos ainda se perguntarem: "Qual é meu propósito? Por que estou aqui? Onde está a verdadeira alegria e satisfação?". A maior parte dessas pessoas acredita que Deus as criou e as ama, mas ainda acha que não descobriu qual é o plano de Deus para a vida delas; elas pensam que não estão no centro da vontade de Deus. Parece que quase todas elas acham que a vida é mais do que estão vivendo. Desejariam fazer outra coisa. A maioria não se acha importante nem plena. Não está confortável nem saudável. Essas pessoas não são completas nem vivem as bênçãos. Numa palavra, estão desconfortáveis, doentes.

O que receito para meus pacientes que estão nessa enorme dúvida? O que eu recomendaria para você? Três palavras simples — *Descubra seu destino*. Comece o processo descobrindo o plano pessoal de Deus para sua vida e tome providências para vivê-lo com entusiasmo. Como? Eu receitaria a leitura e o estudo do livro *Discover your destiny* [*Descubra seu destino*], de Bill e Kathy Peel.[4]

[4]Colorado Springs: NavPress, 1997.

Tenho observado, contudo, que a maioria das pessoas tem um receio inato de seus sonhos e esperanças. É como se não acreditassem que Deus quer que elas realizem seus sonhos. Como algumas pessoas que mencionei no capítulo anterior, essas simplesmente não se vêem como o Criador as vê. Conseqüentemente, não procuram realizar suas esperanças e seus sonhos, abdicam das muitas bênçãos e do profundo sentimento de plenitude que Deus lhes quer proporcionar.

Olhe-se no espelho mais demoradamente

Antes de prosseguir com a leitura deste capítulo, passe um tempo pensando nestas questões:

- *Eu acredito que estou no centro do plano de Deus para minha vida?*
- *Sinto alegria e satisfação em minha vida e em meu trabalho?*
- *Sinto-me parceiro de Deus, rendendo-lhe glória e servindo aos outros?*

Registre com calma no seu diário suas respostas a essas e quaisquer outras perguntas que lhe ocorram. Não se preocupe se isso levar algum tempo! O processo pode levantar algumas questões inquietantes. Você não precisa encontrar todas as respostas. Apenas anote o que Deus lhe traz à mente. Em seguida comece a pensar, meditar e orar a respeito daquilo que Deus o está chamando para ser e fazer.

Descobrir seu destino — realizar suas esperanças e seus sonhos — é ser aquilo que seu Criador o criou para ser. Deus não quer que você seja infeliz! Ele quer, sim, que você sinta alegria e paz fazendo tudo quanto ele idealizou no seu projeto. Muitas pessoas pensam que buscar a vontade de Deus e inflar sua roda espiritual exigem que *desistam de seus sonhos e prazeres*. Nada pode estar mais longe da saúde e da própria Bíblia que essa idéia.

Por favor, escute. Os homens e as mulheres que decidem viver a vida estritamente de acordo com seus desejos egoístas *não* serão altamente saudáveis. Quem procura a ajuda de Deus para realizar seus próprios programas simplesmente *não* encontra seu verdadeiro destino nem tem alto nível de saúde. Mesmo aqueles que decidem fazer aquilo para o que foram criados, mas o fazem por motivos egoístas — para seu benefício e glória — também não podem tornar-se pessoas altamente saudáveis, com satisfação perene. Só aqueles que fazem aquilo que foram criados para fazer — numa relação correta com seu Criador e pelos motivos corretos (glorificar e agradar a Deus servindo a ele e aos outros) — é que têm a oportunidade de vir a ser altamente saudáveis.

Os pesquisadores confirmam o que estou receitando, a saber: ter consciência de propósito e significado resulta em níveis mais altos de saúde. De acordo com Don Ardell, destacado pesquisador do bem-estar:

> A pesquisa indica que as pessoas que vivem melhor têm em grau incomum estas qualidades: auto-estima e visão positiva de si mesmas; alicerce filosófico e noção de propósito; forte consciência de responsabilidade pessoal; bom senso de humor e muita diversão na vida; preocupação com outros e respeito pelo meio ambiente; compromisso consciente com a excelência pessoal; senso de equilíbrio e estilo de vida integrado.[5]

Outro pesquisador assinala que pacientes que sofrem de artrite e têm consciência de propósito e acreditam em si mesmos e no significado de sua vida são mais felizes, mais satisfeitos e serenos.[6]

Num estudo, de metade a dois terços das crianças com história de vida dificílima reverteram as expectativas e mostraram verdadeira adaptabilidade para transformar a própria vida. Um meio de avaliar essa adaptabilidade é "a presença de senso de propósito

[5]*What is wellness?* Na *web*, em www.seekwellness.com/WELLNESS/what_is_wellness.htm

[6]Relatado em "Daily Living Tips"; na *web* em www.remicade-ra.com/b_living_with_ra/b4html

e a expectativa de um futuro brilhante, o que implica orientação de objetivos, aspirações educacionais, motivação para realizações, persistência, esperança, otimismo e vida espiritual".[7]

Então, como *você* pode descobrir o seu destino, o propósito do seu Criador para você? Como entrar em contato com os sonhos e as esperanças que Deus lhe deu — quem sabe abandonados em algum ponto da estrada da vida — e alimentá-los para reativá-los em sua vida? O primeiro passo é reconhecer, dar nome e ir atrás de sua paixão pessoal criada por Deus.

Um artigo numa revista especializada para dentistas ressalta que o compromisso e a paixão muitas vezes são aspectos diferentes da mesma coisa:

> Paixão é fazer algo não só porque se gosta, mas porque isso vai fazer diferença no mundo a longo prazo. Apenas fazer o que gosta porque isso lhe dá satisfação acaba tornando-se tedioso. Há muitas formas de obter satisfação fazendo algo para você mesmo. Se houver paixão, não há limite de meios pelos quais a satisfação chegará até você.[8]

Há outra maneira de dizer a mesma coisa: sua paixão criada por Deus não é apenas algo que você faz, é algo que você não pode *deixar* de fazer.

SIGA SUA PAIXÃO

Tim abandonou o ensino médio — na verdade, ele foi forçado a parar. Pessoa de grande paixão, ele quase sempre expressava suas emoções e crenças com os punhos. Depois que saiu da escola, teve muita dificuldade para se manter no emprego. Num ano, foi demitido de mais de cinqüenta empregos! (É verdade, ele contou.) Por fim, encontrou um e nele conseguiu se manter. Foi ser lixeiro.

Quando conheci Tim, ele *não* era muito saudável. Estava acima do peso, com diabete e hipertensão, além de não conseguir dormir

[7]Bonnie BENARD, Fostering resilience in children, Eric Digest, Ago. 1995; pode ser acessado na web em: www.ed.gov/databases/ERIC_Digests/ed386327.html

[8]Boyd J. SLOMOFF, Embrace life: fulfill your life purpose, *Hawaii Dental Journal,* 32(4): 9, Jul.-Aug. 2001.

bem. Talvez o pior de tudo fosse o fato de permanecer num emprego que odiava. Pagava as contas e punha comida na mesa, mas sentia-se como se estivesse jogando a vida fora, exatamente como o lixo que jogava no depósito todos os dias.

Quando passei a ser seu médico (a cidade lhe concedera seu primeiro plano de saúde), descobri um homem com perspicácia e inteligência incomuns. Ele adorava ler e citava Dante e Shakespeare. Melhor ainda, ele estava disposto a trabalhar para se transformar num homem altamente saudável. Começamos melhorando a dieta e aumentando os exercícios físicos. Alguns suplementos e medicações ajudaram a diminuir a gravidade de seus problemas físicos. Tim começou a trabalhar em suas rodas emocional, relacional e espiritual engajando-se numa comunidade de fé da cidade, que o recebeu de braços abertos. Eles o adoraram e se dispuseram a ensiná-lo. Deram-lhe a noção de valor pessoal no ambiente de uma comunidade genuína. Ele iniciou um relacionamento pessoal com seu Criador. Em seu grupo de peregrinos espirituais, conheceu sua companheira, e os dois se casaram.

Com o passar do tempo, ficou claro que Tim estava transformando-se numa pessoa altamente saudável. Contudo, sua alma ainda estava inquieta. Ele sabia que havia sido criado para uma finalidade, mas não tinha certeza de qual era. Minha tarefa seguinte foi ajudá-lo a chegar à sua paixão. Disse a Tim que encontrar e realizar sua paixão era como um capitão do mar perdido a procurar a Estrela Polar depois de uma tempestade. O êxito da navegação era encontrar sua paixão e orientar sua vida por ela. Disse-lhe que sua paixão seria a bússola interior — colocada ali pelo Criador. Identificar o que despertava sua paixão ia ajudá-lo a descobrir o traçado que Deus fizera para sua vida.

Quando falo de paixão, refiro-me a um desejo concedido por Deus, arraigado em nosso ser — uma capacidade, orientada por Deus, de sentir-se tão profundamente atraído a fazer algo que isso passa a ser fonte de energia e propulsão, algo que *não se pode* deixar de fazer. Esse tipo de paixão é uma orientação persistente e poderosa na direção de nosso destino planejado por Deus. Pode ser suprimida, mas consome energia e causa prejuízos. Porque Deus põe em cada pessoa uma paixão que lhe dirige a vida, *não* buscar a realização desse desejo interior só pode resultar em insatisfação, infelicidade, desapontamento e dissabor.

Em *Alice no país das maravilhas*, Lewis Carroll descreve muito claramente uma vida sem paixão nem orientação. Alice está conversando com o Gato Risonho. A menina diz:

— Você pode me dizer, por favor, para onde devo ir?

O gato responde:

— Isso depende de aonde você quer ir.

Alice então revela sua falta de paixão dizendo:

— Isso não me importa muito.

O velho gato sábio informa:

— Então não tem importância para que lado você vai.

Alice tenta acrescentar:

— Contanto que eu chegue a algum lugar.

E o gato replica:

— Ah, com certeza você vai chegar.

Tim estava caminhando numa direção, mas não na direção de sua paixão. Receitei que se levantasse mais cedo todas as manhãs durante uma semana e fizesse uma caminhada sozinho e, enquanto caminhasse, pedisse a seu Criador que revelasse sua paixão, seu destino, o plano de Deus. Também o estimulei a colher informações com seus pais, irmãos, amigos, colegas, seu chefe e seu pastor. Disse-lhe que essas informações seriam apenas o ponto de partida, pois, quando combinadas com a voz de sua intuição interior, ele começaria a descobrir alguma direção.

Tim concordou. Já depois da segunda caminhada, ele me ligou no consultório.

— Descobri. Descobri!

— O quê? — perguntei.

— Quero ser professor. Na verdade, quero ser professor de faculdade.

Havia muitos obstáculos. Era bem provável que a família não o apoiasse — ninguém da família jamais tinha feito faculdade. Ele não tinha diploma de ensino médio. Não tinha dinheiro para pagar a faculdade. Mas tinha algo muito mais importante: sua paixão, que começou a levá-lo na direção de seu destino.

Nos seis anos seguintes, Tim freqüentou a escola noturna para o diploma do ensino médio e depois formou-se bacharel em pedagogia. Depois da faculdade, ganhou uma bolsa de estudos e conseguiu um cargo de professor universitário. Completou o mestrado e depois o doutorado! Chegou ao meu consultório com o diploma, e nós dançamos — dançamos de verdade — juntos.

Hoje, Tim dá aula numa universidade do Meio-Oeste. Não perdeu tanto peso quanto eu gostaria que tivesse perdido, mas é mais saudável que a maioria dos homens e mulheres que conheço. Ele descobriu seu destino. Ele é exemplo do que Joe Paterno, treinador de futebol americano do time da Universidade da Pensilvânia, disse certa vez: "Acredite, do fundo do coração, que você foi destinado a fazer coisas grandiosas".[9]

Estou de acordo com o inventor Thomas Edison: "Se nós todos fizéssemos o que somos capazes de fazer, ficaríamos de queixo caído". Eu mudaria um pouco as palavras dele, dizendo: "Se todos nós fizéssemos o que fomos destinados a fazer, levaríamos uma vida de cair o queixo".[10]

Resolva descobrir seu destino

Reserve um tempo para anotar suas paixões em seu diário. Faça uma lista de tudo que lhe ocorrer.

O que você deseja fazer? Quais são seus desejos mais profundos? Anote tudo que, segundo sua opinião, o está impedindo de seguir sua paixão. Relacione todos os obstáculos que conseguir imaginar. O que seria necessário para você seguir sua paixão? Que apoio você tem? De que você precisaria ao longo do caminho?

Lembre-se: nosso Criador é especializado no impossível. Milagres ainda acontecem — até hoje!

[9]Cit. em Inspirational quotations — 2000; na *web* em http://smiley963.tripod.com/ins2000.html

[10]Quotations that inspire; pode ser acessado na *web* em http://www.geocities.com/ormead/quotations/quotes.htm

ENFRENTE OS OBSTÁCULOS PESSOAIS

Tim decidiu não continuar do jeito que estava. Preferiu descobrir e, em seguida, seguir sua paixão. Ele não cedeu a medos infundados, dele próprio nem da família. Não se conformou com uma existência insatisfeita. Sabia que não era aquilo que seu Criador queria para ele. Portanto, enfrentou e superou os obstáculos, tanto internos quanto externos, que ameaçavam paralisá-lo. Pôs em prática a reflexão de Helen Keller: "A vida é uma aventura ousada, ou então não é nada".[11]

Recentemente, eu e minha mulher estávamos visitando alguns amigos cujo vizinho tinha um filhote fêmea de labrador. A cadela ficava confinada no quintal por uma cerca eletrônica subterrânea. A cerca tinha um cabo que acionava um sensor na coleira da cadela e lhe provocava um choque leve se tentasse chegar muito perto das extremidades do terreno. Desse modo, ela permanecia no quintal. A salvo, sem se perder, mas sempre com o olhar cheio de vontade voltado para a baía próxima da casa.

Estávamos sentados na varanda de trás da casa quando algumas pessoas chegaram à praia com seus cãezinhos. Transbordando energia, os cãezinhos corriam atrás dos gravetos lançados na água para que apanhassem. A labrador levantou as orelhas e começou a abanar selvagemente a cauda enquanto se arrastava até o fio enterrado. Sabia para onde estava sendo chamada, em *sentido contrário* da segurança do quintal. Seu coração desejava juntar-se aos cachorrinhos na água que ela tanto amava, nas ondas onde ela estava destinada a brincar.

Ficamos curiosos se ela ia arriscar o choque passageiro. Será que a lembrança de uma dor já sentida a amedrontava tanto? Enquanto a família foi descendo para a praia, a cadela permaneceu no quintal. Quando os cachorrinhos brincalhões desapareceram de vista, a cadelinha amuou-se e gemeu.

Na manhã seguinte, fazendo uma caminhada, encontrei o dono da cadela e lhe contei o ocorrido na tarde anterior. Ele riu:

[11]Pode ser visto na *web* em http://www.thinkexist.com/English/Author/x/Author_3057_2.htm

— Sabe — disse —, já mandamos desligar o fio há várias semanas. Senti um espasmo de tristeza. Era a dor do passado que mantinha a cadela presa, impedida de ser livre para ser aquilo para que fora criada.

Talvez você esteja como essa cadelinha. Com medo de se aventurar além do próprio quintal, receoso de ferir-se ou de falhar mais uma vez. Mas sentindo-se horrível por dentro. Lá no fundo, você deseja sair e ir em frente. Quero lhe oferecer uma receita de esperança: seja qual for sua idade, nunca é tarde demais para você tornar-se a pessoa que foi projetada para ser. Na verdade, se você quer ser altamente saudável, *tem de* se libertar, alçar vôo e realizar o potencial que Deus lhe deu.

Por que tantas pessoas permitem que seus sonhos descarrilem? Por que tantas pessoas se acomodam com o que lhes acontece, receosas demais para correr risco e pisar em terreno novo, ainda que essa relutância as mantenha péssimas? Por que renegam as esperanças e abrem mão de viver seu destino? Eu já ouvi muitos motivos — coisas que passei a perceber como os próprios obstáculos pessoais dessas pessoas:

- "Tive medo de fracassar".
- "Tive medo da rejeição". (Um homem me disse, com o queixo trêmulo e o olhar apagado: "Estou finalmente descobrindo que, se só faço o que tenho certeza me deixará totalmente isento da rejeição, talvez não esteja realizando um propósito que é maior que meus próprios medos".)
- "Pensava que apenas algumas pessoas especiais tinham destino verdadeiro, um propósito verdadeiro". ("Cometi um erro", disse-me um paciente idoso. "Agora percebo que todos temos um destino verdadeiro. Quisera ter descoberto isso antes.")
- "Eu temia ser desaprovado e censurado. Morria de medo de ser criticado". (Um homem com mais de 80 anos, com lágrimas nos olhos, me disse: "As críticas de minha mãe me

afastaram dos meus sonhos. Só recentemente é que consegui me livrar da sombra de suas críticas, e ela morreu há mais de quarenta anos".)

- "Eu estava muito ocupada tentando realizar os sonhos dos meus pais e não meu próprio destino".
- "Eu estava muito cansada. Fiquei tão ocupada construindo minha carreira de forma egoísta, fazendo as minhas coisas, que não apenas não vi meus filhos crescerem, mas também perdi o melhor que Deus reservara para mim e minha família".
- "Fiquei muito isolado. Eu não saía de mim mesmo". (Um homem disse: "Preferindo servir apenas a mim mesmo, e não a minha comunidade, me afastei do plano de Deus para minha vida. Só quando comecei a servir aos outros é que descobri realmente quem eu era e o que devia fazer".)

O que está envenenando sua paixão?

Acrescente em seu diário outros motivos que o possam impedir de seguir sua paixão. Fique alguns momentos pensando em suas opções. O que seria necessário para você sair de onde está hoje e chegar aonde deseja? Anote pelo menos duas atitudes específicas que você pode tomar só para começar. Depois escreva como e quando você vai começar.

Ken foi um jovem que realizou as esperanças e os sonhos que Deus lhe deu. Era um estudante de medicina que ficou um mês fazendo estágio em medicina familiar em nosso consultório. Ele ficou hospedado em nossa casa em Bryson City e estudava comigo.

Numa de nossas conversas à noite, eu lhe disse quanto eu e Barb tínhamos sonhado viajar para a Europa. Em vez de esperarmos a aposentadoria, eu trabalhei duro para me formar na faculdade mais cedo, a fim de poder aproveitar seis meses disponíveis para viajar e estudar na Europa. Nesse período, visitamos 13 países e, como estudantes, pudemos fazer tudo isso sem gastar muito, o que não teria sido possível mais tarde na vida. Fizemos muitas amizades para a vida toda e aprendemos lições que acabaram sendo inestimáveis no futuro. Por exemplo, meu primeiro livro, *Alternative medicine* [*Medicina alternativa*][12] (em co-autoria com Dónal O'Mathúna), é baseado na educação básica que recebi sobre medicamentos naturais em minha viagem pela Inglaterra e pela Alemanha.

Ouvindo nossas experiências, os olhos de Ken se iluminaram. Ele e a mulher também sonhavam ir para a Europa. Mas onde, perguntava-se, ele conseguiria o tempo? O dinheiro? Discutimos várias estratégias, e eu o incentivei a conversar com outras pessoas e começar a orar por seu sonho.

Ken terminou a faculdade e completou sua residência em medicina familiar. Ele e a mulher estavam sentindo o chamado para ser médicos missionários, mas não tinham certeza de aonde ir. Havia tantos países que precisavam dos serviços que ambos podiam oferecer. E eles ainda tinham o sonho de viajar. Depois de conversar com várias pessoas e buscar Deus em oração, eles começaram a sonhar não só com uma viagem para a Europa, mas com uma viagem ao redor do mundo.

Enquanto continuaram sonhando, planejando e orando, os detalhes começaram a tomar corpo. Recentemente eles completaram uma viagem ao redor do mundo, visitando missionários em vários países e culturas. Com base em suas viagens, eles agora têm consciência muito maior de que Deus os está chamando para passar a vida como médicos missionários. Quando chegar aos 80 anos, Ken não vai olhar para trás e dizer: "Eu gostaria de ter ido atrás de meus sonhos e descoberto meu destino".

[12]Grand Rapids: Zondervan, 2001.

Escolha sua paixão

Escolha um item de sua lista — uma paixão — que você poderia realizar se tão-somente se propusesse fazer isso. Decida como vai fazer e anote em seu diário. Decida quando você vai fazer e também anote no diário. Fale de seu sonho a alguém que você ama e planeje com essa pessoa. Depois comece a orar a Deus seu destino.

MANTENHA VIVA A ESPERANÇA

A esperança é um poderoso antídoto para qualquer pessoa que precise de um ajuste de atitude. Muito da descoberta de nosso destino tem a ver com a atitude. Será que vamos ficar presos na armadilha de nosso medo e do negativismo? Ou vamos acender a chama da esperança e buscar os desejos que Deus nos concedeu — nossa paixão — para nosso bem e a glória dele?

Uma revisão de estudos médicos sobre a esperança concluiu: “Os pesquisadores concordam que a esperança é uma importante habilidade para os pacientes lidar com doenças. A esperança é mais forte que o otimismo e influencia o bem-estar físico do indivíduo”.[13] Em outras palavras, a esperança é essencial para níveis de saúde altos. Foi demonstrado que a esperança tem valor terapêutico importante,[14] ao passo que o *desânimo* (caracterizado por desesperança e falta de sentido) pode ter efeito significativamente negativo na saúde do indivíduo.[15]

Um estudo sobre o diabete demonstrou existir relação entre a importância que os pacientes atribuíam à sua doença e a gravidade da doença. As atitudes positivas de esperança, motivação e controle (consciência de capacitação pessoal), tudo isso afetava

[13]S. DOWNING & J. JURA Jr., Fostering hope in the clinical setting, *Bioethics Forum*, 15(1): 21-4, Spring 1999.

[14]J. G. BRUHN, Therapeutic value of hope, *Southern Medical Journal*, 77(2): 215-9, Feb. 1984.

[15]D. W. KISSANE, Demoralisation: its impact on informed consent and medical care, *The Medical Journal of Australia*, 175 (10): 537-9, Nov. 2001.

os ajustes comportamentais e mentais das pessoas que conviviam com diabete. O estudo concluiu[16] que, quanto mais positiva era a atitude do paciente em relação à doença — quanto mais esperança esse paciente tinha —, melhores eram seus resultados em termos de saúde física e mental. Em resumo, a esperança faz diferença!

Aprendi com Eva que nunca é tarde para reacender a chama da esperança. Eva se tornara viciada em derivados de tabaco quando era muito jovem. Fumava porque todos que ela conhecia — pais, parentes e *todos* os colegas e amigos — fumavam. Na época em que a conheci, ela estava com enfisema grave. Também tinha muitos outros problemas crônicos, mas o enfisema era o pior deles. Infelizmente, a doença estava nos estágios finais. Pude fazer pouco em termos médicos, além de mantê-la confortável.

Ela declinava rapidamente, e começamos a planejar o final de sua vida — conversas que nunca eram fáceis no início. Contudo, à medida que a realidade da morte se aproxima, a maioria dos pacientes a aceita e, algumas vezes, até a recebe bem. Eva começou seus preparativos.

Prever a morte é muito difícil para os médicos. Algumas vezes, achamos que ela está a uma semana ou um mês, e não chega antes de um ano; outras vezes, pensamos que ainda restam dois anos, e ela acontece dentro de dois dias. Mas parecia que para Eva o desfecho seria dentro de alguns meses. Ela praticamente não tinha mais forças. Não conseguia caminhar nem realizar suas tarefas diárias sem a ajuda de uma ou duas pessoas. Dormia longos períodos de tempo. Ela fora internada no hospital para o que eu julgava ser a sua última estada.

Foi quando aconteceu. Uma das filhas ficou grávida da neta que Eva sempre desejara. Eva deu uma reviravolta que surpreendeu os enfermeiros, o especialista em doenças pulmonares e a mim também. Sua força aumentou e, o que foi ainda mais importante, sua vontade de viver foi renovada. Em poucos dias ela teve alta do hospital e caminhou da cadeira de rodas até o carro do marido sem ajuda.

[16]K. F. McFarland et al., Meaning of illness and health outcomes in type 1 diabetes, *Endocrine Practice*, 7(4): 250-5, Jul.-Aug. 2001.

Quando fiz o parto da menina, 32 semanas depois, a avó estava lá para testemunhar o milagre. Estava radiante segurando no colo a primeira neta. As lágrimas derramaram-se soltas pelo rosto quando ficou sabendo que a menininha teria o mesmo nome da avó.

Seis semanas depois, a mãe da pequena Eva trouxe-a ao consultório para uma consulta de rotina. Na mesma tarde, nós três fomos ao funeral da vovó Eva.

Você pode achar que essa história é rara, mas para a maioria dos médicos é muito comum. Testemunhamos muitas vezes o impacto da esperança, dos sonhos e da forte consciência de destino na saúde de um paciente — e em sua própria vida.

Um breve relato da vida de meu amigo Bob Garner oferece outro ótimo exemplo do poder da esperança. Bob começou sua carreira no mundo do entretenimento com os programas *Carol Burnett* e *Red Skelton*. Dali, ascendeu e tornou-se produtor-executivo dos filmes do grupo Walt Disney e também do segmento Focus on the Family. Seu trabalho, que lhe rendeu muitos prêmios, era admirado por muitos.

Bob cresceu na região de Asheville, Carolina do Norte. Mudou-se para a Califórnia atrás de seus sonhos e seu destino. Seus pais ficaram nas montanhas onde haviam criado seus três meninos. Depois da morte da mãe de Bob, parece que o pai perdera a vontade de viver. Seu problema cardíaco piorou, apesar do ótimo acompanhamento médico, e sua saúde deteriorava-se rapidamente.

Bob ia visitá-lo sempre que possível, e a cada vez o relacionamento deles se fortalecia. Bob nunca sabia se aquela visita seria a última. Finalmente, chegou o telefonema. Seu pai sofrera um forte ataque do coração e estava em coma. Os médicos não esperavam que ele vivesse muito.

Bob ficou em dúvida se devia ir para o lado do pai imediatamente, ou apenas esperar o desfecho e ir para o funeral. Já havia se despedido do pai. Mas Bob se sentiu inclinado a ir imediatamente para Asheville. Quando chegou ao hospital, o pai ainda estava vivo — embora entrasse e saísse do coma, e não houvesse muita esperança de que ele vivesse muito mais.

Bob entrou no quarto do pai e sentou-se à cabeceira da cama. Esticou o braço para tocar a mão fria do pai: — Pai — sussurrou —, estou aqui.

Para surpresa de Bob e da enfermeira, o pai, que não falava havia vários dias, abriu os olhos, voltou o rosto para o filho e respondeu sussurrando:

— Bob, estava esperando você.

De fato, ele estava aguardando. O pai de Bob morreu em paz no dia seguinte.

Bob me disse:

— Meus irmãos mais velhos ficaram ao lado de meu pai. Mas papai não desistiu até que eu — seu filho mais novo — viesse para deixar tudo completo.

A conversa de Bob com o pai é uma de suas lembranças mais especiais: um dos mais maravilhosos presentes que o pai podia ter-lhe dado.

Problemas para achar seu verdadeiro propósito?

Tente este exercício simples. Durante vários dias seguidos, quando pensar em cada dia, faça-se as seguintes perguntas (escrevendo as respostas no seu diário):

- *De que menos gostei hoje e por quê?*
- *O que seria o oposto exato daquilo de que não gostei?*
- *O que eu gostaria de ter feito hoje?*
- *Fui chamado para fazer o que hoje?*

Depois de anotar as respostas, pense nas seguintes perguntas: "O que as pessoas mais valorizam em mim?" e "O que é mais importante para mim em meu trabalho e em minha vida pessoal?". Escute todas as respostas sinceras do seu coração. Depois registre suas impressões em seu diário.

Use o tempo que for necessário. Reveja essas perguntas todos os dias durante algumas semanas. Se não conseguir responder a alguma delas, deixe para o dia seguinte.

Você está tendo problemas para encontrar sua paixão?[17] Considere a possibilidade de fazer uma caminhada sozinho, apenas você e seu Criador. Pondere alguns princípios que tratamos. Então, depois de um dia ou dois, leia este capítulo de novo, detidamente. O motivo é que, se você não entender essa idéia, não vai entender o resto. E será muito difícil para você se tornar altamente saudável.

Se este capítulo fez algum sentido para você, não espere que ele faça sentido completo, pelo menos não imediatamente. Deixe que a informação penetre na sua mente. Medite nela e ore pensando nela. Por quê? Porque a noção apaixonada de propósito e destino pessoal é a base para níveis melhores de saúde. "A paixão", diz o psiquiatra Boyd J. Slomoff, "é o que pode transformar a escolha em compromisso. É garantia de recompensa que dura tanto quanto sua participação."[18]

Acabamos de completar aqui 80% de nossas reflexões sobre os dez hábitos das pessoas altamente saudáveis. Sei que a jornada não foi fácil. Mas a verdade é a seguinte: nenhuma recompensa que vale a pena é fácil de obter.

A maior parte do que comentei aqui implicou trabalho seu *com você mesmo*. Agora vou mudar um pouco de rumo. Embora exista muito que você possa fazer para melhorar sua saúde pessoal, deve ficar bem claro que também é necessário conhecimento médico: uma equipe vencedora de profissionais de saúde. Nos últimos dois capítulos, vou tratar de como você pode personalizar seu plano de saúde, passando a ser o capitão de seu time e formando uma equipe com os melhores profissionais que conseguir encontrar.

[17]O teste proposto no quadro anterior foi baseado em Gabriel Najera, Having trouble identifying your true purpose in life?, na *web* em www.todolatino.com/development/tip2.htm

[18]*Embrace life:* fulfill your life purpose.

ONZE

Seja o capitão de sua equipe de saúde

O HÁBITO DA RESPONSABILIDADE E DA CAPACITAÇÃO PESSOAIS

"Você tem o direito — e a obrigação para com você mesmo — de participar das decisões que afetam o cuidado com sua saúde."[1] Esse é o conselho do dr. Isadore Rosenfeld, famoso professor de clínica médica do New York Hospital, Cornell Medical Center, na cidade de Nova York.

Em artigo publicado na *Parade Magazine*, o dr. Rosenfeld contou o que está acontecendo com o serviço de saúde nos Estados Unidos. "A verdade é que o atendimento médico está racionado neste país", escreve ele.[2] E prossegue:

> Os médicos passam menos tempo com seus pacientes. Muitos deles agora trabalham para planos de saúde ou medicina de grupo que têm a última palavra sobre quais tratamentos e exames vão financiar. É possível que você nem fique sabendo que há opções melhores que as que lhe foram oferecidas. Portanto, agora, mais do que nunca, você está essencialmente sozinho no que se refere à proteção de sua saúde e seu bem-estar.

[1] Power to the patient, *Parade Magazine*, 24 Feb. 2002 (capa).
[2] Power to the patient, p. 4.

Muitos pacientes meus, bem como as pessoas que ligaram para meus programas de rádio e TV, dizem-me que ficam perplexos, sem ação, diante das incontáveis opções de planos de saúde disponíveis, principalmente as clínicas particulares e medicina de grupo. Parece que essas pessoas também estão confusas em relação às notícias veiculadas nos meios de comunicação. Como me disse uma espectadora: "Um dia eles dizem que uma dieta com alto teor de proteínas é saudável, no outro, afirmam que a mesma dieta pode até provocar a morte. Quem consegue acreditar nisso? Será que vocês médicos não podem contar essa história direito?".

A história, eu disse à espectadora, não é apenas responsabilidade dos médicos. Pelo menos até certo ponto, a história também envolve o próprio espectador. Eu lhe disse que enquanto ela dependesse completamente dos outros — mesmo que fossem profissionais com muito estudo, com um volume enorme de opiniões sobre tudo, de aloé a zinco, de acupuntura a terapia zen, do papanicolau ao tratamento do câncer —, ela com certeza ficaria *mais* — e não menos — confusa.

Além disso, tem aumentado consideravelmente a probabilidade de muita confusão. Uma enorme onda de informações médicas nos atinge todos os dias — do jornal matutino, das revistas nacionais, dos noticiários vespertinos e dos programas de TV e rádio, para não mencionar o enorme volume de informação disponível na Internet. Muitas vezes, nós consumidores recebemos notícias acerca de estudos médicos dias, ou até semanas, antes de as revistas científicas chegarem aos consultórios.

Minha espectadora precisava começar a assumir o controle de sua saúde e fazer ela mesma o esforço para ser altamente saudável.

— Não sei se você gosta de esportes — eu lhe disse. — Mas deixe-me fazer uma analogia que uso com meus pacientes há anos. Você precisa assumir a função de capitão de sua equipe de saúde. Vai precisar de um bom clínico geral como seu técnico, alguém com muita capacidade e disposto a escutá-la, para aconselhá-la, às vezes até para provocá-la e fazê-la movimentar-se.

— Também pode precisar de alguns especialistas (técnicos assistentes). Esses técnicos são treinados num aspecto específico do jogo. Sabem quase tudo que se pode saber da parte do corpo de que estão cuidando, mas não podem ver o jogo inteiro da mesma forma que você e seu técnico principal vêem.

Fiz uma pausa, para permitir que a idéia ficasse clara para ela. Minha espectadora, do outro lado da linha, permanecia quieta.

— Os melhores times, os que mais vencem, têm excelentes capitães trabalhando em conjunto com excelentes técnicos. No "jogo da saúde", você precisa aprender a coordenar as jogadas. Faz sentido para você?

A resposta da espectadora, infelizmente, não foi atípica. Ela deu um suspiro profundo e retorquiu: — Olha, filho, esse trabalho é *seu*, não meu! E desligou.

Essa espectadora queria que o médico lhe dissesse o que fazer e que lhe receitasse o melhor tratamento. Mas as mudanças que vêm ocorrendo no atendimento de saúde significam que você, o paciente, deve tomar conta do cuidado de sua saúde, transformar-se no *capitão de sua equipe de saúde.*

Desconfio que muitos leitores achem surpreendente, até errada, a idéia de assumir a responsabilidade pela própria saúde. Um amigo me disse:

— Gosto da idéia de *participar* das decisões do cuidado com minha saúde. Concordo que preciso me informar bem sobre o assunto e me concentrar na prevenção. Mas não sou especialista em medicina, nem quero ser. Vocês médicos estudam medicina durante anos para obter o conhecimento de que necessito com urgência quando tenho algum problema de saúde.

Se é isso que você pensa, fique tranqüilo, eu entendo. Mas existe uma diferença notável entre esperar (ou até exigir) que um médico tome uma decisão por você — sem sua informação especializada — e escolher um médico atencioso que trabalhe em parceria com você para educá-lo e capacitá-lo, dando-lhe condições de participar tanto quanto possível das responsabilidades e decisões relacionadas à sua saúde.

Entenda, porém, que é preciso muito menos conhecimento, tempo e habilidade para dizer ao paciente o que fazer do que para educar e orientar o paciente, ajudando-o a decidir tanto o que *deve* quanto o que *quer* fazer. A segunda opção exige o melhor da qualificação médica.

Um amigo que leu este capítulo escreveu a seguinte observação:

> Claro, indique-me alguns *sites* interessantes na Internet onde eu possa obter mais esclarecimento de meu problema, ouça minhas teorias leigas baseadas em minha pesquisa totalmente informal (e talvez irrelevante ou equivocada), ajude-me a entender minhas opções, mas faça tudo isso na qualidade de profissional especializado e experiente que eu estou lhe pagando para ser. Eu quero ouvir o conselho de meu médico, suas opiniões e principalmente suas recomendações para meu caso em particular. Não estou qualificado para analisar todas as opções e tomar uma decisão médica segura. Preciso de um especialista que me informe sobre todo o processo e recomende as melhores opções de tratamento. Esse é o trabalho do médico, até onde eu sei.

Digo a meu amigo: "Concordo totalmente!". É isso exatamente o que seu médico deve fazer: recomendações que explicam em termos claros a natureza de seu problema médico e que opções de tratamento você tem. O médico deve também aconselhá-lo sobre qual é o melhor plano para seu problema específico. Atente, porém, para as palavras *recomendações* e *opções*. Seu médico deve dar-lhe todas as informações de que você necessita e depois deixar que *você* tome a decisão final sobre qual jogada fazer.

Enquanto você aprende a se transformar no capitão de sua equipe de saúde, vou estimulá-lo a fazer pelo menos duas coisas: 1) ser mais pró-ativo e assumir mais responsabilidade do que assumia antes e 2) encontrar um médico que passará a ser seu técnico.

Você *não* quer um técnico que o encha de informações, conclusões de pesquisas e opiniões divergentes e depois o deixa decidir o próprio caminho. Se você usou o tempo necessário para saber tudo que há para saber sobre algum problema médico grave, tem todas as chances de estar ainda mais doente quando chegar a alguma conclusão. Isso sem mencionar que você não é formado nem tem experiência para fazer isso! Mas, como observa o dr. Rosenfeld:

> Conhecimento é poder. Você deve ter toda a informação possível sobre seu problema — e seus direitos — para ter a confiança de participar das decisões que afetam *sua* saúde, a qualidade de *sua* vida e *sua* própria sobrevivência. Quanto mais preparo você tiver para fazer perguntas informadas, mais chances terá de receber um atendimento médico ideal.[3]

Preste bastante atenção. *Não* estou dizendo que você deve transformar-se num especialista em medicina para ter alguma esperança de vir a ser altamente saudável. Claro que não. O que estou dizendo é que, ao participar ativamente de sua cura — em parceria com um médico que incentive esse trabalho em equipe —, você está operando com o melhor modelo de medicina, aquele que tem mais probabilidade de promover sua transformação numa pessoa altamente saudável.

Outro aviso: em caso de emergência, esse modelo que estou propondo não é factível. Se você tem algum ferimento grave, se sofreu um ataque cardíaco, se foi vítima de acidente de carro, necessita ser atendido com urgência por um médico formado e experiente. Nesse caso não é necessário discutir muito as opções — às vezes nem sequer é possível. Entretanto, para a maioria das situações em que você tem de passar por atendimento médico — por exemplo, quando tem um problema de saúde que potencialmente vai durar toda a vida ou quando você precisa escolher entre várias alternativas de medicina preventiva —, é melhor aprender a ser o capitão de sua equipe de saúde, que será orientado também por um bom "técnico": seu médico.

Participar das decisões relativas à sua saúde não é fácil. Na verdade, é uma tarefa e tanto. Eis pelo menos alguns elementos que ela implica:

[3]Ibid, p. 5.

- Conhecer todas as possíveis opções de tratamento para seu problema — cada uma com seus riscos, benefícios e custos.
- Saber quanto tempo deve levar para que o tratamento escolhido por você e seu médico comece a surtir efeito.
- Entender, da melhor forma possível, o objetivo de cada um dos tratamentos escolhidos por você e seu médico.
- Saber distinguir se o tratamento está dando certo ou não.
- Conhecer seus direitos relativos a atendimento de saúde.
- Obter respostas para suas várias dúvidas.
- Aprender dicas que façam seu plano de saúde funcionar de maneira que lhe ajude a manter ou recuperar o maior nível possível de saúde.

Tarefa difícil, sem dúvida, mas viável. Em mais de vinte anos é isso que tenho ensinado a meus pacientes. Fico muito satisfeito em relatar que a maioria teve enorme sucesso. Na verdade, por causa do trabalho deles, sou melhor médico. Eles às vezes me traziam informações sobre novas opções de tratamento que eu não conhecia. O trabalho deles nos permitiu construir uma sólida *parceria* de saúde. Estou convencido de que esses pacientes são muito mais saudáveis por causa de nosso relacionamento médico-paciente, porque eles estavam dispostos a seguir os procedimentos que delineei acima.

Então, qual é sua primeira tarefa para tornar-se o capitão de sua equipe de saúde? Encontrar um excelente "treinador": seu médico pessoal. Não se esqueça de que não há como realizar as tarefas indicadas acima se seu médico (ou a equipe dele) não estiver disposto ou não estiver apto a fazer isso por causa do sistema de saúde ou de outras restrições.

Um número muito grande de pacientes permite que outras pessoas tomem decisões importantes por eles. Lembra-se da espectadora que mencionei no início do capítulo? Ela deixou claro que não tinha interesse nesse tipo de abordagem para sua saúde. Ela queria contratar alguém que fosse ao mesmo tempo o técnico e o capitão do time. Estava exigindo que essa pessoa cuidasse dela *completa-*

mente, tomasse todas as decisões por ela. Infelizmente, ela não vai ter *nenhum* problema para encontrar esse tipo de médico.

Todavia, ela *vai* ter um problema. A probabilidade de ela não ficar tão saudável quanto poderia é muito grande. Você não pode simplesmente delegar *todas* as responsabilidades e decisões relativas à sua saúde para "os especialistas". Os médicos de pacientes altamente saudáveis sabem que existe *muita* coisa que não podem fazer por seus pacientes. Têm plena consciência de que os pacientes devem assumir uma parte da responsabilidade por sua saúde, principalmente quando se trata das questões discutidas neste livro. Esses médicos entendem que os pacientes têm de desempenhar um papel central em qualquer estratégia desenvolvida em busca do objetivo de ter uma vida mais saudável. E os melhores médicos querem preparar e capacitar seus pacientes para que eles se tornem capitães de suas equipes de saúde.

Recentemente conversei com um ouvinte de meu programa de rádio que disse não poder andar por causa de uma inflamação no pé — chamada fasciite plantar — há mais de seis meses. A dor o impedia de fazer exercícios, e por isso ele tinha ganhado um peso considerável, além de ter começado a sofrer de dores na coluna lombar. Gil se queixava de que seu plano de saúde era lento para atender a suas necessidades e seus desejos.

Logo ficou claro que em nenhum momento Gil procurara assumir o controle da própria saúde. Ao que parece, ele nunca sequer considerou essa possibilidade. Em vez disso, deixou que seu plano de saúde cuidasse dele, diga-se, de modo precário. Ele não conhecia seus direitos de paciente.

Gil tinha desrespeitado vários princípios da pessoa altamente saudável e estava acelerando seu envelhecimento e agravando a doença nesse processo. Ele enxergava seu médico como o chefe — técnico e capitão do time — e a si mesmo como o gandula, que tem de fazer tudo que lhe mandam. Gil nunca fizera esforço para conhecer as opções de tratamento do seu problema. Nem entendia o objetivo do único tratamento que *tinha* tentado, de modo que não sabia se estava produzindo efeito.

Embora meu tempo com ele fosse limitado, eu fiz um esboço de várias opções de tratamento comuns para o problema, a maioria simples e baratas.

Gil ficou surpreso. — Por que o médico não me disse tudo isso?

— Você perguntou?

Ele fez uma pausa. E depois:

— Ah, não!

— Esse é o primeiro passo, muito importante — respondi.

— Pergunte ao médico sobre o diagnóstico e as opções de tratamento. Se o médico não tiver tempo para explicar as várias alternativas, você pode marcar outra consulta para discutir o assunto ou perguntar se algum auxiliar ou enfermeiro pode explicar-lhe as opções. Para qualquer tratamento que escolher, não se esqueça de perguntar o que deve esperar: quanto tempo vai levar até começar a surtir efeito, o que você deve fazer se o tratamento não estiver funcionando conforme o esperado, se você deve passar por novo exame e, em caso afirmativo, quando. Está fazendo sentido?

— Está. Plenamente. Estou envergonhado de confessar que tudo isso parece muito sensato.

— Sensato *é* — repliquei —, mas é fácil esquecer de perguntar essas coisas quando se está na correria de um consultório médico.

— E o que devo fazer se os médicos não quiserem me dar esse tipo de atendimento?

— Boa pergunta — comentei. — Dispense todos eles.

— Dispensá-los? — admirou-se Gil. — Posso fazer isso?

— Sim, mesmo num plano de saúde, você geralmente pode.

POR QUE TER TANTO TRABALHO? O MÉDICO NÃO SABE MAIS?

A verdade é que "não", o médico nem sempre sabe mais. É responsabilidade *sua* montar uma equipe de saúde com jogadores que não só têm o conhecimento para lhe dar o atendimento necessário, mas também se comunicam com você em campo, dando atenção a seus sinais.

Você pode estar se sentindo um pouco como minha amiga, que me informou que a maioria das pessoas que ela conhece teria muita dificuldade para conseguir manter um médico na sala de consulta tempo suficiente para oferecer esse tipo de informação e orientação. "A maioria das consultas dura 15 minutos ou menos." A isso respondo simplesmente que, para conseguir o atendimento que você deseja e merece, você precisa saber que ele existe, por isso tome providências para encontrá-lo. Você deve solicitar esse tipo de atendimento e esperar recebê-lo.

Minha amiga, como várias outras pessoas, preferiu tolerar um médico que não dava esse tipo de atendimento, apesar de vários outros médicos de sua cidade oferecerem exatamente o tipo de atendimento que estimulo os pacientes a buscar. Ela preferiu *não* ir atrás do melhor atendimento. Para ser o capitão de sua equipe de saúde, você terá de trabalhar um pouco, assumir alguma responsabilidade e talvez fazer algumas mudanças significativas no modo que vê essa questão do atendimento de saúde.

"Mas o médico não sabe bem mais que eu?", você pergunta. Minha resposta é: "Não necessariamente". Ninguém — nem mesmo seu médico — conhece você tão bem quanto você mesmo. Ninguém está mais bem qualificado e apto para tomar a decisão médica final por você do que você mesmo.

Quando expus esse ponto de vista a um de meus amigos, ele me disse:

— Olhe lá, Walt, é melhor você ter cautela. As palavras *apto* e *qualificado* podem não ser adequadas neste caso. Eu posso *saber* muito sobre meu corpo e com certeza quero que meu médico leve minhas percepções a sério. No entanto, se eu pudesse descobrir como tomar as melhores decisões sobre meu tratamento, para não falar em dar o diagnóstico, eu não precisaria de médico, a não ser, talvez, para um procedimento técnico, uma cirurgia, por exemplo. Eu posso estar *apto* a tomar decisões sobre meu atendimento de saúde, mas não estou *qualificado* para fazer julgamentos e decisões médicas. É por isso que quero que meus médicos façam isso — e quero poder acreditar que eles vão fazer um *bom* julgamento.

— Na verdade, estamos dizendo a mesma coisa — disse-lhe.

Ele estava perplexo.

— O médico *devia* ser a pessoa para diagnosticar o seu problema e *devia* ser também a pessoa para fazer os julgamentos e decisões médicas, para em seguida destilar todas essas informações em prioridades e recomendações. A função do médico é garantir que você fique informado e preparado. A questão é que, para a maioria das situações médicas que não sejam de emergência, o médico talvez não seja a melhor pessoa para tomar a decisão. Esse trabalho é *seu*. A tarefa do médico é orientar você na tomada de decisão. *Você* é a pessoa mais qualificada e apta para tomar a decisão final sobre o que é melhor para você. Faz sentido?

Ele fez que sim e disse: — Acho que sim.

Depois parou um momento para coçar o queixo e pensar no que eu dissera. — Sabe, esse é um jeito bem diferente de considerar a questão do atendimento de saúde. Nunca pensei dessa maneira.

— Mas esse *é* o jeito altamente saudável de pensar.

Ele sorriu.

Pense um momento. Você concorda que não existe uma *única* decisão médica que seja correta para todas as pessoas de todos os tipos, de todas as idades, em todas as épocas? Claro que concorda. Toda decisão médica é única — e deve ser. *Você* é único. Portanto, deve envolver-se na decisão tomada por você e para você, e em última instância ser responsável por ela.

Você está disposto a ser o capitão de sua equipe de saúde?

Pense no que expus nas últimas páginas. Faz sentido para você? Se esse não é o tipo de atendimento médico que você está recebendo agora, é esse atendimento que você deseja? Em caso afirmativo, que providências você precisa tomar? Você precisa marcar uma consulta com seu médico para conversar sobre esse tipo de atendimento e saber se ele está disposto a colaborar? Se seu médico não estiver disposto a oferecer esse tipo de atendimento, você está disposto a mudar e procurar ativamente o que você deseja? Se não, por que não?

Considere este exemplo do relacionamento médico-paciente que geralmente resulta em níveis mais altos de saúde para o paciente. Sílvio, um testemunha-de-jeová devotado, foi meu paciente durante mais de 15 anos. Tínhamos diferenças teológicas significativas, e sobre elas concordávamos em discordar.

Nascido na década de 1920, Sílvio tinha crescido com a crença de que "o doutor sabe mais". Entretanto, à medida que amadurecia em idade e sabedoria, ele começou a perceber que isso não era verdade. Ficara sabendo do número cada vez maior de erros médicos,[4] principalmente no ambiente hospitalar. A alguns amigos dele o médico havia receitado remédio errado, ou a dose errada do remédio, o que lhes causou prejuízo. Na verdade, a mulher de Sílvio, Maria, recebera medicação errada no hospital e o efeito tinha sido terrível. Na ocasião, Sílvio ficou muito mal por ter permitido que isso acontecesse, sem ele perguntar nada antes nem depois. Ele sabia que podia ter impedido o erro de prescrição se tão-somente tivesse feito algumas perguntas: "O que você está dando para ela?", "Por que ela está tomando essa medicação?", "O que se pode esperar dos efeitos desse remédio no corpo dela?".

Conheci Sílvio quando ele estava passando por um grave problema de saúde. Ele consultara seu clínico geral para fazer um *check-up* de rotina. Durante o exame retal comum para um homem de setenta anos (a idade dele), o médico notou não só que a próstata estava aumentada, mas também que havia um nódulo pequeno e sólido. Com a intenção de excluir a possibilidade de câncer, o médico encaminhou Sílvio para um cirurgião. Embora estivesse pensando na possibilidade de outras opções, Sílvio teve medo de perguntar. Ouvir a palavra *câncer* o deixara apavorado. Então, pensou: "O médico sabe mais".

O resultado do teste PSA (Prostate Specific Antigen — exame de sangue para detectar o câncer de próstata) estava só um pouquinho

[4]Erros médicos são uma fonte importante de mortes e lesões nos Estados Unidos. Você pode reduzir o risco de ser uma vítima de erro médico tornando-se capitão de seu time de saúde. Verifique as vinte dicas da United States Agency for Healthcare Research and Quality para reduzir os riscos. Você também pode acessar meu *site*: www.10essentials.net.

elevado. Entretanto, uma biópsia posterior realizada pelo urologista indicou câncer de próstata em estágio inicial.

O urologista disse a Sílvio que havia apenas uma escolha para tratar seu câncer: a cirurgia.

— Precisamos fazê-la depressa. Vou pedir a minha assistente que agende a cirurgia para a próxima semana.

Mesmo apavorado como estava, Sílvio ficou com mais medo ainda de *não* fazer algumas perguntas.

— Que tipo de cirurgia?

— O nome técnico é prostatectomia radical. Vou fazer uma incisão no seu abdome inferior e retirar a próstata. Vamos retirar todo o câncer, e isso vai curá-lo.

Para Sílvio, a palavra *radical* deu a impressão de... bem, de *radical*. Agora ele estava ainda mais preocupado. Tinha ouvido dizer que a cirurgia podia causar algum problema "lá em baixo". Que talvez ele nunca mais...

— Existe alguma complicação possível nesse tipo de cirurgia?

O médico suspirou e olhou para o teto com ar impaciente. Sílvio disse depois que o urologista parecia com pressa, além de visivelmente irritado com aquelas perguntas.

— Bem, *qualquer* cirurgia pode resultar em sangramento anormal, infecção ou formação de quelóides. Como em qualquer cirurgia, você pode ter uma reação aos medicamentos ou mesmo à anestesia, e existe uma possibilidade muito remota de você morrer durante a cirurgia ou depois. Mas, se quer se curar desse câncer, precisa ser operado.

A religião de Sílvio não permitia que ele recebesse transfusão de sangue, portanto o risco de hemorragia era preocupante para ele, mas não tanto quanto o risco de morrer na mesa de cirurgia. Sílvio ficou sem saída. — Não existem outras opções? — perguntou.

O cirurgião disse a Sílvio que a cirurgia radical era a única forma de garantir a cura.

— Se eu sobreviver à cirurgia, haverá alguma seqüela?

Só então o cirurgião explicou que muitos pacientes de outros médicos tinham ficado com impotência e incontinência urinária, mas ele garantiu a Sílvio que os *seus* pacientes raramente apresentavam esses problemas.

Sílvio sabia que não queria tomar uma decisão precipitada naquele dia.

— Não dá para esperar um pouco, para eu pensar e depois decidir?

— Quanto mais você esperar — advertiu o médico — maiores os riscos de esse negócio crescer e tirar sua vida. — Disse que tinha um horário livre para cirurgia dentro de dois dias e sugeriu que Sílvio e a mulher retornassem no dia seguinte, para tratarem de todos os preparativos.

— Posso orar um pouquinho?

De acordo com Sílvio, o cirurgião deu mostras de estar ainda mais irritado. Olhou para o relógio, depois para o teto. Depois disse:

— Sílvio, se não resolvermos isso, e logo, você não vai ter tempo nem de orar.

Pelo que Sílvio me contou, quando perguntou sobre obter uma segunda opinião, sua impressão foi de que os olhos do médico iam saltar das órbitas.

— Olhe aqui — retorquiu o cirurgião —, o senhor só vai precisar de uma segunda opinião se não confiar em mim. E se não confia em mim, não podemos ter o tipo de relacionamento médico—paciente necessário. Então, se o senhor precisa de outra opinião, vá procurá-la, mas com seu novo médico!

O cirurgião virou as costas e saiu da sala, batendo a porta.

Depois de vestir-se, Sílvio foi sozinho para a sala de espera. Maria o aguardava ali e percebeu claramente a tensão do marido.

— Foi tudo bem, Sílvio?

— Maria, ele quer que eu entre na faca depois de amanhã. E não quer que eu procure uma segunda opinião. O que você acha disso?

— Sílvio — respondeu, pousando uma mão consoladora no ombro do companheiro —, se você precisa de uma segunda, ou terceira, ou quarta opinião, vamos buscá-la.

Sílvio e Maria saíram do consultório, para nunca mais voltar.

Na minha opinião, os dois médicos de Sílvio falharam com ele. Nem o clínico geral nem o urologista lhe explicaram as várias opções razoáveis disponíveis para um homem de sessenta anos com câncer de próstata em estágio inicial: tratamentos como radiação externa, radiação interna (braquiterapia ou implante radioativo), crioterapia (utilização de nitrogênio líquido para congelar e destruir o câncer) e "conduta vigilante" (não fazer nada).

Nenhum dos dois médicos lhe falou dos riscos, dos benefícios e custo dessas opções. Não lhe indicaram nenhum de vários *sites* excelentes na Internet que contêm essa informação, com fotos e ilustrações, entre eles os *websites* de centros médicos internacionalmente reconhecidos como Harvard, Mayo e Johns Hopkins.

Nenhum dos dois médicos explicou a Sílvio os riscos reais da cirurgia (por exemplo, disfunção erétil por um prazo prolongado, que ocorre em cerca de 60% dos pacientes de cirurgia para remoção de câncer de próstata, e a incontinência urinária, que ocorre em 10% dos pacientes submetidos à cirurgia). O urologista era um cirurgião que recomendava o que ele conhecia melhor, ou seja, a cirurgia, e provavelmente exagerava a excelência dos resultados obtidos com seus pacientes.

Estudos demonstram, como seria de esperar, que em relação às opções de tratamento do câncer de próstata a recomendação geralmente depende do especialista que você consulta. O *Journal of the American Medical Association* publicou uma pesquisa realizada com cirurgiões urologistas e oncologistas especializados em radioterapia[5] que revelava que a maioria em ambos os grupos recomendaria em primeira instância o tratamento oferecido pelo próprio profissional. Por exemplo, 93% dos cirurgiões acreditavam que a prostatectomia proporcionava o melhor controle do câncer, mesmo reconhecendo que a cirurgia tem mais probabilidade de causar seqüelas que afetam a qualidade de vida do paciente. Em

[5]F. J. Fowler et al., Relatada em Comparison of recommendations by urologists and radiation oncologists for treatment of clinically localized prostate cancer, *Journal of the American Medical Association*, 283(24): 3217-22, 2000.

contrapartida, 72% dos oncologistas especializados em radioterapia acreditavam que a radiação externa era tão eficaz quanto a remoção cirúrgica.

Logo, quem está falando a verdade aos pacientes: os urologistas ou os radioterapeutas? De acordo com o autor do estudo, dr. Peter Albertsen, chefe do departamento de urologia da University of Connecticut, ambos estão. Ele está convencido de que ambos os grupos de médicos estão sendo honestos. Por quê? Porque, diz ele, não existem evidências irrefutáveis de que um tipo de tratamento é melhor que o outro.

Esse estudo, juntamente com muitos outros, apenas destaca o fato de que, se um médico lhe dá só uma recomendação, em geral é nisso que ele tem mais segurança. Entretanto, com quase toda a certeza, não é a *única* opção. E é possível que não seja a melhor opção para você.

O que Sílvio fez, então? Alguém lhe recomendou que viesse conversar comigo. Quando o encontrei, expus e expliquei-lhe todas as opções — riscos, benefícios e custo de cada uma. Informei-lhe onde podia obter mais informações. Mas, em primeiro lugar, garanti a Sílvio e Maria que tinham tempo para tomar uma decisão sensata e que, independentemente da escolha que fizessem, a probabilidade de ele morrer desse câncer era bem pequena.

— Na verdade — disse-lhes —, mais de 90% dos homens que morrem com mais de noventa anos, e morrem de alguma causa que não seja o câncer de próstata, têm um câncer de próstata crescendo neles, e eles nem sabem. Esse câncer em geral tem crescimento bastante lento, portanto o tempo não está contra nós.

À medida que expunha esses fatos, eu percebia a apreensão no rosto de Sílvio se dissipar.

— Vou pedir a Tina, minha enfermeira, que lhe dê algumas informações sobre o câncer de próstata fornecidas pelo National Cancer Institute e pela American Cancer Society — disse-lhe. — Você pode ligar para essas organizações no número de chamada grátis. Eles vão enviar-lhe prontamente todas as informações que você solicitar. E vamos marcar outra consulta de acompanhamento para podermos conversar um pouco mais, está bem?

Sílvio e Maria concordaram. Antes de saírem, fiz-lhes uma última recomendação. — Sílvio, eu sugiro que você visite os membros mais antigos e mais sábios de sua congregação para aconselhar-se com eles. — Ele e a mulher pareciam chocados.

— Vocês estão me olhando de um jeito estranho — comentei. — Em que estão pensando?

— É que *nunca* me aconteceu de um médico, principalmente um médico cristão, recomendar que eu conversasse com os anciãos do Salão do Reino — respondeu Sílvio.

Eu lembrei-lhe este eterno ensinamento da Bíblia: "Entre vocês há alguém que está doente? Que ele mande chamar os presbíteros da igreja, para que estes orem sobre ele e o unjam com óleo, em nome do Senhor".[6] Em seguida, no momento em que ficamos os três de pé antes de o casal sair, eu disse: "Sílvio, quero que você saiba uma coisa a meu respeito. O mais importante relacionamento de minha vida é meu relacionamento pessoal com Deus. Ele não só me transformou de dentro para fora, mas também mudou a maneira que pratico medicina. Ele me ensinou quanto é essencial eu conversar com ele sobre tudo que faço. Acredito no poder da oração, Sílvio. Você concordaria que eu orasse por você agora?".

Sílvio e Maria ficaram surpresos, mas fizeram que sim. Orei: "Querido Deus, não consigo nem imaginar como essa notícia de câncer de próstata é assustadora, nem como essas decisões devem ser complexas. Mas na Bíblia o Senhor nos diz que se pedirmos sabedoria, o Senhor no-la concede. Portanto, hoje eu peço sabedoria para mim, para Sílvio e Maria. Ajude-nos a tomar as decisões certas. Em nome de Jesus. Amém". Depois disso, todas as vezes que Sílvio vinha se consultar comigo, ele pedia que eu encerrasse com oração. Nossas tradições de fé eram diferentes, mas nossa humanidade, com toda a sua fragilidade e suas necessidades, era um solo fértil em comum.

Antes de Sílvio e Maria saírem do consultório nesse dia, minha enfermeira, Tina, passou algum tempo com eles para esclarecer

[6]Tg 5.14

todas as dúvidas. Perguntou-lhes se queriam os nomes e os telefones de vários pacientes que tinham enfrentado diagnóstico semelhante e tinham passado por todo o processo de tomar essa decisão difícil. Todos esses homens (e suas respectivas esposas) tinham consentido previamente — e com entusiasmo, devo acrescentar — em ajudar outros pacientes que enfrentassem esse tipo de problema. Maria e Sílvio anotaram os nomes de dois casais para entrar em contato com eles.

Foram necessárias mais duas consultas para que fossem respondidas todas as perguntas deles. Cada vez que voltavam, estavam munidos de novas informações. Maria tinha ligado para o National Cancer Institute e para a American Center Society. Quanto mais informações obtinham, mais preocupados ficavam com a recomendação de cirurgia que haviam recebido antes.

No final da terceira consulta, chegamos a um momento de decisão.

— Dr. Larimore — disse Maria hesitante —, sei que o que estou aprendendo com leituras e contatos com essas organizações vai muito ao encontro do que o senhor está dizendo, mas o especialista que consultamos... — a voz dela falhou.

Eu entendia a preocupação dela. Tanto o clínico geral — que os acompanhava havia anos — quanto o renomado especialista em tratamento de câncer de próstata tinham recomendado determinada opção; naquela situação eu era praticamente um desconhecido para eles, recomendando algo diferente.

— Se eu estivesse no lugar de vocês — expliquei —, ia me sentir da mesma forma. Como é que vocês podem escolher entre essas diferentes recomendações e chegar a uma decisão sensata?

Eles concordaram.

— Vou lhes dar uma idéia: vocês podem consultar a opinião da equipe do Instituto do câncer. É preciso ir até o centro da cidade, mas lá eles têm vários especialistas com quem vocês podem conversar. Eles vão saber responder a todas as suas perguntas, e vocês vão aprender quanto quiserem. Não são eles que necessariamente fazem a terapia, a não ser que vocês optem por isso, portanto a opinião deles vai ser a mais objetiva possível. Depois de consultá-los, voltem aqui para outra consulta.

Eles marcaram uma consulta para obter uma terceira opinião de uma equipe de oncologistas de renome mundial, numa cidade vizinha. Encontraram uma equipe de especialistas em oncologia, entre eles um urologista que lhes apresentou várias opções de cirurgia e um radioterapeuta que trabalhava na área de radiação interna e externa. Também conversaram com um oncologista clínico, que lhes explicou as várias medidas clínicas, como a conduta vigilante. Além disso, conversaram com um psicólogo e um capelão, que lhes disseram como o câncer e essas terapias poderiam afetá-los emocional, relacional e espiritualmente.

Sílvio me ligou para dizer que pretendia consultar um médico que tinha tratado mais casos de câncer de próstata com uma forma experimental de crioterapia do que qualquer outro no mundo. Embora seu plano de saúde cobrisse a consulta, não cobria esse tipo de tratamento. Sílvio e Maria estavam fazendo progresso no papel de capitães de sua equipe de saúde.

Nos trinta dias de espera até conseguirem essas consultas, Maria trabalhou com afinco para ensinar Sílvio a navegar pela Internet. Indiquei-lhes vários *websites,* onde eu sabia que encontrariam informações médicas confiáveis, a fim de que se tornassem leigos especialistas em câncer de próstata. Sílvio e Maria deram duro com todas essas tarefas e tornaram-se ótimos capitães da equipe. Enfim, chegaram a uma decisão. Sílvio escolheu a conduta expectante.

No momento em que estou escrevendo este capítulo, Sílvio já entrou na casa dos oitenta anos. Faz mais de dez anos que ele tomou essa decisão. O câncer ainda está lá — pequeno ainda —, mas *não* migrou para outras partes do corpo. Seu nível de PSA continua sem alteração. Nos primeiros anos depois do diagnóstico, continuou se consultando comigo (a cada três meses) e com um urologista (a cada seis meses). Quando ficou claro que o câncer tinha crescimento muito lento, ele deixou de consultar o urologista e desde então passou a fazer um *check-up* comigo a cada seis meses — juntamente com a oração!

Sílvio e eu construímos um excelente relacionamento. Comecei a trabalhar com ele em relação a outros problemas físicos. Ele mudou de dieta, reduzindo a ingestão de gorduras saturadas (que podem contribuir para o câncer de próstata) e aumentando o consumo de legumes que contêm licopeno, principalmente molho de tomate (que pode ajudar na prevenção e no tratamento desse tipo de câncer). Também passou a tomar vitaminas e suplementos alimentares que, segundo indicam alguns estudos, podem retardar ou reverter o crescimento do câncer de próstata.

Não sei se a decisão de Sílvio seria correta para a maioria dos homens nessa situação, mas *foi* a decisão certa para ele. Foi a decisão que ele e a mulher tomaram com alto grau de certeza, por causa de todas as informações que coletaram. Sílvio assumiu o controle do cuidado com sua saúde e, por meio da experiência do câncer, tornou-se e se mantém altamente saudável.

COMO ASSUMIR O CONTROLE DO CUIDADO COM SUA SAÚDE

O que você pode fazer para assumir o controle do cuidado com sua saúde, principalmente se seu médico age como o cirurgião que tentou empurrar Sílvio para o centro cirúrgico?

No sistema de atendimento de saúde atual, muitos pacientes sentem-se muito sozinhos quando se trata de saber mais sobre sua doença. Um dos motivos disso é que alguns médicos preferem não fornecer aos pacientes as informações que estes precisam para poder tomar decisões fundamentadas e sensatas.

Por exemplo, um estudo recente apoiado pela Agency for Healthcare Research and Quality descobriu que os médicos em geral não fazem muito para ajudar os pacientes a tomar decisões fundamentadas. O estudo concluiu[7] que os pacientes que não se envolvem e não se informam são menos propensos a aceitar a escolha do médico para o tratamento e se aplicam menos a trabalhar para que a terapia funcione.

[7]Relatado em Patient fact sheet: 20 tips to help prevent medical errors; na *web*, em www.ahcpr.gov/consumer/20tips.htm

Um profissional de saúde que revisou este capítulo para mim disse:

— Acho que a *maioria* dos médicos falha com seus pacientes, como você narrou no caso de Sílvio. Mas o que o paciente deve fazer?

Eles precisam fazer o que Sílvio fez. Os principais passos que Sílvio deu espelham precisamente o modelo que recomendo a qualquer pessoa que queira trabalhar com sucesso em conjunto com um profissional de saúde, a fim de tomar decisões relativas à saúde confiáveis do ponto de vista médico e seguras do ponto de vista bíblico. Seguindo o acróstico C-O-B-R-E, você vai aumentar suas habilidades de capitão de sua equipe de saúde:

C = Conheça os fatos.

O = Organize um inventário pessoal.

B = Busque aconselhamento espiritual.

R = Reconheça a diferença entre os vários níveis de atendimento de saúde.

E = Explore as opções de tratamento.

C = Conheça os fatos

Comece sempre sua jornada em direção à saúde pedindo ao profissional de saúde um resumo completo do problema. Eis algumas perguntas que você pode fazer:

- Qual é meu diagnóstico?
- Qual o grau de certeza de que meu diagnóstico está correto?
- Poderia ser alguma outra doença ou outro problema além desse que está sendo considerado?
- Existem outras causas possíveis para meu problema?
- Que outros sintomas se esperam ou se observam em geral?
- Que exames ou avaliações são recomendados para mim? Quanto vão custar? Meu plano de saúde os cobre?
- Onde posso obter mais informações sobre minha doença? Existem *sites* na Internet que podem ser recomendados?

Algum livro? Existe algum material para educação de pacientes que eu possa obter?

- Há outros pacientes com o mesmo problema com quem eu possa conversar e saber o que eles aprenderam e vivenciaram?

Dicas para ajudar você a conhecer os fatos

Se seu tempo de consulta com o profissional de saúde é breve, marque uma consulta mais longa para discutir suas preocupações. Leve uma lista de todas as perguntas que você quer fazer. Considere também a hipótese de levar seu cônjuge ou um amigo de confiança para ouvir, fazer anotações e perguntas. Se seu médico não quer ou não está disposto a gastar com você o tempo que você deseja, procure a opinião de outro que esteja disposto. Isso é direito seu e, na minha opinião, responsabilidade sua.

Procure confirmação de tudo que ouvir e ficar sabendo. Se for verdade, você pode encontrar documentação em várias fontes. Se as fontes entrarem em conflito, peça a seu médico particular que o ajude a resolver as contradições.

Nesse estágio do controle das preocupações com sua saúde, a ênfase deverá ser como coletar informações úteis e confiáveis. É seu trabalho estudar e conhecer mais sobre sua doença.

O = Organize um inventário pessoal

Comece seu inventário pessoal — por escrito — de suas necessidades de saúde. Compre uma agenda ou caderno, e reserve alguns momentos tranqüilos todo dia para pensar, meditar, orar e escrever. Não registre apenas os fatos que você está descobrindo. Anote também o que as outras pessoas lhe dizem. O que os membros da família e os amigos de confiança têm a dizer de seu problema e dos tratamentos que você está considerando fazer? Registre também como você se sente em relação aos desafios médicos, emocionais, relacionais e espirituais que está enfrentando. Seja sincero com você mesmo. Esse diário é estritamente confidencial.

Como parte de seu inventário, considere com atenção o que sua intuição está lhe dizendo sobre seus problemas médicos. Se você não tivesse medo de nenhuma conseqüência, o que faria? Se dinheiro não fosse problema, o que você faria? O que você acha que Deus o está orientando a fazer ou deixar de fazer?

Escreva suas orações e passe um bom tempo escutando as respostas que lhe vêm aos ouvidos espirituais, pela orientação sensata dos outros e pelas circunstâncias que se desenrolam. Registre todas as respostas que lhe surgirem em seu momento de oração.

Finalmente, escreva sobre o apoio que você julga necessitar, agora e em todo o tratamento. Que apoio já existe para você? Como você pode obter o apoio de que precisa?

Registre suas idéias em seu diário

Reserve cinco minutos toda manhã ou toda noite para pensar em seu inventário pessoal, nas decisões de saúde com que está lutando, ou nas medidas que pretende tomar para melhorar sua saúde. Faça uma sessão de brainstorming [chuva de idéias] com as idéias que lhe ocorrem. Não censure nada. Apenas escreva, durante cinco minutos.

Depois, no final de duas semanas, releia o que escreveu em cada dia. Veja se existe algum padrão constante que possa indicar uma solução ou abordagem diferente de algo que o tem incomodado.

Faça isso diariamente durante duas semanas. Tente não esquecer nenhum dia.

B = Busque aconselhamento espiritual

Aconselhamento e orientação espiritual, principalmente quando você está enfrentando uma situação em que sua vida está ameaçada, é um componente crítico da abordagem de sua equipe de saúde. Se sua congregação religiosa tem orientadores espirituais, marque um encontro com eles. Muitos deles se sentem bem e até se entusiasmam com esse tipo de trabalho. Talvez lhe façam algumas perguntas desafiadoras sobre sua saúde espiritual. É muito provável que lhe ofereçam conselhos sensatos e certamente orem com você e por você. Também é possível que forneçam nomes de outras pessoas que enfrentaram o mesmo problema. Se você precisar de um capitão substituto para sua equipe de saúde, talvez eles também o ajudem.

Se sua comunidade de fé não tem orientadores espirituais, marque um horário com um pastor de confiança. Ou peça que algum amigo lhe recomende um ministro religioso que você possa consultar. A maior parte dessas pessoas tem boa formação acadêmica e está disposta a aconselhar homens e mulheres em conflito com decisões relativas à própria saúde.

Se você não é ativo em nenhuma comunidade de fé, mas deseja orientação espiritual, pense na possibilidade de ligar para o hospital de sua cidade e saber se existe algum capelão na equipe. Essas pessoas têm muito prazer em ajudar os que buscam sabedoria e consolo em meio a uma crise ou dilema médico.

Arredonde sua roda espiritual

É quase impossível ser uma pessoa altamente saudável sem a roda espiritual balanceada. Se sua roda espiritual está meio murcha e até este ponto do livro você não fez nada a esse respeito, chegou a hora. Tome hoje a decisão de conversar com um amigo, vizinho ou colega que dê mostras de ter a roda espiritual saudável e balanceada. Se você não conhece ninguém assim, então ligue para um ministro religioso de sua cidade. Peça um encontro para falar-lhe de suas necessidades espirituais e ouvir o que ele tem para dizer.

R = Reconheça a diferença entre os vários níveis de atendimento de saúde

Existem muitos níveis do sistema de atendimento de saúde a partir dos quais você pode obter serviços e informações:

Atendimento primário

O primeiro e mais básico nível de atendimento médico é chamado *atendimento primário*. Os médicos de família, os clínicos gerais e os pediatras em geral pertencem a esse nível de atendimento. Esses médicos são generalistas treinados para diagnosticar e tratar mais de 90% dos problemas que os pacientes possam ter.

Entretanto, ainda há vários problemas que eles talvez não tenham formação, experiência ou tempo para tratar. A maioria dos médicos de atendimento primário está disposta a ajudar o paciente a encontrar o tipo de especialista que precisa consultar. Se eles *podem* dar o atendimento, mas você deseja uma segunda ou terceira opção, a maioria se dispõe — e *todos* deveriam — a ajudar o paciente a obter essas opiniões.

Para a maioria dos pacientes, a melhor escolha para técnico da equipe de saúde seria um médico de atendimento primário.

Atendimento secundário

Esses médicos são em geral chamados de *especialistas*. Cuidam de um único sistema de órgãos. Por exemplo, os cardiologistas cuidam de problemas do coração e vasos (artérias e veias), os neurologistas cuidam de problemas do cérebro, medula espinhal e nervos em geral. Esses profissionais são altamente treinados para cuidar de problemas de sua área de especialidade. Para alguns pacientes, em virtude do tipo de problema de saúde que têm, a melhor escolha para técnico de sua equipe de saúde é um especialista. Por exemplo, o ginecologista para uma mulher, o cardiologista para alguém com problemas cardíacos, o geriatra para uma pessoa idosa.

Atendimento terciário

Para problemas que ocorrem raramente ou cujo tratamento é novo, o paciente é mais bem atendido nos grandes centros médicos, em geral vinculados a faculdades de medicina, centros de pesquisa ou programas de residência médica. Esses centros atendem os casos mais graves entre os doentes. Enquanto um médico de atendimento primário talvez veja um único caso de determinada doença em anos de prática, os profissionais desses grandes centros podem tratar de vários num único ano. Eles também realizam pesquisas que em geral estão em dia com novíssimos tratamentos e também podem fazer tratamentos experimentais.

A maioria das pessoas com problemas de saúde sente-se mais tranqüila e amparada ao saber que existem profissionais com grande experiência no tratamento de sua enfermidade. Mas também entendo que, para alguns, esse sistema possa ser agressivo e intimidante.

Lembro-me de uma senhora idosa muito frágil que não se sentia apta a gerenciar tantas informações. Ela não tinha nem interesse nem ânimo para isso. Como Geórgia não podia fazer o papel de capitão de sua equipe de saúde, precisávamos encontrar alguém que assumisse o posto. Perguntei-lhe da família, dos vizinhos, de amigos e do pessoal da igreja.

— Não tenho ninguém — respondeu.

A família havia se mudado, e ela não queria morar no lugar para onde eles foram. Ela morava num sítio, logo, não tinha vizinhos. E não freqüentava igreja nem sinagoga. Portanto, não havia nenhum candidato ao posto de capitão da equipe de saúde.

Expliquei a Geórgia que ela precisava de alguém para ajudá-la e depois perguntei se ela queria que eu a auxiliasse a encontrar essa pessoa.

Quis.

Na consulta seguinte, disse-lhe que tinha encontrado, por meio de uma igreja local, um grupo de mulheres ativas, da idade dela, que se dispunham a visitá-la duas vezes por semana, para trazer almoço e assumir o papel de capitão da equipe de saúde dela. O Meals on wheels [Refeições sobre rodas] concordou em entregar o almoço cinco vezes por semana. Conversei com o homem que ia entregar comida na casa dela. Ele concordou em procurar passar um pouquinho mais de tempo com ela todos os dias.

Eu queria que você tivesse visto a transformação dessa paciente! As “coroas brotinhos”, como elas se chamavam carinhosamente, fizeram seu papel com entusiasmo. Uma ou mais delas levava Geórgia às consultas médicas. Elas agitavam a cena e — acima de tudo — demonstravam interesse e preocupação por ela.

Vi Geórgia voltar à vida diante de meus olhos. Na verdade, ao longo dos anos, *cada* uma dessas mulheres, inclusive Geórgia, ficou cada vez mais saudável. Elas eram frágeis, tinham muitos problemas de saúde, mas sua roda da saúde se encheu e ficou balanceada.

Geórgia tinha se sentido intimidada e invadida pelo que, para ela, era um sistema de atendimento de saúde enorme e ameaçador. No entanto, ela encontrou um jeito de superar seus medos (sem falar das restrições de seu plano de saúde). A equipe que assumiu o posto de capitão de seu time marcou os gols, e Geórgia venceu o jogo.

E = Explore as opções de tratamento

Sempre que possível, obtenha informações sobre os riscos, benefícios e custo de cada uma das opções de tratamento sugeridas. Pergunte a cada profissional que você consultar: "Quais são *todos* os tratamentos disponíveis para mim e o que você sugere que analisemos para escolher o melhor?".

Pergunte como se espera que seu problema evolua com o tratamento — e sem o tratamento. Mesmo para as opções mais freqüentemente recomendadas, pergunte ao profissional: "Você pode me explicar todos os possíveis riscos e benefícios do que está recomendando? Quanto vai custar? Desse custo, que parte caberá a mim?".

Muitos profissionais não estão acostumados a atender pessoas que são o capitão da própria equipe de saúde. Alguns ficam incomodados com esse tipo de discussão. Se seu médico se mostrar incomodado ou distraído, pense na hipótese de dizer-lhe: "Doutor (ou terapeuta ou conselheiro espiritual), parece que o senhor está incomodado (ocupado, distraído). Haveria um momento melhor para agendarmos uma conversa e discutir minhas apreensões?".

Quando uma amiga minha fez uma pergunta desse tipo a seu médico, ouviu como resposta: — Acho que não tenho tempo para esse tipo de coisa.

— Tudo bem — ela respondeu calmamente. — Você pode indicar outro médico que tenha esse tempo?

O médico sorriu. Entendeu o recado. Desde aquele dia, dedicou mais tempo a ela. Mas, se não tivesse feito isso, ela estaria preparada para ir a outro lugar a fim de obter as informaçãos de que precisava.

Recursos para navegar nos planos privados de saúde

Quando comecei minha formação em medicina, mais de 25 anos atrás, a maioria das pessoas nos Estados Unidos tinha o que na época se chamava *indemnity insurance coverage* [seguro-saúde], que permitia que o paciente escolhesse qualquer médico e qualquer hospital. O plano cobria grande parte da despesa; o paciente pagava uma parte pequena.

Hoje em dia, mais da metade dos americanos que têm plano de saúde está filiada a algum tipo de administração de assistência médica, um plano organizado tanto para prover atendimento médico quanto para pagar por esse atendimento. Há uma grande variedade desses planos, como por exemplo as PPOS [*preferred provider organizations*], HMOS [*health maintenance organizations*] e planos POS [*point-of-service*].

Ainda que o cidadão americano comum já tenha ouvido esses termos antes, será que sabe o que significam? Será que sabe qual a diferença entre eles — e o que as diferenças significam para o usuário? Será que os cidadãos sabem navegar por essas diferenças e suas várias complexidades?

Para ser um capitão competente de sua equipe de saúde, você precisa de ajuda. Um dos melhores recursos é um documento intitulado "Choosing and using a health plan" ["Escolher e usar seu plano de saúde"]. Esse texto responde a questões como: "Quais são minhas escolhas entre os planos de saúde?", "E se eu tiver de ir para o hospital?", "Como posso aproveitar o máximo de meu plano?", "O que devo saber sobre condições preexistentes?", "Como escolher um médico?".

Você pode fazer o *download* desse documento, um valioso recurso oferecido pela United States Agency for Healthcare Research and Quality, pelo *link* no meu *website* www.10essentials.net.[8]

E se meu médico não me olhar nos olhos?

Eis algumas sugestões caso você não entenda as recomendações de seu médico ou não concorde com o tratamento proposto por ele.

Não fique com receio de fazer perguntas a seu médico ou ao enfermeiro que o atende. Tenha certeza de que entendeu a recomendação e os motivos de cada indicação. Em geral existem excelentes motivos para o plano de tratamento, mas você tem o direito de conhecer e entender esses motivos. Sinta-se à vontade para perguntar sobre qualquer possível tratamento alternativo. Se você se esquecer de fazer uma pergunta, ligue para a assistente de seu médico quando chegar em casa ou retome o assunto na consulta seguinte.

Procure uma segunda opinião. Não há mal nenhum em procurar mais de uma opinião sobre o melhor tratamento para seu problema específico. É direito seu obter a informação de que necessita para tomar uma decisão sensata. Se seu médico incomoda-se com seu desejo de procurar uma segunda opinião, então acho que você deve se sentir incomodado com ele. Sempre é possível perguntar aos funcionários do plano de saúde como é possível obter uma segunda opinião e se o plano pagará por isso. Em geral, a resposta é sim.

Saiba que você tem o direito de mudar de médico se tiver desentendimento constante com ele. Em muitos planos de saúde, você pode escolher outro clínico geral a qualquer momento, basta ligar para os respectivos funcionários.

Se você suspeitar que seu médico não lhe deu o atendimento adequado ou o tratou de forma imprópria, primeiro discuta isso com ele ou alguém da equipe dele. Se você não ficar satisfeito, telefone para a administração do plano de saúde. A maior parte

[8]Clique no capítulo 11, localize e clique nesse *hyperlink*.

deles tem um departamento para reclamações. Peça para falar com a pessoa cuja função é defender os pacientes (ouvidor ou *ombudsman*), que está lá justamente para resolver esse tipo de problema. Se for necessário, você pode conversar com o diretor médico do plano de saúde ou com um grupo de médicos que não pertença à empresa. Se você ainda não estiver satisfeito, fale com seu patrão, pois ele pode ajudá-lo a resolver o problema ou decidir se deve ou não registrar queixa na administração do plano de saúde. Finalmente, saiba que você pode entrar em contato com os órgãos governamentais competentes (por exemplo, o Procon) ou com o Conselho Regional de Medicina para registrar queixa.

TOME UMA DECISÃO BEM FUNDAMENTADA

Seguir os passos do C-O-B-R-E vai ajudá-lo a tomar decisões sensatas quanto à sua saúde, decisões bem fundamentadas, espiritualmente seguras e satisfatórias para você. Mas lembre-se: depois do aprendizado, da oração e da reflexão, sua decisão final vai exigir uma atitude de fé.

É importante acrescentar um aviso neste ponto. Meus pacientes às vezes pensam que seguir esse processo garante, de algum modo, bons resultados. Isso não é verdade. Tudo que se pode garantir é *aumento* das chances de chegar ao melhor resultado possível.

Estar informado de antemão sobre suas opções, sobre os resultados esperados e quaisquer complicações ou efeitos colaterais possíveis reduz consideravelmente a decepção e a ira que podem ser geradas por um resultado indesejável. Na maioria das vezes, o desapontamento e a ira resultam de expectativas não realizadas — decepção se a expectativa for pequena, ira se a expectativa for grande. Tomemos, por exemplo, a remoção de uma lesão cutânea de seu rosto. Talvez você não espere cicatriz nenhuma. Isso é uma perspectiva não realista. Semanas mais tarde, entretanto, ainda há uma leve cicatriz, e você fica com raiva ou, no mínimo, desapontado — emoções que em geral não são muito saudáveis.

Quando você passa a ser o capitão de sua equipe de saúde, faz perguntas *antes* de começar o tratamento. Fica ciente de possíveis complicações e efeitos colaterais. Investiga os benefícios do tratamento e os compara aos problemas que ele pode criar. Não há surpresas. Suas expectativas são realistas.

Mesmo assim, verdade seja dita, não há maneira, neste mundo imperfeito, de ter completo controle do resultado. Mas, se você tem a roda espiritual saudável, pode ter certeza de que Alguém tem esse controle. De acordo com a Bíblia, quando temos relacionamento pessoal com Deus, quando o amamos e vivemos de acordo com seu plano e propósito, "sabemos que Deus age em todas as coisas [boas ou más] para o [nosso] bem" (v. Rm 8.28). Mesmo que não consigamos ser um capitão perfeito para nossa equipe de saúde, podemos todos optar por conhecer aquele que é.

Reavalie seu relacionamento com Deus

Se, neste ponto do livro, você ainda não começou um relacionamento pessoal com Deus, agora pode ser a hora de considerar essa possibilidade. Como bom capitão de equipe que você é — ou poderá ser —, não há decisão mais sensata que convidar para participar de sua vida Aquele que criou e projetou você, Aquele que sabe quantos fios de cabelo há em sua cabeça.

Se você nunca tomou essa decisão, volte para a página 169, em que passo a contar como Wagner iniciou seu relacionamento pessoal com Deus. Essa é uma decisão que você pode tomar exatamente agora. Você pode não só pedir a seu Criador que atue em sua equipe, mas também, por um simples ato de vontade, tornar-se membro da equipe dele.

USE O MODELO PARA TORNAR-SE ALTAMENTE SAUDÁVEL

O homem com inflamação no pé (fasciite plantar), cuja história contei antes neste capítulo, me enviou uma mensagem eletrônica alguns meses depois daquele telefonema para meu programa de rádio. Gil, que não andava direito havia seis meses por causa da dor da inflamação, disse-me que depois de conversarmos ele ligou para o consultório de seu médico e marcou uma consulta. Contou-me que disse à recepcionista que ele não tinha melhorado nada — na verdade, estava pior. Ela se propôs a agendar uma consulta de quinze minutos.

— Não, senhora — protestou. — Vou precisar de um pouco mais de tempo para conversar e resolver esse assunto com o médico.

— Mas — retorquiu a recepcionista — nossas consultas são de quinze minutos.

Ele pensou um instante e disse: — Senhora, seria possível marcar para mim duas consultas seguidas?

Ela fez isso.

Gil foi à consulta, preparado com suas perguntas, esperando encontrar o médico não tão disposto a responder. Levou a mulher consigo, sabendo que os dois teriam mais chances de ouvir tudo que o médico dissesse.

Gil disse que ficou surpreso ao ver o médico entrando no consultório com ar de alívio no rosto, dizendo:

— Puxa, como você conseguiu uma consulta de meia hora? Isso para mim é luxo! Vou ter tempo de me sentar.

Dessa vez, conta Gil, o médico levantou cuidadosamente todos os fatos relevantes do problema e do histórico médico de Gil, depois realizou um exame completo do pé. Confirmou o diagnóstico — fasciite plantar —, depois ouviu cada uma das perguntas de Gil e explicou várias opções de tratamento. O médico recomendou uma consulta a um cirurgião de pé, mas perguntou a Gil se ele precisava de tempo para pensar nessa possibilidade. Gil respondeu que sim.

Gil me contou que ele e a mulher ficaram satisfeitos por tanto que aprenderam na consulta. A enfermeira também lhes deu mais informações para avaliarem. Em casa, Gil e a mulher entraram na Internet e leram mais sobre fasciite plantar em vários *sites* médicos respeitáveis. Perguntaram a dois amigos que tinham lutado com o mesmo problema sobre suas experiências.

Com a pesquisa, Gil aprendeu mais acerca de um conjunto de exercícios que, segundo havia sido recentemente demonstrado, ajudava na cura da fasciite plantar. Ele imprimiu os exercícios encontrados na Internet, bem como um resumo do artigo que explicava o método, e levou as informações em sua consulta. Gil decidiu que, antes de pensar em cirurgia, gostaria de tentar várias semanas de fisioterapia e exercícios em casa.

Contou-me que o médico lhe receitou uma nova medicação e fisioterapia por seis semanas. O médico disse que Gil deveria usar tênis e fazer os exercícios duas vezes ao dia e voltar lá depois de seis semanas.

Contou que o médico ficou tão satisfeito quanto ele diante da possibilidade de evitar a cirurgia. "E ele me agradeceu", escreveu Gil, "dizendo que eu lhe havia ensinado um novo truque que podia ajudar outros pacientes."

Gil tinha se transformado no capitão de seu time de saúde e aprendido a formar uma equipe de saúde vencedora. Gil conseguiu e você também pode!

DOZE

Forme sua equipe com profissionais de saúde vencedores

O HÁBITO DO TRABALHO EM EQUIPE

Para ser altamente saudável, é preciso não só decidir assumir a posição de capitão de sua equipe de saúde (ou encontrar alguém que o faça por você), mas também escolher associações positivas com o técnico do time (nosso clínico geral) e outros profissionais de saúde (outros jogadores do time). Para melhorar a saúde, é preciso que você se alinhe com o melhor técnico e os melhores jogadores, formando um time de saúde vencedor.

Nosso Criador nos projetou para funcionar melhor em cooperação com uma equipe de pessoas que nos amam e se preocupam conosco. Quando esse princípio se combina com o princípio de buscar aconselhamento com os outros, temos um forte embasamento para formar nossa equipe de saúde vencedora.

Uma vez convencido do valor do atendimento de saúde integral — que abrange os aspectos físico, emocional, relacional e espiritual do indivíduo que você foi criado para ser —, você começa a formar um time de saúde campeão que compartilha, ou no mínimo apóia, suas convicções e sua filosofia. Tendo em mente esses princípios e advertências, onde encontrar os melhores candidatos para seu time? Como escolher uma equipe de profissionais e pessoas de apoio que compartilhem com você a convicção crescente de que os dez hábitos aqui expostos são essenciais para atingir altos níveis de saúde?

QUEM PODE SER SEU TIME DE SAÚDE CAMPEÃO?

Família e amigos

Antes de você começar a ler este livro, tenho certeza de que nem tinha pensado na possibilidade de família e amigos poderem ser — ou deverem ser — parte de sua equipe de saúde. No entanto, não só essas pessoas são parte, mas também são uma parte *essencial.* Estudos demonstram que família e amigos são classificados coerentemente como os apoios mais vitais para homens e mulheres que passam por alguma grande crise de saúde.

Entretanto, e como acontece em todas as equipes, pode haver membros nocivos. Uma das minhas mais importantes funções como médico de família foi ajudar a capacitar meus pacientes a dispensar amigos ou familiares que lhe afetavam negativamente a saúde e o bem-estar e se recusavam a mudar as atitudes ou o comportamento. Em seu livro *Don't let jerks get the best of you* [*Não deixe que os imbecis tirem o melhor de você*], o psiquiatra Paul Meier[1] expõe em detalhes como fazer isso — assim como Jan Silvious em seu livro *Fool-proofing your life* [*Proteja sua vida de erros primários*].[2]

Um número reduzido de membros na equipe também pode reduzir sua eficácia. "Mas e se eu não tenho família?", você pode perguntar. "Se acabei de me mudar para uma nova cidade e não tenho amigos?" Então sua tarefa é começar a recrutar os membros do time. Estou convencido de que sua saúde depende disso.

Quando conheci Donald, ele estava com 30 e tantos anos e acabara de se mudar para nossa cidade para lecionar matemática na escola secundária. Ele morava sozinho depois de ter se divorciado

[1]Nashville: Nelson, 1995.
[2]Colorado Springs: WaterBrook, 1998.

vários anos antes. Não tinha amigos próximos, nem passatempos nem interesse externo nenhum. Assistia muito à TV.

Adorava ser professor, mas seu desempenho estava sendo negativamente afetado por vários problemas de saúde. Veio consultar-se comigo queixando-se de uma forte dor crônica, juntamente com distúrbios de sono e pouca energia. Seus exames físicos estavam todos normais. Seus testes emocionais não demonstravam sinais de depressão nem ansiedade. O teste de estresse estava quase normal. No entanto, suas rodas relacional e espiritual estavam quase vazias. E ele nunca tivera um time de saúde campeão para apoiá-lo em sua jornada na direção de tornar-se altamente saudável.

No exame físico, identifiquei vários daqueles pontos que os médicos chamam de "gatilhos de dor". Meu diagnóstico era de um distúrbio "na época ainda pouco conhecido e difícil de tratar" chamado fibromialgia. Comuniquei-lhe meu diagnóstico e o prognóstico, explicando também que eu não tinha condições de curá-lo. A testa dele se franziu.

— Donald — disse-lhe —, eu posso *ajudar* você. Mas, para ser franco, *você* vai ser obrigado a fazer grande parte do trabalho de melhorar. Está disposto?

— Faço o que for preciso — respondeu Donald. — Tem de ser mais fácil do que viver como estou vivendo agora.

Além de minhas prescrições médicas, receitei a Donald encontrar um grupinho de homens com quem ele se encontrasse uma vez por semana para trocar idéias e cultivar um relacionamento.

Ele pensou um pouco. — Sabe, conheço o diretor de uma das escolas primárias onde trabalho que é ativo na igreja dele. Ele também está lutando com alguns problemas físicos e passou pelo divórcio.

— Parece que é uma boa pessoa para você começar — concordei. — Por que não se encontrar primeiro com ele e depois vocês dois irem procurar mais alguém?

Dentro de seis meses o grupo já tinha oito homens. Eles se encontravam uma vez por semana para tomar café da manhã. Riam, estudavam uma passagem da Bíblia e oravam uns pelos outros. Eles abriam o coração e, às vezes, até choravam. Esses rapazes se afeiçoaram, sentiam-se seguros em companhia um do outro, aconselhavam um ao outro e consideravam-se todos capazes de permanecer no caminho de tornar-se altamente saudáveis nas quatro rodas.

Assisti à lenta melhora da saúde de Donald. Estou convencido de que não existiria nenhum meio de eu fazer por Donald o que aquele grupo de amigos especiais fez — e o que um fez pelo outro. Esses homens tornaram-se parte muito importante do time de saúde vencedor de Donald.

Procurando amigos

Se você não tem pelo menos um amigo próximo, para o bem de sua saúde, agora é o momento de procurar algum. Talvez você possa começar construindo um relacionamento próximo com um colega de trabalho ou de escola, com um familiar que mora na mesma cidade ou com alguém que você conhece que tenha algum interesse ou passatempo semelhante ao seu.

Pense em como você poderia formar um relacionamento com essa pessoa. Tome a iniciativa. Se a pessoa estiver aberta à amizade, comece a investir um tempo regular nesse relacionamento. Com o tempo, você poderá descobrir se o relacionamento permite que você se abra com segurança para falar de sua vida, suas alegrias e tristezas, bem como dos seus desafios de saúde. Sem esse tipo de relacionamento, você não poderá ser tão saudável quanto gostaria de ser.

Grupo de apoio

Ter um relacionamento próximo com pelo menos um número pequeno de amigos ou familiares é apenas o ponto de partida para criar um time de saúde vencedor. Se você está lidando com determinado problema de saúde, vai se beneficiar se encontrar outro tipo de grupo de apoio — um grupo formado de pessoas que têm os mesmos problemas que você está enfrentando. Em geral, esses grupos podem ser localizados por intermédio dos hospitais da cidade, associações nacionais ou comunidades de fé. Muitos médicos e profissionais de saúde fornecem informações sobre grupos assim para seus pacientes. A maioria das clínicas e dos hospitais tem grupos como esses. Eles proporcionam um grande fórum para a disseminação de informações úteis e para a troca de experiências pessoais. Também são úteis para evitar ou curar o isolamento, a alienação e a solidão.

Esses grupos assumem várias formas. Alguns concentram-se no curso particular de uma doença (como câncer de mama ou doença cardíaca), outros concentram-se no problema de dependências (álcool, narcóticos e sexo, por exemplo), e ainda outros enfocam questões emocionais (tais como depressão, ansiedade, transtorno bipolar). Esses grupos são exemplo de que trocar experiências e ouvir pode promover a cura. Mesmo que as pessoas desses grupos comecem como estranhos, o ambiente dos "anônimos" torna, de certa forma, mais fácil para essas pessoas se abrir e ficar acessíveis.

A Internet transformou o significado do conceito de grupo de apoio. Nela você pode encontrar centenas de grupos que estão lidando com os mesmos problemas de saúde que você tem de enfrentar. No entanto, preste atenção nisto: um grupo de apoio pela Internet nunca poderá dar o mesmo nível de apoio pessoal e cura que um grupo de pessoas que você encontra face a face. Outro aviso: vários estudos demonstraram que a grande maioria dos conselhos dados nas salas de bate-papo e nos quadros de avisos pela Internet é imprecisa e às vezes até perigosa.

Donald, meu paciente com fibromialgia, viveu isso na própria pele. Ele encontrou na Internet várias organizações que o mantinham atualizado sobre a pesquisa e os desenvolvimentos mundiais relacionados ao tratamento da fibromialgia. (Na verdade, muito do que sei hoje em dia sobre essa síndrome e seu tratamento eu aprendi com Donald.) Entretanto, Donald cometeu um erro. Ele ficou sabendo de um novo suplemento alimentar recomendado para a fibromialgia e à venda pela Internet. Garantiram-lhe que a substância era natural e segura, sem causar efeitos colaterais. O que ele não sabia é que esse suplemento podia interagir com um remédio e também com outro suplemento que ele estava tomando.

A inesperada interação — que lhe causou elevação dramática da pressão arterial e dos batimentos cardíacos — resultou em uma ida de ambulância até o pronto-socorro do hospital. Os companheiros de equipe de Donald que lhe falaram do suplemento alimentar pensaram que o estavam ajudando. Donald deveria ter verificado com o técnico (eu, seu médico) antes de decidir qual seria a jogada. Mas não fez isso, e a bandeirinha se levantou no campo: penalidade. Ainda bem que foi apenas uma falta pequena que não lhe custou o jogo.

Procure apoio

Se você decidir entrar para um grupo de apoio, ou se quer começar seu próprio grupo, inclua apenas as pessoas que têm estes mesmos objetivos importantes: ser positivo e confiável, promover a segurança nos relacionamentos, acabar com o isolamento e freqüentar as reuniões regularmente.

Encontre um facilitador (ou coordenador) que tenha boas técnicas de comunicação e esteja comprometido em incluir todas as pessoas numa discussão em grupo produtiva. Estabeleça para o grupo que tudo que os membros revelarem permanecerá estritamente confidencial. Comprometa-se não somente a falar abertamente, mas também a ouvir com cuidado e sem espírito de crítica. Concentre-se no que você pode oferecer para o bem de cada pessoa, ao mesmo tempo desfrutando os resultados positivos de receber o apoio e o aconselhamento que o vão ajudar a tornar-se altamente saudável.

Mentores

Se existe uma arte perdida no mundo ocidental, essa é a arte de ser mentor. A Bíblia insta[3] os mais velhos e mais sábios a orientar os mais jovens e menos experientes, embora a maioria destes não siga o conselho. Agradeço a Bill Judge — proprietário de um sítio

[3]V. 1Tm 2.2; Tt 2.2-8.

produtor de leite e derivados e pai de cinco garotas, homem de bom senso e sabedoria incomum. Em 1985, pedi a Bill que fosse meu mentor. Nós nos encontrávamos quase todas as terças-feiras durante quase 16 anos. Ele me ouvia, me orientava, orava por mim, me aconselhava, ensinava e me corrigia. Naqueles anos, eu e Barb enfrentamos dezenas de decisões de saúde para nós e nossos filhos. Estou convencido de que Bill, na qualidade de mentor, ajudou-nos a ser altamente saudáveis.

Domine a arte de ser mentor

Para saber mais sobre o trabalho dos mentores, recomendo As iron sharpens iron [Como o ferro afia o ferro], livro escrito pelo dr. Howard Hendricks e seu filho William.[4] *Enquanto aprende mais acerca de ser mentoreado — ou, se tiver mais idade, a mentorear —, comece a orar e pedir a Deus que lhe mostre as pessoas com quem você pode ter esse tipo de relacionamento. Depois que tiver idéia de quem pode ser essa pessoa, telefone para ela e a convide para um café ou almoço. Proponha sua idéia e dê-lhe tempo para pensar e orar a esse respeito. Vai descobrir que ter um mentor em cuja sabedoria e orientação você confia pode ser um fator inestimável em seu processo de tornar-se altamente saudável.*

Comunidade de fé, estudo da Bíblia e parceiros de oração

A socialização faz bem à saúde, mas a socialização numa comunidade de fé ou no culto de adoração faz um bem *excepcional* para a saúde. Um dos segredos para ser altamente saudável é ter pessoas que orem com você e por você. Cada vez mais, os estudos têm demonstrado[5] que a oração produz uma ampla variedade de efeitos benéficos na saúde, inclusive nos casos de distúrbios

[4]Chicago: Moody Press, 1995, p. 19.

[5]Relatados em Harold G. KOENIG, Michael E. MCCULLOUGH & David B. LARSON, *Handbook of religion and health*, New York: Oxford University Press, 2000, p. 104-6; 116-7; 125-6; 151-2; 199-200; 247-9; 313-4; 322; 341; 350-2; 355-7; 368-9.

de ansiedade, doenças cardiovasculares, depressão, deficiências, insatisfação conjugal, no alívio da dor, na recuperação de ataque cardíaco e internação na unidade de terapia intensiva, na recuperação de cirurgia, no uso de substâncias tóxicas e no bem-estar generalizado. Embora nem todos os estudos tenham conseguido demonstrar a eficácia da oração, os que comprovaram seus efeitos são impressionantes.

Por exemplo, um grupo de pesquisadores demonstrou[6] que "os maiores fatores para o bem-estar (satisfação de vida e felicidade) eram freqüência e experiência de oração". Também se descobriu que orações na forma de conversas ou meditação estavam relacionadas mais fortemente com o bem-estar do que as orações rituais automáticas ou decoradas.

Em 1988, o cardiologista Robert Byrd[7] relatou os resultados de estudo realizado na unidade de terapia cardíaca do San Francisco General Hospital. O estudo clínico, realizado com procedimentos de duplo-cego, abrangeu mais de 400 pacientes designados aleatoriamente para um grupo de oração intercessória (um grupo que orava por eles) ou a um grupo de controle, que não recebia orações. Nem os médicos nem os pacientes sabiam quem estava recebendo orações e quem não estava. Além disso, as pessoas que oravam não conheciam os pacientes por quem estavam orando. Os resultados foram extraordinários: os pacientes do grupo de oração tiveram menos episódios de insuficiência cardíaca, menos ataques cardíacos e menos pneumonias, além de terem usado menos medicações e terem precisado menos do respirador.

Outro estudo sobre a oração constatou que pacientes de artrite reumatóide que recebiam oração intercessória presencial (alguém que orava por eles na presença deles) mostraram melhora geral significativa ao longo do período de um ano. Os pesquisadores concluíram: "A oração intercessória presencial pode ser um bom

[6]Relatado em M. M. PALOMA & B. F. PENDLETON, Religious domain and general well-being, *Social Indicators Research*, 22: 255-76, 1990; e The effects of prayer and prayer experiences on measures of general well-being, *Journal of Psychology and Theology*, 19: 71-83, 1991.

[7]Positive therapeutic effects of intercessory prayer in a coronary care unit population, *Southern Medical Journal*, 81: 826-9, 1988.

auxílio ao atendimento médico padrão no caso de alguns pacientes com artrite reumatóide".[8]

Um estudo realizado na Coréia do Sul comparou dois grupos selecionados aleatoriamente de mulheres que haviam passado por fertilização *in vitro*, analisando os níveis de concepção de um grupo que recebia orações intercessórias e de um grupo de controle de pacientes pelos quais ninguém orava. Os pesquisadores, que ficaram perplexos ao descobrir que o grupo pelo qual havia oração intercessória tinha um índice muito mais alto de gravidez (50%, em comparação com 26% do grupo de controle), concluíram: "Observou-se diferença estatisticamente significativa no efeito da oração intercessória no resultado das transferências de embriões com fertilização *in vitro*".[9]

Ore e leia a Bíblia regularmente

Se você não é uma pessoa de oração, procure alguém que seja. Pergunte a essa pessoa se ela pode começar a orar por você e ensiná-lo a orar.

Se você não lê nem estuda a Bíblia regularmente, agora é um bom momento para começar. Encontre um amigo ou pastor que estude a Bíblia e peça a essa pessoa que oriente você. Comece lendo a Bíblia todo dia, mesmo que seja apenas alguns minutos. Procure aumentar aos poucos o tempo de leitura. Procure uma edição da Bíblia com ajudas e explicações. Há várias, e algumas têm um plano para a leitura de toda a Bíblia em um ano. Esse plano organiza a leitura além de oferecer a possibilidade de explorar vários temas. Visite uma livraria evangélica e peça orientação.

Conversar com Deus (orar) e ouvir a Deus (ler a Bíblia) aumentam sua probabilidade de tornar-se e manter-se altamente saudável.

[8] D. A. Matthews, S. M. Marlowe & F. S. MacNutt, Effects of intercessory prayer on patients with rheumatoid arthritis, *Southern Medical Journal*, 93(12): 1177-86, Dec. 2000.

[9] K. Y. Cha, D. P. Wirth & R. A. Lobo, Does prayer influence the success of in vitro fertilization embryo transfer? Report of a masked, randomized trial, *Journal of Reproductive Medicine*, 46(9): 781-87, 2001.

Médicos e paramédicos

Sem dúvida, um médico habilidoso é parte essencial de uma equipe de saúde vitoriosa. Recomendo com veemência que você escolha um médico de atendimento primário — um técnico para sua equipe de saúde — e comece a construir um relacionamento de confiança com ele. Esse profissional vai atuar como seu clínico geral, vai cuidar de sua saúde em geral e trabalhar de perto com você na hora de tomar a maioria das decisões que você enfrentar. Em muitos planos de saúde, o atendimento de um especialista só é coberto se o generalista encaminhar o paciente. O atendimento primário representa o nível mais básico do sistema de atendimento de saúde.

Ter um médico de atendimento primário é importante porque ele conhece você e pode colaborar com outros profissionais, quando necessário, na identificação de suas necessidades específicas e na indicação do tratamento mais adequado. A atuação desse profissional lhe permite estabelecer um relacionamento de confiança duradouro com um médico, manter continuidade no cuidado de sua saúde e proceder com segurança quando enfrentar situações críticas e tomar medidas preventivas e de manutenção.

Além disso, muita gente tem reconhecido o valor dos paramédicos: profissionais auxiliares da medicina com formação universitária, como obstetras, enfermeiros etc. Esses profissionais em geral dedicam mais tempo a você que seu médico. Nos Estados Unidos, algumas categorias de paramédicos têm permissão para trabalhar independentemente do médico, dependendo das leis de cada estado. Os serviços prestados por eles custam menos.

Um estudo realizado em 1986[10] pelo Congressional Office of Technology Assessment concluiu que o atendimento prestado por enfermeiras, assistentes e obstetras (dentro de cada área de especialização) era equivalente ao prestado pelos médicos nos mesmos

[10]Relatado em Health technology case study 37 — nurse practitioners, physician assistants, and certified nurse-midwives: a policy analysis, Washington, D. C.: Office of Technology Assessment, Dec. 1986.

problemas. O estudo relatou que esses profissionais foram considerados mais habilidosos que os médicos em algumas áreas de atendimento preventivo e na comunicação com o paciente, bem como no atendimento de apoio e na promoção de saúde.

Embora alguns médicos considerem esses estudos uma ofensa, muitos outros estão aprendendo a trabalhar de maneira produtiva com esses profissionais altamente competentes. Cabe aqui assinalar que o estudo comparou paramédicos com todos os médicos. Desconfio que os médicos de atendimento primário se saíram muito melhor que muitos de seus colegas dessas áreas.

Profissionais de saúde mental

Psicólogos, conselheiros profissionais, assistentes sociais e terapeutas conjugais e familiares são formados, diplomados e treinados para fornecer diagnóstico e terapia para vários problemas psíquicos, relacionais e emocionais. Não podem prescrever medicamentos. Em geral, trabalham com o médico particular.

Os conselheiros pastorais e os capelães podem ajudar nos problemas espirituais, bem como em alguns problemas emocionais e relacionais. Para questões mais graves, porém, eu em geral recomendo um terapeuta de saúde mental com formação universitária em alguma das disciplinas mencionadas.

Os psiquiatras também podem desempenhar um papel importante em sua equipe de saúde. O psiquiatra é o médico com especialização para avaliar e cuidar da saúde mental. Como médico, pode receitar medicamentos, solicitar exames de laboratório e outros testes diagnósticos, assim como internação do paciente em clínica especializada. Os psiquiatras em geral trabalham em conjunto com uma equipe de profissionais de saúde mental.

Um programa de aconselhamento ao qual encaminhei muitos pacientes meus nos EUA é o Meier New Life Clinics.[11] Além disso, é possível ter acesso ao departamento de aconselhamento do Focus

[11]Esse serviço pode ser consultado pela *web* em www.newlife.com/Meier_Clinics/meier_clinics.htm

on the Family, para obter nomes de conselheiros competentes na área de orientação religiosa.

Um dos hábitos saudáveis que minha mulher, Barb, e eu temos mantido há anos é consultar um profissional de saúde uma vez por ano — juntos. Nosso objetivo é que esse profissional verifique nossas rodas emocional e relacional.

Numa dessas vezes, o conselheiro fez certa pergunta a Barb. Pensei que eu soubesse a resposta. Imagine minha surpresa quando ela respondeu exatamente o oposto do que eu esperava. Fiquei perplexo. Tratava-se de uma questão que eu poderia ter resolvido se ela tivesse falado para mim.

— Querida — protestei —, por que você não me disse?

Ela me olhou com ar inocente e respondeu: — *Você* não me perguntou. Quem perguntou foi *ele.*

Não precisa dizer mais nada!

> **Atendimento preventivo psicológico ou pastoral**
>
> *Você acharia sensato você e sua família (se você tem família) visitarem um conselheiro pastoral ou psicológico uma ou duas vezes por ano? Considere a hipótese de um check-up desse tipo como exame preventivo para suas rodas emocional, relacional e espiritual. Se decidir fazer isso, tenha uma atitude aberta, esperando encontrar outras áreas em que você pode melhorar e tornar-se muito mais saudável.*

Nutricionistas

Os nutricionistas são profissionais de inestimável auxílio para os médicos e os pacientes, pois tratam de questões alimentares. Muitos têm clínica particular, outros trabalham em hospitais e estão disponíveis para consultas particulares. Esses profissionais têm formação de nível superior e são autorizados pelos órgãos competentes a exercer a profissão.

Você já deve ter percebido que o médico comum não tem (ou tem muito pouco) treinamento em nutrição. E você sabe, por ter lido este livro, que sua dieta afeta suas rodas da saúde física, emocional e relacional. Se você acha que os hábitos alimentares de sua família estão precisando de uma revisão ou de um reparo, peça a seu médico que lhe indique um nutricionista. Esse profissional vai analisar com cuidado sua dieta e sugerir estratégias saudáveis para melhorar sua saúde nutricional. Essa pode ser uma das horas mais bem aproveitadas de consulta na vida.

Veja o caso da família Roflinger. Wilson, Sheila e seus quatro filhos estavam todos acima do peso, e alguns já tinham tido dificuldades de saúde por causa disso. Eles resistiram a minha sugestão de fazer algumas mudanças nessa área de sua saúde até que o pai de Wilson morreu de ataque cardíaco, aos 58 anos. *Então* a família se interessou. O funeral foi traumático para todos eles.

Os nutricionistas de nosso hospital davam uma aula semanal sobre nutrição para os moradores da cidade. Sugeri que os Roflingers se comprometessem a freqüentar essas aulas durante três meses. Eles aceitaram a sugestão. Aprenderam a preparar suas refeições prediletas de maneiras mais saudáveis. Aprenderam a jantar *juntos* e a tirar disso grande benefício para sua vida em família. Aprenderam a controlar as quantidades, a distinguir açúcares bons de ruins, e gorduras boas de ruins. Aprenderam a comer de forma mais saudável. Aprenderam até a fazer ginástica em família.

Eu queria que você os visse um ano depois. Estavam todos chegando perto do peso ideal para cada um. Wilson parou de tomar medicamentos para a pressão alta. Sheila não precisou mais tomar remédios para a diabete. As crianças ficaram com aparência boa e se sentiam bem. Toda a família estava tendo reação positiva dos amigos e parentes.

Ministros religiosos ou pastores com formação acadêmica

Um ótimo elemento a acrescentar na equipe de saúde de alguém é um conselheiro espiritual. Os ministros religiosos e os capelães são opções óbvias. Em várias comunidades de fé, presbíteros, decanos ou líderes leigos especialmente treinados também podem desempenhar esse papel. Dignos de nota entre os últimos são as pessoas treinadas pela Ordem Internacional de São Lucas [Order of St. Luke][12] e pelo Ministério de Estêvão [Stephen Ministry].[13] Se você quer mais informações, consulte meu *website*, www.10essentials.net.[14]

Quiropráticos

Muitas pessoas decidem ter um quiroprático em sua equipe de saúde. Os quiropráticos são profissionais de saúde que administram terapias musculoesqueléticas como, por exemplo, a manipulação, o alongamento e outras técnicas de fisioterapia. Muitos quiropráticos acreditam que as doenças são causadas por desalinhamentos na coluna — o que eles chamam de *subluxações* — que pinçam os nervos que saem da coluna para o corpo. Acreditam que, depois de manipulações e ajustamentos adequados, as transmissões nervosas normais são restauradas e o corpo pode reassumir sua capacidade inata de recuperar-se de doenças, até de preveni-las.

Do meu ponto de vista — e da esmagadora maioria de cientistas —, não existe nenhuma evidência científica que apóie a teoria da subluxação. O dr. Stephen Barrett[15] observa que a definição de subluxação é "deslocamento incompleto, ou parcial — condição visível em radiografia em que as superfícies ósseas de uma articulação perderam o ajuste exato mas permanecem parcialmente

[12]Ministério cristão de cura e uma associação de 1) profissionais de todas as fases da prática médica, 2) ministros das igrejas católica romana, católica ortodoxa, anglicana e protestantes e 3) leigos de todas as classes sociais que acreditam que o ministério de cura de Jesus Cristo hoje pertence à igreja. A ordem é uma extensão da Irmandade de São Lucas, iniciada em 1932 pelo já falecido John Gayner Banks, S. T. D., presbítero da Igreja Episcopal, e sua mulher, Ethel Tulloch Banks.

[13]Há mais de 25 anos têm oferecido a milhares de congregações de mais de uma centena de diferentes denominações treinamento bíblico de orientação cristã, juntamente com recursos para o atendimento leigo individual e de pequenos grupos, tendo em vista também o crescimento e a cura espiritual.

[14]Clique no *link* referente ao Capítulo 12 e em seguida localize e clique nesse *hyperlink*.

[15]Chiropractic's elusive "subluxation"; na *web*, em www.quackwatch. com//01QuackeryRelatedTopics/chirosub.html

alinhadas". O dr. Barrett declara que "não existe problema como esse que possa ser corrigido com o tratamento quiroprático". Prossegue, afirmando:

> Os quiropráticos também divergem em relação ao que consideram ser "subluxações" e onde elas se localizam. Além de enxergá-las em radiografias, os quiropráticos afirmam que podem encontrá-las das seguintes maneiras: a) tocando a coluna com as mãos, b) medindo com um instrumento a temperatura da pele próxima da coluna, c) concluindo que uma das pernas do paciente é 'funcionalmente' mais comprida que a outra, d) estudando as sombras produzidas por um instrumento que projeta um feixe de luz sobre as costas do paciente, e) pesando o paciente em balanças especiais e/ ou f) detectando um "nervo irritado" com um instrumento. Investigações veladas nas quais vários quiropráticos examinaram o mesmo paciente demonstraram que o diagnóstico e os tratamentos propostos foram muito diferentes de um profissional para outro.

Com o passar dos anos, o atendimento quiroprático dividiu-se lentamente em dois campos: o dos *quiropráticos tradicionais*, que aderem estritamente à filosofia original, isto é, apenas localizar e eliminar subluxações; e o dos *quiropráticos modernos,* que combinam manipulação e ajustes musculoesqueléticos a outras terapias, como o alongamento suave, o tratamento de pontos deflagradores de dor, aplicação de calor e frio, aconselhamento e terapias nutricionais, recomendações de suplementos alimentares e programas de exercícios físicos.

A maioria dos quiropráticos hoje em dia se encaixa na categoria moderna e em geral utiliza novas tecnologias para localizar e eliminar subluxações. Contudo, existe uma subdivisão nessa linha. Entre os quiropráticos modernos, há duas principais escolas de pensamento: 1) os *isolacionistas*, que acreditam que sua terapia pode evitar e tratar a maioria das doenças sem ajuda de outros profissionais de saúde (preferem trabalhar isoladamente e quase sempre desdenham qualquer pessoa do mundo médico tradicional); e

2) os *racionalistas*, que se baseiam em conhecimentos científicos e desejam fazer parte de uma equipe de saúde tradicional.

É bem possível que os quiropráticos que se dispõem a trabalhar em equipe multidisciplinar tenham um papel valioso no seu time de saúde quando você precisar. O dr. Samuel Homola[16] escreve:

> A manipulação da coluna dorsal pode aliviar alguns tipos de dores nas costas e no pescoço e outros problemas relacionados a contraturas e perda de mobilidade, como, por exemplo, dores de cabeça tensionais e dores nos músculos e articulações. Também sabemos que a massagem pode ser tão eficaz quanto a manipulação cervical no alívio das cefaléias tensionais. As técnicas de fisioterapia também podem ser tão eficazes quanto a manipulação da coluna no alívio das dores nas costas a longo prazo. Os quiropráticos racionalistas podem oferecer todas essas modalidades, quando adequadas, e desse modo proporcionar aos pacientes uma possibilidade de escolha [...]
>
> Os quiropráticos que se baseiam em conhecimentos científicos fazem uma avaliação adequada da natureza dos problemas de seus pacientes, decidem se esses problemas estão em seu campo de ação e fazem as indicações apropriadas para os problemas que eles não estão aptos a tratar. Se encontrar um que utilize a manipulação e a fisioterapia adequadamente e esteja disposto a trabalhar em conjunto com seu médico pessoal, você pode beneficiar-se do melhor que cada um tem a oferecer.

Concordo com o dr. Homola. Há anos, minha equipe conta com a colaboração de um quiroprático moderno racionalista, que se baseia em conhecimentos científicos — para benefício meu e de meus pacientes. Os pacientes que mais se beneficiaram desse tipo de atendimento tinham lesões musculoesqueléticas graves, principalmente algumas formas de dor nas costas e no pescoço. Recomendo que você não eleja nenhum quiroprático como seu médico de atendimento primário, mas apenas quando for indicado.

[16]What a rational chiropractor can do for you; na *web*, em www.chirobase.org/07Strategy/goodchiro.html (artigo adaptado de *Inside chiropractic*: a patient's guide, New York: Prometheus, 1999).

A licença para os quiropráticos varia muito entre os estados norte-americanos. Atualmente, a maioria deles exige que esses profissionais prestem o exame do National Chiropractic Board para poder exercer a prática. Alguns estados também exigem que o candidato passe por um exame prático, além do exame escrito.

Profissionais de medicina alternativa

Cada vez mais os americanos estão pedindo que profissionais da medicina alternativa ou complementar façam parte de sua equipe de saúde. Muitos desses profissionais alternativos não têm licença nem regulamentação da profissão, principalmente os que lidam com terapias nutricionais alternativas.

Em *Alternative medicine* [*Medicina alternativa*],[17] você ficará sabendo o que Dónal O'Mathúna e eu descobrimos pesquisando as terapias alternativas, ervas medicinais, vitaminas e os suplementos alimentares mais conhecidos disponíveis no mercado de saúde atual. Estudamos cerca de quarenta das terapias alternativas mais utilizadas nos Estados Unidos — abrangendo de acupuntura a ioga — e cerca de sessenta das ervas, vitaminas e dos suplementos mais comprados — de aloé a zinco.

Não só levamos em consideração o que as pessoas diziam ser o efeito desses elementos, mas também as evidências (quando havia) que pudessem embasar cada terapia para cada doença ou problema que supostamente tratavam. Também examinamos questões espirituais subjacentes que pudessem afetar a decisão de um paciente quanto a evitar ou usar determinada terapia.

Encontramos algumas alternativas ao atendimento tradicional com evidências que apóiam seu uso e ainda mais alternativas com boas evidências de poderem complementar a medicina tradicional. Entretanto, também descobrimos que a maioria das terapias alternativas tem poucas evidências, ou nenhuma, que apóiem seus supostos efeitos curativos e identificamos algumas que consideramos

[17]Grand Rapids: Zondervan, 2001.

extremamente perigosas. Concluímos que, se você deseja adicionar terapias alternativas a seu tratamento de saúde, ou se quer procurar os serviços de um profissional alternativo, é essencial que não se esqueça de garantir a supervisão do técnico de sua equipe de saúde: seu médico de atendimento primário.

COMO CONTRATAR UM PROFISSIONAL DE SAÚDE

Há vários passos importantes a dar quando você contrata os profissionais para formar sua equipe de saúde vencedora. Peça a outras pessoas indicações e recomendações. Você vai querer saber se a personalidade ou a filosofia de determinado profissional está de acordo com o que você deseja. Verifique as qualificações e o currículo da pessoa e marque uma entrevista, para saber se o profissional está adequado para trabalhar com você em sua jornada na direção de ser altamente saudável.

Procure o profissional adequado

Escolher o melhor médico para você e para as pessoas que você ama exige alguma coleta de informações. Embora muitos planos de saúde limitem suas escolhas aos médicos por eles aprovados, você ainda assim deve decidir:

- Se quer um médico orientado para doenças ou para o bem-estar.
- Se prefere tratamentos conservadores ou agressivos.
- Se prefere um médico amigável e informal ou um médico distante e formal.
- Que competências específicas você quer de um médico. Atendimento pediátrico? Atendimento obstétrico? Atendimento hospitalar? Atendimento para toda a família? Para idosos? Para determinado problema ou doença?
- Você prefere um médico que o convida a participar do tratamento ou um que lhe diz o que fazer?
- Prefere um médico ou uma médica?

- Você quer um médico que se importe com seus interesses espirituais ou que pelo menos os apóie?

Obtenha referências e recomendações

Depois de decidir suas preferências pessoais, comece a perguntar a amigos, vizinhos, colegas, parentes ou ao ministro religioso quais médicos eles recomendariam. Verifique principalmente com pessoas confiáveis que estejam de alguma forma ligadas ao sistema de saúde. Considere sempre a opinião de outros profissionais confiáveis que cuidaram de você anteriormente. Se você tem necessidades específicas para um determinado problema físico ou mental, os grupos de apoio e ajuda de sua cidade ou do estado podem ser uma fonte excelente de informação sobre profissionais especializados nessas áreas.

Para refinar mais sua busca, considere a possibilidade de verificar se existem informações públicas sobre o profissional que você pensa em escolher. Entre as fontes públicas de informação estão o órgão estadual a que esses profissionais são filiados, o Better Business Bureau,[18] e o departamento estadual de regulamentação profissional.[19] Alguns estados americanos também têm bancos de dados na Internet que lhe permitem obter informações sobre queixas e práticas incorretas. O estado tem de ser capaz de informar se o médico está licenciado atualmente, ou se alguma vez já houve medidas disciplinares contra esse profissional. Na maioria dos estados é possível solicitar uma cópia da medida disciplinar.

Para descobrir se existe algum processo contra um médico, na maioria dos casos, você pode encontrar essa informação no estado onde ele trabalha e mora. Tenha em mente, contudo, que qualquer pessoa pode registrar queixa a qualquer momento por qualquer motivo. A existência de uma queixa de conduta errônea não indica automaticamente que o médico é um mau profissional. Pode

[18]Órgão de defesa do consumidor dos EUA. (N. da T.)
[19]No Brasil, órgãos correspondentes seriam os Conselhos Regionais ou Estaduais, que regulamentam o exercício de cada profissão. (N. da T.)

apenas significar que determinado paciente ficou insatisfeito com alguma coisa. Além disso, o resultado pode ter ficado além do controle do médico. Seja como for, várias ações legais ou um padrão de ações semelhantes podem ser causa de preocupação.

Existem vários bancos de dados na Internet que podem informar a atividade de um médico, entre eles a "AMA Physician Select" da American Medical Association, *website* que você pode acessar pelo meu *site*, www.10essentials.net.[20]

A AMA — American Medical Association — afirma que esse *site* fornece informações sobre praticamente todos os médicos licenciados nos Estados Unidos e territórios associados.

Depois de escalar os médicos que serão os primeiros da sua lista, ligue para o consultório deles. Pergunte à recepcionista se algum membro da equipe desse médico tem tempo para lhe fornecer algumas informações:

- O médico está aceitando novos pacientes?
- Aceita meu plano de saúde?
- Quanto tempo faz que esse médico atua nessa área?
- Quantos pacientes foram atendidos em seu serviço?
- O médico trabalha sozinho ou com uma equipe? Se for em grupo, quantos membros compõem o grupo e em quantas clínicas eles trabalham?
- Quem me atende quando o médico não está disponível?
- Em que hospitais esse médico interna pacientes? Existe alguma limitação para a prática dele nesses hospitais?
- Se o médico não interna pacientes, quem vai cuidar de mim se eu tiver de ir para o pronto-socorro ou tiver sido internado no hospital?
- O médico tem alguma especialização? Conferida por que órgão? Em que área?

[20]Clique no *link* do capítulo 12 e depois localize e clique nesse *hyperlink* específico.

- Se eu ligar por causa de algum problema ou alguma dúvida, o médico vai falar comigo pessoalmente? Qual é o melhor horário para eu ligar?
- Com que freqüência o médico recomenda exames físicos de rotina? O meu plano de saúde os cobre? Quais são esses exames de rotina, e que testes ele solicitará?
- Posso trazer um amigo ou familiar para me acompanhar nesses exames e procedimentos?
- O médico está disposto a permitir que eu tenha papel ativo no meu tratamento? Como ele reagiria se eu perguntasse sobre um medicamento ou exame que ele não conhece, ou se eu trouxesse as informações que eu mesmo obtive para discuti-las com ele?
- O que esse médico acha da medicina alternativa?

Marque uma entrevista

Depois de ter escolhido um médico, solicite um breve encontro para conversar com ele. Cada vez mais profissionais recebem bem esse tipo de entrevista e permitem que você faça perguntas específicas relacionadas às expectativas que tem em relação à coordenação e ao gerenciamento do cuidado com sua saúde. Cada vez mais, os profissionais de saúde oferecem esse tipo de entrevista sem cobrar nada. Depois de terminar a entrevista, faça-se estas perguntas:

- Fui tratado com respeito e cortesia?
- O consultório é arrumado, confortável e limpo?
- A equipe mostrou-se amigável e solícita?
- Tive de esperar muito tempo além do horário marcado para ser atendido?
- Todas as minhas perguntas foram respondidas?
- Eu me senti desrespeitado, desconsiderado ou tratado com desatenção?

Se você não ficou satisfeito, vá para o próximo nome na lista.

Talvez você queira ir mais a fundo e conseguir mais informações de como escolher seu médico. *Examining your doctor* [*Examine seu médico*], escrito pelo dr. Timothy McCall,[21] veste você de jaleco branco e seu médico com aquele ridículo aventalzinho descartável (que se abre na parte de trás). Há um artigo muito útil que trata da escolha do médico certo para suas necessidades, que você pode acessar pelo meu *website*, em www.10essentials.net.[22]

Pratique uma atitude de gratidão para com seu médico

Se você tem uma equipe de saúde vencedora e não precisa encontrar novos jogadores, por que não escrever um bilhetinho de agradecimento para seu médico, para os profissionais de saúde que trabalham com você ou outros membros de sua equipe? Muitos deles só ouvem queixas... É raro o paciente que valoriza o profissional e se dispõe a escrever apenas para dizer: "Você está fazendo um trabalho muito bom, que eu valorizo muito".

Se você acha a mesma coisa, escreva a seu médico ou envie-lhe um e-mail hoje mesmo.

Faça um inventário espiritual

Trazer para sua equipe de saúde um médico e outros profissionais que compartilhem sua base espiritual pode ser essencial. Ainda bem que isso é muito fácil. Você pode fazer um *inventário espiritual.*

Cada vez mais os médicos têm utilizado inventários espirituais no cuidado de seus pacientes. Na verdade, quando faço apresen-

[21]New York: Birch Lane Press, 1995.

[22]Clique no *link* referente ao capítulo 12 e em seguida localize e clique nesse *hyperlink* específico.

tações em reuniões e encontros médicos, em escolas de medicina e a grupos de profissionais, a pergunta que sempre ouço é: "Como os médicos podem fazer inventário espiritual de seus pacientes?".

Da mesma forma que um médico pode interrogar sobre as convicções espirituais do paciente, este também deve sentir-se à vontade para perguntar como as convicções e práticas espirituais do médico se relacionam com o exercício da profissão. Um profissional de saúde campeão deve estar perfeitamente disposto a informar-lhe qual é a postura dele nessas questões. Além disso, quando se trata de profissionais da medicina complementar ou alternativa, essas questões podem ser cruciais, porque é sabido que muitos utilizaram sua terapia para recrutar pacientes desavisados para crenças espirituais que considero altamente nocivas.

Eis algumas perguntas que você pode fazer em sua entrevista com o potencial profissional de saúde, ou durante a primeira consulta oficial. Tenho certeza de que você pode acrescentar outras que você mesmo é capaz de formular. Sei que a maioria das pessoas talvez não vá seguir minha sugestão de fazer *todas* as perguntas abaixo ao médico, principalmente na primeira consulta. Entretanto, se sua espiritualidade lhe é muito importante, cada uma das perguntas pode ser útil para discutir com seu médico em algum momento.

1. Você está disposto a levar em consideração minhas preferências espirituais ao me atender?
2. Está aberto para discutir as implicações espirituais ou religiosas do cuidado com minha saúde?
3. Está disposto a trabalhar com meu líder espiritual e outros membros de minha equipe de saúde (família, amigos, mentor, grupo de apoio), para me proporcionar o melhor atendimento de saúde possível?
4. Você está disposto a orar comigo — ou por mim — se eu sentir necessidade de oração?

Para quem está se esforçando para calibrar e balancear a roda espiritual, fazer as perguntas 1, 2, 3 e 4 é perfeitamente razoável e, espero, aceitável para a maioria dos médicos e profissionais de saúde. Alguns talvez considerem as questões seguintes, de 5 a 9, pessoais e íntimas demais para serem feitas a uma pessoa totalmente estranha. Portanto, se você não se sentir à vontade para fazê-las, não há problema.

5. O que a espiritualidade significa para você? Em que medida a religião (e Deus) é fonte de força e consolo para você?
6. Você já teve uma experiência que o convenceu de que existe Deus ou algum poder mais alto?
7. Em que medida você se considera uma pessoa religiosa ou espiritualmente orientada?
8. Você ora? Em caso afirmativo, com que freqüência?
9. Você freqüenta cultos? Em caso positivo, com que freqüência?

Se estiver convencido de que fazer essas perguntas em forma de entrevista não é confortável, você pode procurar uma oportunidade de conversar informalmente durante uma consulta. Mas pelo menos considere a possibilidade de fazer as quatro primeiras perguntas. Discutir francamente esses pontos pode fortalecer as suas quatro rodas da saúde, bem como o relacionamento de confiança com seu médico.

COMO TRABALHAR COM EFICIÊNCIA COM UM PROFISSIONAL DE SAÚDE

Para trabalhar com eficiência com sua equipe de saúde, é preciso esforço de sua parte e também da parte dos outros membros. A relação médico—paciente funciona melhor e produz mais efeito quando as duas partes trabalham juntas. Em outras palavras, como paciente você tem direitos e também responsabilidades. Vamos primeiro examinar seus direitos. Você tem o direito de...

- Escolher seu médico. Alguns planos de saúde dificultam isso, mas normalmente você pode escolher um plano de saúde que lhe permita escolher o médico. Em seu livro *Power to the patient* [*Poder ao paciente*], o dr. Isadore Rosenfeld[23] afirma que encontrar um médico com quem você tenha compatibilidade é quase tão importante quanto escolher com quem se casar. (Acho que ele está usando uma hipérbole, mas essa *é* uma decisão importante.)

- Saber que relações financeiras existem entre seus médicos, seu plano de saúde e seu hospital. Por exemplo, se seu médico é contratado por seu empregador ou por seu plano de saúde, então ele é obrigado legal e eticamente a cuidar em primeiro lugar dos interesses da "empresa". O que você quer é garantir que seu médico trabalhe para você e busque, acima de tudo, *seu* bem-estar.
- Receber atendimento educado e atencioso, civilizado. Isto é, ser tratado com respeito e dignidade. Se seu médico ou sua equipe é sempre rude e grosseiro, você tem o direito de dispensá-lo.
- Receber atendimento preventivo (em cada uma das quatro rodas da saúde), bem como o cuidado necessário.
- Ser atendido dentro de um período razoável no caso de consultas marcadas, ou ser informado de atrasos, tendo a opção de consultar-se com outro médico ou profissional de saúde, remarcar a consulta ou continuar esperando. Qualquer espera prolongada deve ocorrer apenas com seu consentimento.
- Receber atendimento médico que atinja ou exceda os parâmetros nacionais de um serviço aceitável.
- Ter acesso imparcial a tratamento médico de alta qualidade, por um preço razoável e baseado em fatos concretos, independentemente de raça, sexo, religião ou nacionalidade.
- Receber atendimento médico que leve em consideração as convicções e práticas sociais, emocionais, relacionais, culturais

[23]New York: Warner, 2002.

ma doença ou tratamento — desde que suas convicções não obriguem a outra pessoa a violar a própria consciência.

- Ter a garantia de um nível razoável de segurança, conforto e privacidade dentro dos estabelecimentos de saúde.
- Ser protegido de danos evitáveis durante tratamentos ou procedimentos.
- Não ser atendido por médicos ou profissionais que não dormiram direito, ou que estão sob estresse mental incomum ou sob a influência de drogas e álcool.
- Ser protegido de indivíduos que possam prejudicar você e os seus ou causar a morte sua, de pessoas que você ama ou de seu bebê que ainda não nasceu.
- Ser plenamente informado por seu médico de atendimento primário de seu diagnóstico (ou da lista de outros diagnósticos que o médico está tentando excluir), de seu problema, do tratamento e de seu prognóstico.
- Ser plenamente informado de suas opções médicas e das complicações e dos riscos significativos, bem como dos benefícios e do custo.
- Ser plenamente informado do registro do médico ou do hospital para qualquer cirurgia ou procedimento recomendado. É bem provável que você tenha de solicitar essa informação.
- Saber o custo de todos os tratamentos propostos antes que eles sejam efetuados.
- Ser plenamente informado dos tratamentos alternativos disponíveis e de qualquer informação extra, para dar seu consentimento com base em todas as informações disponíveis antes de qualquer tratamento ou procedimento.
- Obter uma segunda (ou terceira, ou quarta) opinião sobre seu problema de saúde e sobre as opções de tratamento propostas.
- Ler e entender seus registros médicos numa oportunidade conveniente para você e para sua equipe de saúde. (Nem

você, escolha um médico que lhe dê essa opção.)

- Obter explicações sobre as informações de seu prontuário.
- Esperar que qualquer conversa ou consulta que envolva seu atendimento seja conduzida no mais estrito sigilo.
- Esperar privacidade e confidencialidade de seus registros médicos.
- Esperar que seus registros de saúde sejam lidos apenas por indivíduos diretamente envolvidos em seu tratamento ou atendimento ou no acompanhamento da qualidade desses serviços.
- Obter continuidade de atendimento.
- Ser avisado se seu tratamento ou atendimento for, de alguma forma, experimental.
- Caso seu plano de saúde se recuse a oferecer algum tratamento, que sua queixa seja analisada com brevidade, objetividade e imparcialidade.
- Recusar qualquer tratamento ou atendimento que você não deseje e ser informado das conseqüências de sua decisão.

Com todos esses direitos, é claro, vêm as responsabilidades. Na verdade, na minha opinião, só se podem conferir direitos quando as responsabilidades são levadas a sério. Eis algumas responsabilidades suas para ter uma relação médico—paciente altamente saudável. Você é responsável por...

- Ter certeza de que os funcionários do consultório entenderam suas necessidades e expectativas quando você marcar sua consulta, a fim de que eles lhe possam garantir tempo suficiente no horário reservado para você.
- Não faltar às consultas. Se acaso você não puder comparecer, você é responsável por avisar seu médico em tempo hábil.
- Fornecer informações precisas e completas sobre suas queixas atuais, doenças e hospitalizações anteriores, outras ocor-

rências médicas do passado, medicações atuais que toma (inclusive ervas, vitaminas e suplementos), quaisquer reações alérgicas a medicamentos, histórico familiar e social (inclusive histórico sexual), mudanças recentes em seu estado de saúde e qualquer outra informação importante relacionada à sua saúde física, emocional, relacional ou espiritual.

- Transferir seus registros médicos antigos para o consultório de seu novo médico. Só você pode autorizar a liberação de seus registros, tendo, para isso, de assinar um documento.
- Avisar seu médico toda vez que não entender *qualquer* parte de um tratamento recomendado ou do que se espera de você durante esse tratamento.
- Fazer perguntas se estiver confuso e não entender algo sobre seu atendimento, tratamento ou medicação.
- Seguir as instruções e o tratamento receitado por seu médico — a não ser que você indique claramente os motivos por que não pode ou não vai fazê-lo.
- Arcar com as conseqüências de suas ações se você recusar o tratamento ou não seguir as instruções de sua equipe de saúde.
- Responder à sua equipe de saúde de modo respeitoso e cortês.
- Ser atencioso com os direitos de outros pacientes e dos atendentes de saúde.
- Encontrar quem cuide de seus filhos durante seu tratamento ou consulta médica — a não ser que sua equipe de saúde concorde em oferecer um local para você deixar as crianças durante a consulta.
- Não trazer outras crianças para o tratamento ou consulta de uma criança — a não ser que sua equipe de saúde concorde em oferecer um local para você deixar a outra criança durante a consulta.
- Ajudar sua equipe de saúde a manter seu registro médico completo e preciso.

- Verificar com todo cuidado os medicamentos receitados para você ou os que você tomou, principalmente quando souber da possibilidade de reações alérgicas.
- Contratar (ou demitir) a equipe de saúde que escolheu. Observe, entretanto, que sua escolha pode não ser coberta por seu plano de saúde.

Analise seus direitos e suas responsabilidades

Examine com atenção as listas de seus direitos e de suas responsabilidades. Apague os itens que não são importantes para você, ou aqueles com que você não concorda.

Da próxima vez que encontrar um membro de sua equipe de saúde (ou da próxima vez que entrevistar um candidato a membro de sua equipe), pergunte-lhe se ele está disposto a procurar atingir o padrão de atendimento campeão que você deseja. Se ele se recusar, talvez seja melhor procurar alguém que concorde em lhe oferecer o tratamento que você deseja e precisa.

COMO DISPENSAR UM PROFISSIONAL DE SAÚDE

Lembra-se de Gil? Ele ficou supreso com a sugestão de que podia — e devia — dispensar qualquer médico ou profissional de saúde que se recusasse a trabalhar com ele de forma eficaz. Ele havia descoberto o que queria de seus profissionais de saúde e estava aprendendo a solicitar o que era de direito. Mesmo assim, era perturbadora a idéia de ter a opção — e a obrigação — de substituir membros de sua equipe de saúde que não estavam fazendo a parte que lhes cabia. Como a maioria das pessoas aprendeu que "o médico sabe mais", ou "o médico manda", pode ser que não lhes passe pela cabeça um jeito de interromper uma relação com profissionais de saúde que não prestam bom atendimento.

Uma amiga minha recentemente teve uma oportunidade dessas. Gilda tem seguido várias prescrições minhas, principalmente as que dizem respeito a ser o capitão de sua equipe de saúde e formar um time de saúde vencedor. Sofrendo de dor crônica na coluna lombar durante quase uma década, essa mulher relativamente jovem não agüentava mais. Marcou uma consulta com sua médica de atendimento primário para falar dessa dor e obter orientação profissional de como sentir-se melhor — ou, o que seria bem melhor, como eliminar totalmente a dor.

A médica de atendimento primário de Gilda, uma pessoa atenciosa e delicada que tinha um pequeno consultório particular, conversou longamente com minha amiga e a examinou com cuidado. Não conseguiu ver um motivo óbvio para o alto grau de dor de sua paciente, portanto, sabiamente recomendou que Gilda fizesse um exame de ressonância magnética para ajudar no diagnóstico.

A assistente da médica verificou se o plano de saúde de Gilda cobriria esse exame tão caro. Depois descobriu o laboratório na cidade que poderia fazer o exame para Gilda pelo seu plano de saúde. Com o telefone do laboratório em mãos, Gilda marcou um horário para a semana seguinte.

Prontos os resultados, o laboratório enviou um relatório para a médica de Gilda, e as duas se encontraram para conversar. A médica explicou com detalhes — com um auxílio visual (um esqueleto de borracha que mostrava todas as partes da coluna humana e seus músculos e ligamentos) — precisamente o que podia estar causando a dor nas costas de Gilda. Um acidente ocorrido havia 15 anos, quando Gilda estava esquiando, podia ser o culpado de lesão em dois discos de Gilda, o que, por sua vez, começou a afetar os tecidos vizinhos e a produzir a dor crônica na coluna lombar.

Até aí, tudo bem: notícias ruins, mas pelo menos um diagnóstico e uma explicação completa. Gilda ficou sabendo o que estava errado com ela. Agora queria descobrir se havia algo que pudesse fazer a esse respeito.

A médica lhe deu o nome de um respeitado cirurgião e sugeriu que ela marcasse uma consulta para discutir seu problema e as recomendações dele. Gilda ficou imediatamente alarmada. A médica lhe garantiu que quase sempre havia outras opções além da cirurgia, para a qual talvez ela não fosse candidata. A médica também indicou a Gilda um especialista em dores crônicas, que a ajudaria a escolher o melhor tratamento para curar aquela dor.

Gilda saiu-se muito bem. Prontamente marcou uma consulta com o especialista em dor e apareceu lá com uma lista de mais ou menos dez excelentes perguntas, que ela preparou para ter uma conversa produtiva sobre as opções de tratamento. Estava entusiasmada por, finalmente, ter conseguido chegar a algum lugar. Parecia até que a dor nas costas diminuía enquanto procurava escolher os membros certos para sua equipe de saúde, pessoas que a pudessem orientar e ensinar.

Imagine quanto minha amiga ficou desapontada quando chegou à consulta e encontrou um médico não só apressado (ela havia pedido à secretária que agendasse uma consulta de 30 minutos), mas também rude e frio, que mostrou desprezo pela cuidadosa preparação que Gilda havia feito para aquele momento. Em vez de elogiá-la pelo papel de capitão de sua equipe de saúde, ele a fez sentir-se envergonhada por ter ousado fazer tantas perguntas básicas (que, segundo Gilda, ele dava a impressão de considerar burras e fáceis demais para ele). O médico olhou várias vezes para o relógio e os sapatos (sem dirigir o olhar para a paciente), enquanto Gilda tentava engatar uma conversa produtiva sobre suas preocupações com a saúde. Ele deu respostas curtas e deixou claro que os pedidos de esclarecimento dela não eram bem-vindos.

Depois, com menos de dez minutos de consulta, ele se levantou abruptamente, disse a Gilda que estava ocupado demais para continuar com o que achava não ser obrigação dele — ensinar a paciente — e entregou-lhe o cartão de um fisioterapeuta que ele recomendava. Sem sequer um aperto de mão, ele saiu da sala feito um raio.

Enquanto se vestia e recolhia sua lista de perguntas e os filmes da ressonância magnética (nem isso o "especialista" examinou), Gilda sentiu-se totalmente frustrada. Na verdade, sentiu-se envergonhada. "Acho que estava completamente por fora", falou consigo mesma. "Fui uma idiota por ficar tão entusiasmada com a possibilidade de obter algumas respostas e um pouco de alívio dessas dores depois de todos esses anos." Gilda me contou que caiu no choro quando entrou no carro. Sentiu-se humilhada e desanimada.

Felizmente, Gilda não é o tipo de pessoa que desiste com facilidade. No dia seguinte, ligou para o fisioterapeuta. Não fazia idéia de por que o especialista em dor tinha recomendado aquele profissional nem de que tipo de tratamento poderia esperar. Mas marcou a consulta e, com a mesma lista de perguntas na mão, foi ao fisioterapeuta na semana seguinte.

Bem, não só o fisioterapeuta foi "a resposta a minhas orações", contou Gilda, mas também trabalhou com dedicação ao lado dela (e seu plano de saúde) por um período de três meses. Respondeu a todas as perguntas dela com boa vontade e lhe deu informações que ela jamais pensara em pedir. Elaborou um plano personalizado de exercícios, destinado especificamente ao tipo de dor de Gilda. Tratou-a como a mulher inteligente que ela é e ainda tornou a dolorosa terapia algo divertido! Agora, quase cinco meses depois de terminar a terapia e aprender muitos exercícios de fortalecimento e estabilização dos músculos da coluna — nenhum dos quais exigia máquinas caras nem instruções detalhadas —, Gilda está altamente motivada a continuar em casa seu programa de exercícios constantes.

— Walt — ela me disse recentemente —, fico absolutamente abismada com a diferença em meu corpo. Antes do tratamento eu me sentia fora de combate aos quarenta anos de idade. Eu estava co-

saudável em quase todas as outras áreas. Não consigo descrever o alívio que senti quando descobri que, fazendo esses exercícios todos os dias, eu posso não só promover uma enorme diferença em meu nível de dor, que diminuiu consideravelmente, mas também em minha sensação geral de bem-estar. Sinto-me fisicamente mais forte, emocionalmente mais esperançosa e — o que talvez seja mais importante — com capacidade de assumir a função de capitã de minha equipe de saúde. Eu *podia* obter o atendimento de saúde de que precisava e consegui!

O último passo de Gilda foi dispensar oficialmente o dr. Zero. Ele havia insistido — ao sair em desabalada carreira da sala de consulta — que ela fizesse uma consulta de acompanhamento dentro de três semanas. Ela havia sido suficientemente intimidada para seguir as ordens dele. Mas depois de apenas uma sessão com o fisioterapeuta, Gilda descobriu que jamais voltaria para ser "atendida" pelo médico desatencioso. Ligou para o consultório e cancelou a consulta. Pediu à recepcionista que agradecesse ao médico a recomendação do ótimo fisioterapeuta. Depois enviou-lhe uma breve mensagem, dizendo que nunca mais voltaria e por quê. De forma educada e sucinta, ela explicou que não ia *se submeter* ao tratamento daquele especialista. Nunca mais ouviu falar dele.

— Walt — disse-me ela —, agora, todos os jogadores de meu time de saúde são pessoas que eu respeito e em quem confio, pessoas que me dão o atendimento que desejo e mereço. Por mais desconfortável que toda essa experiência tenha sido para mim, ela me ensinou muito. Dei os passos certos para lidar com meu problema. Sinto-me mais jovem do que jamais me senti há anos!

Só o que eu conseguia pensar enquanto Gilda me contava tudo isso era: "Você conseguiu! Você conseguiu!"

Avalie sua equipe de saúde

Avaliando sua equipe de saúde, você classificaria todos os membros como vencedores? Se não, que membros do time você precisa

Lembre-se de que os membros de sua equipe devem, em sua maioria, servir a você. E a maioria é muito bem paga para fazer isso. Se você precisa fazer alguma mudança, agora é o momento de pensar como e quando você pode realizar a alteração. Comece a busca de substitutos hoje mesmo.

CONCLUSÃO

Parabéns! Você conseguiu!

Lendo todo este livro, você viajou por uma estrada que poucas pessoas trilham: o caminho na direção do entendimento dos hábitos para tornar-se uma pessoa altamente saudável. E esse é um ótimo começo! No entanto, ler o livro e começar a aplicar alguns de seus princípios são apenas os primeiros passos. Agora você precisa tomar uma decisão importante — uma decisão que vai afetar a qualidade e a extensão de sua vida.

Essa decisão advém do fato de que quase ninguém será capaz de aplicar todos os princípios deste livro em poucos dias ou poucas semanas. Vou dizer sem rodeios e da forma mais clara: não dá para fazer isso! Não é possível realizar a tarefa em oito dias ou oito semanas — nem você é obrigado a isso. Acho que leva um ano ou mais para uma pessoa comum aplicar a maioria dessas decisões com determinação.

Vai aqui a sua lição de casa.

Estabeleça alguns objetivos

Escolha uma página de seu diário e faça duas colunas. Na coluna da esquerda, escreva: *Coisas que já fiz ou estou fazendo.* Na coluna da direita, escreva: *Coisas que preciso fazer.*

Leia com calma cada uma das avaliações que você fez. Olhe também nas entradas de seu diário e analise as prescrições de cada capítulo. Pense com atenção no que você realizou e em onde você ficou aquém do esperado. Adicione cada item à coluna da direita ou à da esquerda.

Passe em seguida um tempo examinando a coluna da esquerda. O que ainda precisa ser melhorado e como e quando você pode trabalhar nesses pontos? Faça anotações para você mesmo.

Agora, concentre sua atenção na coluna da direita. Numere os itens. Estabeleça uma ordem de prioridade da seguinte forma: comece com o item que seria mais fácil de realizar. O último número deve ser atribuído à tarefa que será a mais difícil.

Examine a lista de novo e não se esqueça de indicar seus objetivos e planos da forma mais específica possível. Quanto mais específico você for em estabelecer sua meta, mais probabilidades tem de chegar. Agora escolha uma data em que você quer realizar cada objetivo. Realizar os objetivos — mesmo que lentamente — é muito mais importante do que estabelecer objetivos que você não consegue alcançar. Escreva ao lado de cada item a data em que você espera atingir o objetivo.

Lembre-se de que você é uma obra em andamento. Relaxe e utilize seus objetivos e planos para descobrir e reforçar o que é importante para você e o que é importante na vida.

Recrute ajuda e faça um pacto de responsabilidade

Nas próximas semanas, analise esses objetivos com os membros de sua equipe de saúde, tendo em mente duas coisas:

- Peça que seus companheiros de equipe analisem a adequação de seus objetivos, suas prioridades e sua programação. Se não estiverem adequados, faça um ajuste!
- Pergunte aos companheiros de equipe em quais objetivos eles estão dispostos a ajudar.

Com ajuda e um pacto de responsabilidade, você tem muito mais chances de tornar-se uma pessoa altamente saudável.

Divirta-se!

Você já está a caminho de tornar-se altamente saudável. Então relaxe e faça planos para se divertir. O simples gesto de começar nessa estrada é uma realização e tanto.

Revisando seus objetivos e planos, procure os que seriam mais divertidos realizar. Vá em frente — ponha-os no início da lista! Quanto mais divertido for o trabalho de atingir seus objetivos de saúde, mais chances você tem de tornar-se altamente saudável.

Aqui vai outra dica: procure maneiras de combinar objetivos e planos. Por exemplo, se você parar de fumar, guarde o dinheiro que costumava gastar em cigarros para se dar de presente uma viagem daqui a seis meses. Se você perder peso, presenteie-se com roupas novas.

Em resumo: desfrute o processo! Escolher planos e objetivos legítimos divertidos pode ser uma grande motivação.

Não desanime

Se você seguir esses passos, a maior parte dos seus objetivos será realizável. Mas não se preocupe se lhe escapar um ou mesmo alguns. Mesmo que você realize apenas metade de seus objetivos, estará avançando na estrada em direção a tornar-se altamente saudável.

Não deixe que o desânimo tome conta de você. Se não conseguir realizar um objetivo, converse sobre isso com um dos membros de sua equipe de saúde e depois redefina o objetivo. Com o tempo, você pode realizar todos; um de cada vez.

Antes de você fechar o livro, quero lhe agradecer a permissão de passar esse tempo precioso em sua companhia. A oportunidade que você me deu de trabalhar com você no objetivo de tornar-se altamente saudável foi uma honra e um privilégio.

Questionário dos relacionamentos

1.	Quando um adolescente passa por minha casa com o som do carro no último volume, sinto minha pressão arterial subir.	V	F
2.	Tenho várias pessoas de confiança que me ajudam a resolver meus problemas.	V	F
3.	Na semana passada, senti-me incomodado duas ou três vezes com coisas que em geral não me incomodam.	V	F
4.	Se meu cabeleireiro cortou meu cabelo mais do que eu queria, eu lhe comunico minha insatisfação em termos bem explícitos.	V	F
5.	Se eu precisasse de ajuda para consertar um aparelho ou meu carro, eu teria a quem recorrer.	V	F
6.	No supermercado, quando passo pelo caixa expresso, que só aceita "até 12 itens", quase sempre olho para a frente para ver se as outras pessoas estão com mais de 12 itens.	V	F
7.	A maioria dos meus amigos é mais interessante do que eu.	V	F
8.	Na semana passada, em três ou mais ocasiões, não tive vontade de me alimentar. Não tive apetite.	V	F

9. No trabalho, o ritmo em geral é alucinante. V F
10. A maioria dos sem-teto das grandes cidades é excluída porque não tem ambição nem disciplina. V F
11. Existe alguém que se orgulha de minhas realizações. V F
12. Houve vezes em que eu, estando muito irritado com alguém, empurrei ou agredi essa pessoa. V F
13. Quando me sinto só, tenho várias pessoas com quem conversar. V F
14. Na semana passada, houve três ou mais ocasiões em que achei que não conseguia espantar a tristeza, mesmo com a ajuda de meus familiares e amigos. V F
15. Quando leio nos jornais sobre crimes relacionados ao consumo de drogas, desejo que o governo tenha programas educacionais e de desintoxicação melhores, até para os traficantes. V F
16. Não tenho ninguém com quem me sinta à vontade para conversar sobre meus problemas íntimos e pessoais. V F
17. A epidemia de AIDS é em grande medida resultado de comportamentos irresponsáveis por parte de uma pequena parcela da população. V F
18. Na semana passada, senti que era tão bom/ boa quanto as outras pessoas mais da metade do tempo. V F
19. Fora do trabalho, o ritmo de minha vida é turbulento. V F
20. Quando discuto com um amigo ou parente, os palavrões são uma arma eficaz. V F
21. Quase sempre me encontro com amigos e familiares e converso com eles. V F
22. Quando preso num engarrafamento, logo fico nervoso ou irritado. V F

23. A maioria das pessoas que conheço tem bom conceito de mim. V F
24. Quando é necessário realizar uma tarefa realmente importante, prefiro fazê-la eu mesmo. V F
25. Se eu precisasse de uma carona até o aeroporto de manhã bem cedinho, seria muito difícil encontrar alguém que me levasse. V F
26. Na semana passada, em três ou mais ocasiões senti dificuldade de me concentrar no que estava fazendo. V F
27. Meu trabalho exige muito de mim. V F
28. Em geral prefiro guardar para mim mesmo meus sentimentos de raiva. V F
29. Sinto que meu círculo de amigos nem sempre me inclui. V F
30. Se outro motorista fecha meu carro no trânsito, fico para trás para evitá-lo e me distanciar dele. V F
31. Não há absolutamente ninguém que possa me dar uma visão objetiva de como estou lidando com meus problemas. V F
32. Fiquei deprimido em três ou mais ocasiões na semana passada. V F
33. Se alguém me trata de forma injusta, sou capaz de ficar pensando nisso durante horas. V F
34. Existem várias pessoas diferentes com quem gosto de passar algum tempo. V F
35. Quando estou numa estrada que não conheço e os carros à minha frente começam a diminuir a velocidade quando se aproximam de uma curva, em geral suponho que houve algum acidente, pequeno ou grande. V F
36. Acho que meus amigos julgam que não sou muito bom para ajudá-los a resolver seus problemas. V F

37. Na semana passada, houve três ou mais ocasiões em que achei que tudo o que fiz foi com esforço.	V	F
38. Em geral tento corrigir uma pessoa que expressa alguma crença ignorante.	V	F
39. Em geral acho muito difícil e exaustivo ficar em casa ou me engajar em atividades de lazer.	V	F
40. Não me incomoda ficar em filas demoradas no supermercado ou no banco.	V	F
41. Se eu estivesse doente e precisasse que um amigo, familiar ou conhecido me levasse ao médico, seria difícil encontrar alguém.	V	F
42. Quando alguém está sendo rude ou irritante, eu consigo ser rude com essa pessoa.	V	F
43. Se eu quisesse sair em viagem por um dia (por exemplo, para a praia), eu teria dificuldades em encontrar alguém que me acompanhasse.	V	F
44. Na semana passada, senti-me esperançoso mais da metade do tempo em relação ao futuro.	V	F
45. Sempre que chega um ano eleitoral, aprendo mais uma vez que não se pode confiar nos políticos.	V	F
46. Se eu precisasse de um lugar para ficar durante uma semana por causa de alguma emergência (por exemplo, ter ficado sem eletricidade em casa), encontraria facilmente quem me acolhesse.	V	F
47. Toda vez que um elevador fica muito tempo parado num andar acima daquele em que estou, começo logo a ficar irritado.	V	F
48. Não tenho ninguém com quem falar de minhas preocupações e temores mais íntimos.	V	F
49. Quando estou perto de alguém de quem não gosto, tenho dificuldade em não ser rude com essa pessoa.	V	F

50. Na semana passada, houve três ou mais ocasiões em que achei que minha vida é um fracasso. V F

51. Quando vejo uma pessoa muito obesa andando na rua, eu me pergunto por que essas pessoas têm tanta falta de autocontrole. V F

52. Se eu estivesse doente, não haveria quase ninguém para me ajudar nas tarefas diárias. V F

53. Quando estou num carro ao lado do motorista, tento ficar alerta para os obstáculos à frente. V F

54. Tenho alguém com quem me aconselhar sobre problemas com minha família. V F

55. Na semana passada, senti medo mais da metade do tempo. V F

56. Quando alguém critica uma coisa que fiz, fico irritado. V F

57. Faço as coisas tão bem quanto a maioria das pessoas. V F

58. Quando me envolvo numa discussão, sinto o coração bater mais forte e a respiração mais rápida. V F

59. Se eu decidisse à tarde que gostaria de ir ao cinema nessa noite, seria fácil encontrar alguém que me acompanhasse. V F

60. Na semana passada, tive sono agitado três ou mais noites. V F

61. Tenho muita privacidade em meu trabalho. V F

62. Quando um amigo ou colega de trabalho discorda de mim, em geral discuto com ele. V F

63. Quando preciso de sugestões para como lidar com um problema pessoal, tenho alguém a quem recorrer. V F

64. Quando alguém está falando muito lentamente durante uma conversa, minha tendência é terminar as frases dessa pessoa. V F

65. Se eu precisasse de um empréstimo de emergência no valor de 300 reais, eu teria alguém (amigo, parente ou conhecido) a quem recorrer. V F
66. O que impede a maioria das pessoas de tentar entrar no cinema sem pagar é o medo de serem apanhadas. V F
67. Na semana passada, senti-me feliz mais da metade do tempo. V F
68. Ouvir notícias acerca de um novo ataque terrorista me faz ter vontade de explodir de raiva. V F
69. Em geral, as pessoas não têm muita confiança em mim. V F
70. Quando converso com a pessoa mais importante para mim, muitas vezes sinto que meus pensamentos se antecipam na direção do que quero falar em seguida. V F
71. A maioria das pessoas que conheço não gosta das mesmas coisas que eu. V F
72. Algumas vezes, no passado, quando eu ficava muito irado, atirava objetos e batia portas. V F
73. Tenho alguém a quem recorrer quando preciso de conselhos sobre meus planos de carreira ou sobre mudança de emprego. V F
74. Na semana passada, houve três ou mais ocasiões em que conversei menos do que de costume. V F
75. Em casa ou em atividades de lazer, tenho bastante privacidade. V F
76. As pequenas contrariedades do cotidiano me dão nos nervos. V F
77. Nem sempre sou convidado para fazer coisas com os outros. V F
78. Quando desaprovo o comportamento de um amigo, em geral comunico-lhe minha desaprovação. V F

79. A maioria dos meus amigos tem mais sucesso em promover mudanças na vida que eu. V F

80. Na semana passada, senti-me solitário mais da metade do tempo. V F

81. Tenho muito pouco controle de como uso meu tempo no trabalho. V F

82. Quando estou no balcão comprando uma passagem aérea, geralmente deixo a escolha do assento por conta do atendente. V F

83. Se eu tivesse de sair da cidade por algumas semanas, seria difícil encontrar alguém que cuidasse de minha casa (plantas, bicho de estimação, jardim etc.) V F

84. Quase todos os dias sinto-me mal-humorado parte do tempo. V F

85. Não tenho ninguém sequer que possa me dar um conselho financeiro confiável. V F

86. Na semana passada, houve três ou mais ocasiões em que as pessoas foram indelicadas comigo. V F

87. Se alguém me dá um empurrão numa lója, por exemplo, em geral fico irritado diante da falta de modos da pessoa. V F

88. Se eu quisesse almoçar com alguém, facilmente encontraria quem me acompanhasse. V F

89. Quando meu/ minha companheiro(a) ou alguém importante para mim está preparando uma refeição, presto atenção para que nada queime ou fique cozinhando por muito tempo. V F

90. Estou mais satisfeito com minha vida do que a maioria das pessoas está com a sua própria. V F

91. Na semana passada, curti minha vida mais da metade do tempo. V F

92. Em casa e nas atividades de lazer, não tenho muito controle sobre como gasto meu tempo. V F
93. Se um amigo me liga na última hora, alegando que está "cansado demais para sair hoje à noite", e eu "sobro" com duas entradas de 60 reais, digo-lhe que isso é falta de consideração da parte dele. V F
94. Se eu ficasse preso a quinze quilômetros de casa (por exemplo, com um carro quebrado), eu teria alguém que viria pegar-me se telefonasse. V F
95. Quando me lembro de algo que me deixou irado no passado, sinto raiva de novo. V F
96. Ninguém que conheço prepararia uma festa de aniversário para mim. V F
97. Muitas pessoas que vejo andando pelos *shoppings* estão desperdiçando tempo. V F
98. Seria difícil para mim encontrar alguém que me emprestasse o carro por algumas horas. V F
99. Na semana passada, tive três ou mais crises de choro. V F
100. Numa festa, quando alguém está dominando a conversa, faço questão de "cortar o barato" dessa pessoa. V F
101. Se surgisse uma crise em minha família, seria difícil encontrar alguém que pudesse me dar bons conselhos sobre como proceder. V F
102. Quando tenho de trabalhar com pessoas incompetentes, é irritante ter de suportá-las. V F
103. Sou mais íntimo de meus amigos do que a maioria das pessoas é com os seus. V F
104. Na semana passada, eu me senti triste mais da metade do tempo. V F
105. Tenho pouco espaço para tomar decisões em meu trabalho. V F

106. Quando meu cônjuge/ namorado (a) vai me dar um presente de aniversário, em geral prefiro fazer eu mesmo a escolha. V F
107. Existe pelo menos uma pessoa em cujo conselho eu realmente confio. V F
108. Quando penso mal de uma pessoa, em geral deixo que ela fique sabendo disso. V F
109. Se eu precisasse de ajuda para fazer uma mudança, teria dificuldade em encontrar alguém que fizesse isso. V F
110. Na semana passada, houve três ou mais ocasiões em que senti que alguém não gostava de mim. V F
111. Na maioria das discussões, sou a pessoa que mais se irrita. V F
112. Tive dificuldades em manter o mesmo ritmo de meus amigos. V F
113. Na semana passada, houve três ou mais ocasiões em que senti que não conseguia prosseguir. V F
114. Em casa e em minhas atividades de lazer, tenho muito pouco espaço para tomar decisões. V F

APOIO SOCIAL

O indicador mais direto da qualidade e da quantidade de seus relacionamentos é sua pontuação nas quarenta questões sobre o apoio social. A pontuação total é composta de quatro tipos de apoio.

- *Apoio emocional*: o grau em que você tem alguém que o ajude a lidar com seus problemas emocionais.
- *Apoio de inclusão no grupo*: o grau em que você tem uma rede de familiares e amigos com os quais convive.
- *Apoio tangível*: o grau em que você tem alguém que pode ajudá-lo a satisfazer necessidades materiais (como uma carona até o aeroporto).

- *Auto-estima*: o grau em que seus relacionamentos geram amor-próprio.

Para avaliar o *apoio emocional*, atribua um ponto para cada uma destas respostas:

2 — V
16 — F
31 — F
48 — F
54 — V
63 — V
73 — V
85 — F
101 — F
107 — V

Para medir o *apoio de inclusão no grupo* da rede de familiares e amigos, atribua um ponto para cada uma das seguintes respostas:

13 — V
21 — V
29 — F
34 — V
43 — F
59 — V
71 — F
77 — F
88 — V
96 — F

Para avaliar o *apoio tangível*, atribua um ponto para cada uma destas respostas:

5 — V
25 — F
41 — F
46 — V
52 — F
65 — V
83 — F
94 — V
98 — F
109 — F

Para mensurar a *auto-estima*, atribua um ponto para cada uma destas respostas:

7 — F
11 — V
23 — V
36 — F
57 — V
69 — F
79 — F
90 — V
103 — V
112 — F

Some os componentes para suas pontuações relativas aos relacionamentos.

Apoio emocional ________
Apoio de inclusão no grupo ________
Apoio tangível ________
Auto-estima ________
Total de apoio social ________

Quanto maior for sua pontuação em apoio social, melhores serão seus relacionamentos. Se sua pontuação total ficou abaixo de 28 (de um total possível de 40), seria sensato buscar estratégias para melhorar seus relacionamentos. Isso aumentaria a probabilidade de você tornar-se (ou permanecer) uma pessoa altamente saudável. Se algum componente de seu apoio social corresponde a sete ou menos, esse componente específico é o que precisa de atenção imediata.

DEPRESSÃO

A falta de motivação e energia, causada pela depressão, pode diminuir, danificar ou destruir os relacionamentos — e reduzir a saúde do indivíduo. Você não pode ser altamente saudável e estar deprimido. Ambos os estados não podem coexistir. Esse questionário pode ajudar você a verificar alguma depressão que por acaso exista em sua alma. Para avaliar seu nível de *depressão*, atribua um ponto para cada uma destas respostas:

3 — V	60 — V
8 — V	67 — F
14 — V	74 — V
18 — F	80 — V
26 — V	86 — V
32 — V	91 — F
37 — V	99 — V
44 — F	104 — V
50 — V	110 — V
55 — V	113 — V

Se sua pontuação para a depressão é igual ou superior a cinco, seu nível de depressão é preocupante e talvez não só afete seus relacionamentos, mas também reduza suas chances de ser uma pessoa altamente saudável.

HOSTILIDADE

O questionário pode ajudar você a analisar seu nível de hostilidade, que pode manifestar-se em ceticismo, ira e agressão. Cada uma dessas características pode levá-lo a desconfiar dos outros — e a despertar a desconfiança deles —, o que prejudica seus relacionamentos e sua saúde.

Para calcular seu nível de *ceticismo*, atribua um ponto para cada uma destas respostas:

6 — V	53 — V
10 — V	66 — V
17 — V	70 — V
24 — V	82 — F
35 — V	89 — V
45 — V	97 — V
51 — V	106 — V

Para saber seu nível de *ira*, atribua um ponto a cada uma das respostas abaixo:

1 — V	68 — V
15 — F	76 — V
22 — V	84 — V
33 — V	87 — V
40 — F	95 — V
47 — V	102 — V
56 — V	111 — V
58 — V	

Para calcular seu nível de *agressão*, atribua um ponto a cada uma destas respostas:

4 — V	62 — V
12 — V	64 — V
20 — V	72 — V
28 — F	78 — V
30 — F	93 — V
38 — V	100 — V
42 — V	108 — V
49 — V	

Some sua pontuação total para hostilidade:

Ceticismo	____
Ira	____
Agressão	____
Total de hostilidade	____

Se sua pontuação total para hostilidade é igual ou superior a 16, então seu nível de hostilidade está prejudicando seus relacionamentos — e isso, posso prever, pode impedi-lo de ser uma pessoa altamente saudável.

ESTRESSE

Finalmente, o questionário vai ajudar você a calcular se tem altos níveis de estresse em casa ou no trabalho. Mais uma vez, atribua um ponto a cada uma destas respostas:

19 — V	92 — V
39 — V	114 — V
75 — F	

Um resultado igual ou superior a três indica que o estresse no trabalho ou no lazer está atrapalhando seus relacionamentos.

Perfil de vida espiritual

Conforme solicitado pelo pastor Randy Frazee, o leitor *não* pode tirar cópias do perfil de vida espiritual destas páginas. Esse perfil se destina apenas para o uso pessoal do leitor.

A versão mais recente do Perfil de Vida Cristã (no qual o perfil de vida espiritual se baseia) pode ser obtido entrando em contato com Pantego Bible Church, 8001, Anderson Blvd., Fort Worth, Texas 76120, ou por e-mail em CLP@pantego.org; ou na Internet em www.pantego.org/mall/details.cfm?id=50

A RODA ESPIRITUAL

Categoria geral	Subcategoria	20 competências essenciais
AMAR A DEUS	**(Crenças e práticas)**	1. Deus pessoal 2. Compaixão 3. Disposição para servir 4. Adoração 5. Oração 6. Convicção 7. Comunidade religiosa 8. Doar meu tempo 9. Doar meu dinheiro 10. Doar minha vida

Categoria geral	Subcategoria	20 competências essenciais
AMAR AO PRÓXIMO	(Virtudes)	1. Amor 2. Alegria 3. Paz 4. Paciência 5. Bondade/Auxílio 6. Fidelidade 7. Amabilidade 8. Domínio próprio 9. Esperança 10. Humildade

AVALIAÇÃO PESSOAL

	Totalmente Falso		Relativamente Verdadeiro		Totalmente Verdadeiro	
1. Acredito que Deus tem um propósito para minha vida.	0	1	2	3	4	5
2. Deus me convida a me envolver na vida dos pobres e sofredores.	0	1	2	3	4	5
3. Acredito que tudo que sou ou tenho vem de Deus e a ele pertence.	0	1	2	3	4	5
4. Agradeço a Deus diariamente quem ele é e o que ele está operando em minha vida.	0	1	2	3	4	5
5. Busco a vontade de Deus por meio da oração.	0	1	2	3	4	5
6. Desejo que Deus seja o primeiro em minha vida.	0	1	2	3	4	5
7. Tenho relacionamentos próximos com outras pessoas de minha comunidade religiosa que têm influência na condução de minha vida.	0	1	2	3	4	5

	Totalmente Falso		Relativamente Verdadeiro		Totalmente Verdadeiro	
8. Invisto meu tempo nos outros orando por eles.	0	1	2	3	4	5
9. Faço doação de 10% ou mais de minha renda para a obra de Deus.	0	1	2	3	4	5
10. Estou vivendo os propósitos de Deus para minha vida.	0	1	2	3	4	5
11. A graça de Deus me permite perdoar àqueles que me magoaram.	0	1	2	3	4	5
12. Tenho alegria íntima mesmo quando as coisas dão errado.	0	1	2	3	4	5
13. Sei que Deus me perdoa.	0	1	2	3	4	5
14. Não me enfureço com Deus quando tenho de suportar o sofrimento.	0	1	2	3	4	5
15. Eu nunca ficaria com nenhum dinheiro que não me pertence.	0	1	2	3	4	5
16. Tomo atitudes impopulares quando minha fé assim ordena.	0	1	2	3	4	5
17. Considero minhas próprias falhas quando observo o fracasso dos outros.	0	1	2	3	4	5
18. Não sou viciado em nenhuma substância: nem comida, nem cafeína, nem tabaco, nem álcool, nem substâncias químicas.	0	1	2	3	4	5
19. Penso bastante no céu e no que Deus está preparando para mim.	0	1	2	3	4	5
20. Como filho de Deus, não penso em mim nem muito positiva nem muito negativamente.	0	1	2	3	4	5
21. Acredito que a dor e o sofrimento podem me aproximar de Deus.	0	1	2	3	4	5

	Total-mente Falso		Relativa-mente Verdadeiro		Total-mente Verdadeiro	
22. Acredito que sou responsável perante Deus por demonstrar compaixão pelos enfermos e prisioneiros.	0	1	2	3	4	5
23. Acredito que as pessoas de fé devem ter uma vida de sacrifícios, não orientada pela busca de bens materiais.	0	1	2	3	4	5
24. Freqüento os cultos religiosos e adoro juntamente com outros fiéis toda semana.	0	1	2	3	4	5
25. Sempre confesso perante Deus as coisas erradas que faço.	0	1	2	3	4	5
26. Vejo cada aspecto de minha vida e de meu trabalho como um serviço dedicado a Deus.	0	1	2	3	4	5
27. Participo de um pequeno grupo de fé que me conhece realmente e me apóia.	0	1	2	3	4	5
28. Passo um bom tempo ajudando outros que têm necessidades físicas, emocionais ou de outro tipo.	0	1	2	3	4	5
29. Regularmente dou dinheiro para servir e ajudar os outros.	0	1	2	3	4	5
30. Desisto do que quero para satisfazer as necessidades de outros.	0	1	2	3	4	5
31. Fico feliz quando acontecem coisas boas para as outras pessoas.	0	1	2	3	4	5
32. Minha disposição de espírito não é ditada pelas circunstâncias.	0	1	2	3	4	5
33. Não sinto raiva de Deus, de mim nem dos outros.	0	1	2	3	4	5
34. Sou conhecido por manter a honestidade e a integridade quando sob pressão.	0	1	2	3	4	5

	Totalmente Falso		Relativamente Verdadeiro		Totalmente Verdadeiro	
35. Sou conhecido como uma pessoa que pronuncia palavras de gentileza para as pessoas que precisam de ânimo.	0	1	2	3	4	5
36. Disciplino meus pensamentos com base em minha fé.	0	1	2	3	4	5
37. Sou conhecido como uma pessoa sensível às necessidades dos outros.	0	1	2	3	4	5
38. Não tenho acessos de raiva em relação aos outros.	0	1	2	3	4	5
39. Confio que Deus está operando tudo para o meu bem, independentemente das circunstâncias de hoje.	0	1	2	3	4	5
40. Não sou conhecido como alguém que vive se gabando.	0	1	2	3	4	5
41. Acredito que Deus está envolvido ativamente em minha vida.	0	1	2	3	4	5
42. Acredito que eu deveria defender a causa daqueles que não podem defender-se sozinhos.	0	1	2	3	4	5
43. Acredito que eu deveria doar pelo menos 10% de minha renda para a obra de Deus.	0	1	2	3	4	5
44. Credito a Deus tudo o que sou e todas as coisas que possuo.	0	1	2	3	4	5
45. A oração é uma parte central de minha vida diária.	0	1	2	3	4	5
46. Passo um tempo todos os dias lendo a Palavra de Deus e orando.	0	1	2	3	4	5
47. Permito que outras pessoas de minha comunidade religiosa me peçam contas de meus atos.	0	1	2	3	4	5

	Totalmente Falso		Relativamente Verdadeiro		Totalmente Verdadeiro	
48. Dôo meu tempo para servir e ajudar outras pessoas de minha comunidade.	0	1	2	3	4	5
49. Minha primeira prioridade de gastos é apoiar a obra de Deus.	0	1	2	3	4	5
50. Eu abro mão de coisas que possuo quando sou levado a fazer isso por Deus.	0	1	2	3	4	5
51. Demonstro igual amor para com pessoas de todas as raças.	0	1	2	3	4	5
52. Sinto entusiasmo em relação ao senso de propósito que tenho para minha vida.	0	1	2	3	4	5
53. Perdôo àqueles que me ferem profundamente.	0	1	2	3	4	5
54. Sempre ponho os problemas na mão de Deus quando estou sob pressão.	0	1	2	3	4	5
55. Dou aos outros, sem esperar nada em troca.	0	1	2	3	4	5
56. Sigo a Deus mesmo quando isso traz sofrimento.	0	1	2	3	4	5
57. Sou conhecido por não levantar a voz.	0	1	2	3	4	5
58. Não mantenho relações sexuais contrárias aos ensinamentos de minha comunidade religiosa.	0	1	2	3	4	5
59. Minha esperança em Deus aumenta por causa de meu empenho diário de seguir seus ensinamentos.	0	1	2	3	4	5
60. Estou disposto a relatar todas as minhas faltas a pessoas de minha comunidade religiosa que se preocupam comigo.	0	1	2	3	4	5

	Total-mente Falso		Relativa-mente Verdadeiro		Total-mente Verdadeiro	
61. Acredito que Deus me capacita a fazer coisas que, em outras circunstâncias, eu não poderia ou não quereria fazer.	0	1	2	3	4	5
62. Acredito que não devo comprar tudo que posso, para reservar pelo menos uma parte de meu dinheiro que não está comprometido com nenhum gasto para ajudar aqueles que necessitam.	0	1	2	3	4	5
63. Acredito que Deus abençoa pessoas de fé por suas boas ações agora e na vida por vir.	0	1	2	3	4	5
64. Não tenho vergonha de que outros saibam que adoro a Deus.	0	1	2	3	4	5
65. Procuro me aproximar de Deus escutando-o na oração ou lendo sua Palavra.	0	1	2	3	4	5
66. Valorizo o estilo de vida simples, mais do que uma vida cheia de atividades e posses materiais.	0	1	2	3	4	5
67. Oro todos os dias pelas outras pessoas de minha comunidade religiosa e procuro apoiá-las.	0	1	2	3	4	5
68. Sempre me ofereço para fazer trabalho voluntário em minha comunidade.	0	1	2	3	4	5
69. Meus gastos habituais não me impedem de dar o que acho que devo dar a Deus.	0	1	2	3	4	5
70. Sirvo a Deus com meu trabalho diário.	0	1	2	3	4	5
71. Freqüentemente abro mão do que quero em favor dos outros.	0	1	2	3	4	5
72. Consigo ficar satisfeito com o dinheiro e os bens que tenho atualmente.	0	1	2	3	4	5

	Totalmente Falso		Relativamente Verdadeiro		Totalmente Verdadeiro	
73. Tenho paz interior que vem de Deus.	0	1	2	3	4	5
74. Mantenho a compostura mesmo quando as pessoas ou situações me irritam.	0	1	2	3	4	5
75. Ajudo outras pessoas que enfrentam problemas ou que não podem ajudar a si mesmas.	0	1	2	3	4	5
76. Cumpro os compromissos que assumi perante Deus.	0	1	2	3	4	5
77. Tolero que as pessoas cometam erros.	0	1	2	3	4	5
78. Controlo minha língua.	0	1	2	3	4	5
79. Minha esperança no futuro não se baseia em minha saúde nem em minha riqueza, já que essas coisas são tão incertas, mas sim em Deus.	0	1	2	3	4	5
80. Não me irrito quando minhas realizações não são reconhecidas.	0	1	2	3	4	5

TABELA DE PONTUAÇÃO PARA O PERFIL DE VIDA ESPIRITUAL

Leia mais uma vez sua avaliação pessoal. Pegue sua nota para cada pergunta e transfira tudo para esta tabela. Por exemplo, se você respondeu à questão n.º 1 (Acredito que Deus tem um propósito para minha vida) dizendo que essa afirmação é "relativamente verdadeira" (o que corresponde a 3 pontos), anote o número 3 ao lado do número 1 na tabela abaixo. Repita esse procedimento para cada uma das perguntas. Quando você tiver colocado seus pontos em cada lacuna, some os pontos para cada linha e coloque a soma na escala de 0 a 20 daquela linha. Quando tiver terminado, some sua pontuação para cada seção e coloque o resultado no retângulo abaixo de cada seção.

Instrumento de discipulado para avaliar convicções, práticas e virtudes cristãs.

1. ___	21. ___	41. ___	61. ___	Deus pessoal	0...5...10...15...20
2. ___	22. ___	42. ___	62. ___	Compaixão	0...5...10...15...20
3. ___	23. ___	43. ___	63. ___	Disposição para servir	0...5...10...15...20
4. ___	24. ___	44. ___	64. ___	Adoração	0...5...10...15...20
5. ___	25. ___	45. ___	65. ___	Oração	0...5...10...15...20
6. ___	26. ___	46. ___	66. ___	Convicção	0...5...10...15...20
7. ___	27. ___	47. ___	67. ___	Comunidade religiosa	0...5...10...15...20
8. ___	28. ___	48. ___	68. ___	Doar meu tempo	0...5...10...15...20
9. ___	29. ___	49. ___	69. ___	Doar meu dinheiro	0...5...10...15...20
10. ___	30. ___	50. ___	70. ___	Doar minha vida	0...5...10...15...20

Pontuação total em convicções e práticas ☐ **0...40...80...120...160...200**

11. ___	31. ___	51. ___	71. ___	Amor	0...5...10...15...20
12. ___	32. ___	52. ___	72. ___	Alegria	0...5...10...15...20
13. ___	33. ___	53. ___	73. ___	Paz	0...5...10...15...20
14. ___	34. ___	54. ___	74. ___	Paciência	0...5...10...15...20
15. ___	35. ___	55. ___	75. ___	Bondade/Auxílio	0...5...10...15...20
16. ___	36. ___	56. ___	76. ___	Fidelidade	0...5...10...15...20
17. ___	37. ___	57. ___	77. ___	Amabilidade	0...5...10...15...20
18. ___	38. ___	58. ___	78. ___	Domínio próprio	0...5...10...15...20
19. ___	39. ___	59. ___	79. ___	Esperança	0...5...10...15...20
20. ___	40. ___	60. ___	80. ___	Humildade	0...5...10...15...20

Pontuação total em virtudes ☐ **0...40...80...120...160...200**

Sobre o livro

Categoria • Vida e saúde

Fim da execução • abril de 2004
1.ª edição • maio de 2004

Tiragem Ano
1 2 3 4 5 6 7 8 9 10 09 08 07 06 05 04

Formato • 16 x 23 cm
Mancha • 11,3 x 20,3 cm
Tipo e corpo/ entrelinha • Lucida 9,7/ 15,6 (texto); Arial Narrow 22/26,4 (títulos)
Papel • Off-Set 75 g/m² (miolo); Cartão Supremo 250 g/m² (capa)

Tiragem • 5 mil exemplares
Impressão • Geográfica Gráfica e Editora

Impresso no Brasil/ *Printed in Brazil*

Equipe de realização

Produção gráfica

Supervisão
SANDRA LEITE

Fotolito
IMPRENSA DA FÉ

■

Produção editorial

Coordenação
FABIANI MEDEIROS

Colaboração
RODOLFO ORTIZ

•

Normalização de texto
RODOLFO ORTIZ

Edição de texto
LENITA ANANIAS

Revisão de provas
JEFFERSON RODRIGUES
REGINALDO DE SOUZA

Projeto gráfico
SONIA PETICOV

Composição
EFANET DESIGN

Capa
ALÔ VALENTINA